これからの保育シリーズ 8

保育士・栄養士・
調理員等のための

保育現場の食育計画

作成から
保護者支援・食物アレルギー対
実践力が身につく

栄養セントラル学院［著］

風鳴舎
Eiyo

栄養・医療・保育等福祉分野で30年の実績

株式会社栄養セントラルジャパン

栄養セントラル学院

栄養セントラル学院では、出張型及びオンライン型の保育現場実地研修等を全国で展開しております。
また、保育士国家試験受験のための全科目指導動画学習通信教育等、いつからでも始めていただける分かりやすい動画教材ラインナップがございます。

保育士国家試験合格を目指す保育者のための詳解解説が分かりやすい『保育士精選過去問題集』(風鳴舎)を併せて、お勧めいたします。

〒273-0005
千葉県船橋市本町6-4-23ケイウッドビル3階

株式会社栄養セントラルジャパン 栄養セントラル学院 教育事業部

e-mail　kunren@eiyo3.jp
https://eiyo3.jp/

本書を『保育士等キャリアアップ研修(食育・アレルギー対応)』の研修テキストとしてお役立ていただく場合、https://eiyo3.jp/より、保育士等キャリアアップ研修補助資料をダウンロードしていただけます(無料)。

(2020年10月10日よりダウンロード開始できます)
当サービスは一定時期をもって終了とさせていただきます。

ご協力いただいた各関係機関

(五十音順・団体様敬称略)

茨城県保健福祉部健康・地域ケア推進課

いばらきの食育すごろく …… P.113

宇和島市保育協議会

うわじまし食育かるた …… P.80

宇和島市保健福祉部福祉課
子育て支援室 子育て支援係

うわじまし食育かるた …… P.80

食育計画うわじま …… P.102 – 112

独立行政法人環境再生保全機構
予防事業部事業課 合谷真弓 様

学校・保育所などにおける食物アレルギー対応 …… P.93 – 98

おすすめ給食レシピ

／デコレーションケーキ

／お好み焼き、マヨネーズ風調味料

／米粉調理6つのポイント …… P.119 – 121

北見市子ども未来部 保育施設課
管理栄養士 髙田ひとみ 様

北見市立保育園給食だより …… P.84

高槻市子ども未来部
保育幼稚園総務課 管理栄養士

高槻市立保育所給食献立表 …… P.86 – 87

NPO法人ちゅーりっぷの心
おはな保育園(古河市認可園)

枝豆ポタージュレシピ …… P.66

東京都福祉保健局保健政策部健康推進課

東京都幼児向け食事バランスガイド …… P.22

船橋市保健所地域保健課

離乳のすすめ方カレンダー …… P.14 – 15

大和市こども部ほいく課

大和市公立保育園ぱくぱくだより …… P.83

大和市公立保育園給食献立表 …… P.88 – 89

おすすめ給食レシピ／ちらし寿司 …… P.118

目次 contents

Part 3 より良い食育のために

はじめに

未曾有の感染症や天災等多くの現場対応に苦慮しながら、子どもたちの安全・健康のために奮闘されている保育現場の方々へ敬意を込め、ご挨拶申し上げます。

長年、「保育者・保育士等養成科訓練」現場実習指導の折、多くの保育現場の園長、主任、栄養士、調理員、保育士等それぞれの立場の方々と「どのように食育を展開すべきか」を計画立案の段階から多数携わって参りました。各現場で、創意工夫の行き届いた食育活動を行っていることに、感心と感動の連続です。

保育士等キャリアアップ研修の会場で、「食育計画はどのように作成すればよいですか」といった相談を受ける機会が多々あり、「計画作成」の段階から悩んでおられる保育所も多いことを知りました。本書では、身近な視点から計画作成例を示しながら、現代の食育事情やリスクマネジメントを捉えつつ「どのように計画を作成すればよいか」を提案しております。さらに、保護者支援や食物アレルギー対応など実践力を身につけるために欠かせない情報などもわかりやすくまとめました。本書を食育現場で手元に置いて活用していただき、豊かな食育が実践されることを願っています。

五十嵐 条子

Part 1

食育を知る

食育とは

「食育」という言葉は、明治時代の医師・薬剤師でもあり、食養医学の祖・石塚左玄《さげん》の著書で使われたのがはじまりです。

左玄は「化学的食養長寿論」で、「子どもを持つ親は、躰(体)育も智(知)育も才育もすべて食育にあると考えるべきである」と記しています。

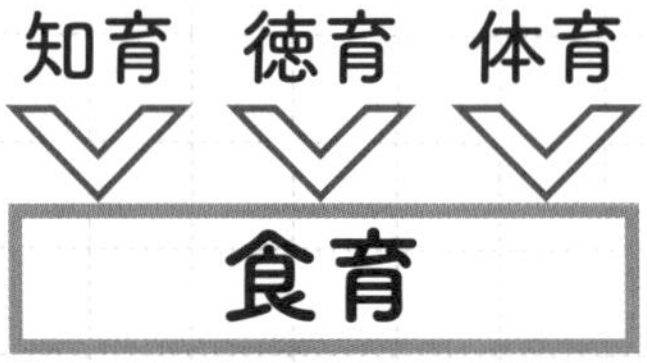

石塚左玄や村井弦斎の示す【食育】

石塚 左玄

村井 弦斎

また、当時の大ベストセラー小説『食道楽』の中で著者の村井弦斎《げんさい》は、「小児には徳育よりも、智育よりも、躰育よりも、食育が先き。躰育、徳育の根元も食育にある。」と述べ、明治期の日本人の食生活に多大な影響を与えました。当時では珍しいレシピや食材の話題が多数盛り込まれ、現代のグルメコミックの草分け的な作品です。

食道楽

～食生活指針と食育基本法～

次に「食育」を知るうえで欠かせない、国の取組についてみて行きましょう。

日本は世界でも有数の長寿国であり、平均寿命の延伸には日本のバランスのとれた食事も一助になっていると考えられます。

その一方で近年、がんや心臓病、脳卒中といった生活習慣病の増加も見られます。また、食べ残しや食品ロス等の問題は、世界的規模の環境問題にも関係しています。

こうした食生活をめぐるさまざまな問題を踏まえ、国民がどのような食生活を送れば良いかをより詳しく示すために、2000(平成12)年3月に「食育」の土台となる**食生活指針**が策定され、2016(平成28)年6月には一部改定されました。

2000(平成12)年の食生活指針策定の後、2005(平成17)年に国民の食生活の方向性を示す食生活指針を起点とした**食育基本法**が制定されます。その中で「食育」とは

食生活指針全体の構成

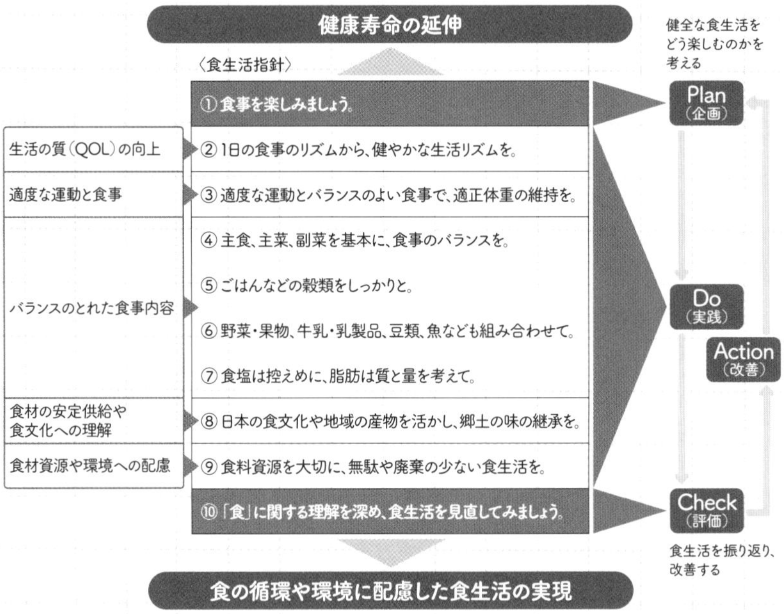

※「食生活指針の解説要領」(平成28年6月 文部科学省 厚生労働省 農林水産省)より作成

> **生きる上での基本であって、知育、徳育及び体育の基礎となるべきものと位置付けるとともに、様々な経験を通じて「食」に関する知識と「食」を選択する力を習得し、健全な食生活を実践することができる人間を育てる**
>
> (食育基本法より抜粋)

と明記されています。石塚左玄や村井弦斎が著書で述べた「食育」の考えがベースとなっているのが分かりますね。

食育基本法 ➡ P.9

～第4次食育推進基本計画～

（リーフレット）

食育基本法制定の翌年2006(平成18)年、この法に基づいた食育のプロモーション計画「第1次食育推進基本計画」が発表されました。それに続き、2011(平成23)年に第2次、2016(平成28)年に第3次、そして2021（令和3）年に第4次がスタート。これまでの5年間の取組の成果と、SDGsの考え方を踏まえ、多様な主体と連携・協働し、今後5年間、次の3つの重点事項を柱に取組と施策を推進していきます。

重点事項

① 生涯を通じた心身の健康を支える食育の推進
② 持続可能な食を支える食育の推進
③「新たな日常」やデジタル化に対応した食育の推進

ピックアップ！

目標値①
食育に関心を持っている国民の割合
83.2%➡90% 以上※
（R2年度）（R7年度）

第4次食育推進基本計画では、日本人の健康や食を取り巻く環境の変化、社会のデジタル化など、食育をめぐる状況を踏まえ、①生涯を通じた心身の健康を支える食育の推進(国民の健康の視点)、②持続可能な食を支える食育の推進(社会・環境・文化の視点)、③「新たな日常」やデジタル化に対応した食育の推進(横断的な視点)に重点をおいた取組が求められます。

また、本計画では、令和7年度までに目指すべき24の具体的な目標値を設定しています。以下はそのうち5つの目標値です。園での食育の参考にするとよいでしょう。

ピックアップ！

目標値④
朝食を欠食する子どもの割合
4.6%➡0%※

ピックアップ！

目標値③
地域等で共食したいと思う人が共食する割合
70.7%➡75% 以上※

ピックアップ！

目標値⑮
ゆっくりよく噛んで食べる国民の割合
47.3%➡55% 以上※

ピックアップ！

目標値⑰
農林漁業体験を経験した国民(世帯)の割合
65.7%➡70% 以上※

ピックアップ！

目標値㉑
地域や家庭で受け継がれてきた伝統的な料理や作法等を継承し、伝えている国民の割合
50.4%➡55% 以上※

※ピックアップしている目標値はすべて現状値(令和2年度)➡目標値(令和7年度)となります。

食育とSDGs(持続可能な開発目標)

第4次食育推進基本計画では、3つの重点事項を「SDGsの観点から相互に連携して総合的に推進」としています。

SDGsの目標には、「目標2:飢餓を終わらせ、食料安全保障及び栄養改善を実現し、持続可能な農業を促進する」、「目標4:すべての人々への包摂的かつ公正な質の高い教育を提供し、生涯学習の機会を促進する」、「目標12:持続可能な生産消費形態を確保する」などの食育と関係が深い目標があります。

食育に関する法令・指針等

保育所保育指針

（平成29年 厚生労働省告示第117号）

保育所保育の基本となる考え方や保育のねらい及び内容など保育の実施に関わる事項と、これに関連する運営に関する事項について定めたものです。

2017（平成29）年の改定により、幼稚園教育要領や認定こども園教育・保育要領と保育内容の統一が図られ、また、新たに**3つの育みたい資質・能力**と、**幼児期の終わりまでに育ってほしい10の姿**が示されました。**食育の推進**についても記載内容が見直され、更なる充実が図られました。

楽しく食べる子どもに ～保育所における食育に関する指針～

（平成16年：厚生労働省）

保育所における食育の方向性を示すものとして2004（平成16）年3月に策定されたもので、**食育の目標**と**5つの子ども像**（① お腹がすくリズムのもてる子ども ② 食べたいもの、好きなものが増える子ども ③ 一緒に食べたい人がいる子ども ④ 食事づくり、準備にかかわる子ども ⑤ 食べものを話題にする子ども）、「**ねらい**」、「**内容**」等が示されています。なお、食育の「ねらい」、「内容」は食育の5項目（「食と健康」、「食と人間関係」、「食と文化」、「いのちの育ちと食」、「料理と食」）から捉えられ、示されています。

詳しくは ➡ **P.11**

楽しく食べる子どもに ～食からはじまる健やかガイド～

（平成16年：厚生労働省）

「楽しく食べる子ども」に成長していくために、具体的に**5つの子どもの姿**（「食事のリズムが持てる子ども」、「食事を味わって食べる子ども」、「一緒に食べたい人がいる子ども」、「食事づくりや準備に関わる子ども」、「食生活や健康に主体的に関わる子ども」）を目標としています。また、授乳期・離乳期、幼児期、学童期、思春期それぞれの**発育・発達過程に応じて育てたい"食べる力"**が示されています。

保育所におけるアレルギー対応ガイドライン（2019 年改訂版）

（平成31年：厚生労働省）

乳幼児期の特性を踏まえた保育所におけるアレルギー疾患を有する子どもへの対応の基本を示すものとして、2011（平成23）年3月に策定されたものです。

2019（平成31）年の改訂では、「**生活管理指導表**」の位置付けの明確化等、保育所におけるアレルギー対応の基本原則が明示された上で、保育所の各職員や医療関係者それぞれの役割について記載が具体化され、新たに「**関係機関との連携**」に係る項目が設けられました。また、「**食物アレルギー・アナフィラキシー**」について、各疾患の最初に位置付け、記載内容の改善・充実が図られ、さらに、「**緊急時の対応**（「エピペン®」の使用）」、「**記録の重要性**（事故防止の取組）」、「**災害への備え**」、「**食育活動**」などについても記載の充実を図り、その上で、個別の疾患に関する記載の改善も図られています。

保育所における食事の提供ガイドライン

（平成24年：厚生労働省）

保育所の職員・保育所長、行政の担当者等、保育所の食事の運営に関わる幅広い人々が、将来に向けて、保育所における食事をより豊かなものにしていくよう検討する際、活用するために、2012（平成24）年に作成されたガイドラインです。

児童福祉施設における食事の提供ガイド

（平成22年：厚生労働省）

子どもの健やかな発育・発達を支援する観点から、児童福祉施設における食事の提供及び栄養管理を実践するにあたっての考え方の例を示すものとして、2010（平成22）年に作成されたガイドです。

授乳・離乳の支援ガイド（2019年改定版）

（平成31年：厚生労働省）

授乳及び離乳の望ましい支援の在り方について、妊産婦や子どもに関わる保健医療従事者を対象に、所属する施設や専門領域が異なっても、基本的事項を共有し一貫した支援を進めるために、2007(平成19)年3月に作成されたガイドです。2019(平成31)年の改定の主なポイントには、「授乳・離乳を取り巻く最新の科学的知見等を踏まえた適切な支援の充実」、「授乳開始から授乳リズムの確立時期の支援内容の充実」、「食物アレルギー予防に関する支援の充実」、「妊娠期からの授乳・離乳等に関する情報提供の在り方」があります。

食育基本法

（平成27年 法律第66号）

食育に関し、基本理念を定め、国、地方公共団体等の責務を明らかにするとともに、食育に関する施策の基本となる事項を定めた法律です。同法に基づいて、食育推進基本計画では食育の推進に関する基本的な方針や目標について定めています。なお、第20条では「学校、保育所等における食育の推進」について定めています。（2005(平成17)年制定、2015(平成27)年改正）

詳しくは → P.6
第4次食育推進基本計画 → P.7

食育ガイド

（平成31年3月改訂：農林水産省）

「「食べること」は「生きること」」とし、乳幼児から高齢者に至るまで、ライフステージのつながりを大切にし、生涯にわたりそれぞれの世代に応じた食育の実践を促すため、2012(平成24)年3月に作成・公表されたガイドです。(2019(平成31)年3月改訂)

食生活指針

（平成28年一部改定：文部科学省、厚生労働省、農林水産省）

2000(平成12)年3月に、文部省（現在の文部科学省）、厚生省（現在の厚生労働省）、農林水産省が連携して策定したもので、食生活をめぐる諸問題の解決に向け、どのような食生活を送ればよいかを示しています。(2016(平成28)年6月一部改定)

詳しくは → P.6

食事バランスガイド

（平成17年：厚生労働省・農林水産省）

2005(平成17)年に厚生労働省と農林水産省が共同で、食生活指針をわかりやすくコマのイラストで示したものです。

幼児向け食事バランスガイド → P.22

日本人の食事摂取基準（2020年版）

（令和2年：厚生労働省）

「日本人の食事摂取基準」は、「健康増進法」第16条の2に基づき、国民の健康の保持・増進を図る上で摂取することが望ましいエネルギー及び栄養素の量の基準を厚生労働大臣が定めるもので、5年毎に改定が行われています。使用期間は、2020(令和2)年度から2024(令和6)年度の5年間です。

保育所等における食育の取組

保育所保育指針の改定と食育の推進

　保育所保育指針については、各保育園の保育の内容の質を高める観点から、約10年に一度改定されています。

　1965(昭和40)年の策定から2017(平成29)年の改定に至る経緯は次の通りです。

1965(昭和40)年「保育所保育指針」策定

1990(平成2)年3月改定

・保育の内容が6領域から5領域へ

1999(平成11)年10月改定

2008(平成20)年3月改定

2017(平成29)年3月改定

・3つの視点・3つの柱・10の姿を追記

詳しくは ➡ **P.12**

　2017(平成29)年度の改定は、次のような社会情勢の変化を踏まえています。

◎「量」と「質」の両面から子どもの育ちと子育てを社会全体で支える「子ども・子育て支援新制度」の施行　2015(平成27)年4月

◎0〜2歳児を中心とした保育所利用児童数の増加
（1・2歳児保育所等利用率 27.6％/2008（平成20）年→38.1％/2015（平成27）年 ）

◎子育て世帯における子育ての負担や孤立感の高まり、児童虐待相談件数の増加（42,664件/2008（平成20）年→103,260件/2015（平成27）年）

等

また、改定に当たっては次のような方向性が加味されています。

★乳児・3歳未満児保育の記載の充実
★幼児教育の積極的な位置づけ
★**「健康及び安全」の記載の見直し**　詳しくは ➡ **下記**
子どもの育ちをめぐる環境の変化を踏まえ、食育の推進、安全な保育環境の確保等に関して、記載内容を見直し。
★「子育て支援」の章を新設
★職員の資質・専門性の向上

直近の改定では、第3章「健康及び安全」に示されているように、【保育所の特性を生かした食育】【食育の環境の整備等】といった、食育のより深い理解と、食育計画の作成と活用を求められています。

「保育所保育指針」第3章「健康及び安全」

2　食育の推進

(1) 保育所の特性を生かした食育

ア　保育所における食育は、健康な生活の基本としての「食を営む力」の育成に向け、その基礎を培うことを目標とすること。

イ　子どもが生活と遊びの中で、意欲をもって食に関わる体験を積み重ね、食べることを楽しみ、食事を楽しみ合う子どもに成長していくことを期待するものであること。

ウ　乳幼児期にふさわしい食生活が展開され、適切な援助が行われるよう、食事の提供を含む食育計画を全体的な計画に基づいて作成し、その評価及び改善に努めること。栄養士が配置されている場合は、専門性を生かした対応を図ること。

(2) 食育の環境の整備等

ア　子どもが自らの感覚や体験を通して、自然の恵みとしての食材や食の循環・環境への意識、調理する人への感謝の気持ちが育つように、子どもと調理員等との関わりや、調理室など食に関わる保育環境に配慮すること。

イ　保護者や地域の多様な関係者との連携及び協働の下で、食に関する取組が進められること。また、市町村の支援の下に、地域の関係機関等との日常的な連携を図り、必要な協力が得られるよう努めること。

ウ　体調不良、食物アレルギー、障害のある子どもなど、一人一人の子どもの心身の状態等に応じ、嘱託医、かかりつけ医等の指示や協力の下に適切に対応すること。栄養士が配置されている場合は、専門性を生かした対応を図ること。

楽しく食べる子どもに～保育所における食育に関する指針～

2004(平成16)年、保育所における食育の方向性を示すものとして、『楽しく食べる子どもに～保育所における食育に関する指針～』が策定されました。この指針の中で、

【食べることは、生きることの源であり、心と体の発達に密接に関係している。乳幼児期から、発達段階に応じて豊かな食の体験を積み重ねていくことにより、生涯にわたって健康でいきいきとした生活を送る基礎となる「食を営む力」を培うことが重要である。】

と示されています。

保育所の標準保育時間は8～11時間と長時間に渡ります。1日の生活時間の大半を過ごす保育所における食事の意味は大きいと言えます。

また、この指針では、**食育の目標**について

【現在を最もよく生き、かつ、生涯にわたって健康で質の高い生活を送る基本としての「食を営む力」の育成に向け、その基礎を培うことが保育所における食育の目標である。】

と明記されています。

「食育」の実施については、家庭や地域社会と連携を図り、保護者の協力のもと、保育士、調理員、栄養士、看護師などの全職員がその有する専門性を活かしながら、共に進めることが重要である、としています。

5つの子ども像

保育所における食育の目標は、「食を営む力」の育成に向け、その基礎を培うこと です。それを受けて保育所の食育は、楽しく食べる子どもに成長していくことを期待しつつ、次にかかげる**5つの子ども像**の実現を目指して行う必要があります。

保育所における食育の目標【5つの子ども像】

❶ お腹がすくリズムのもてる子ども

12
9
3
6

❷ 食べたいもの、好きなものが増える子ども

❸ 一緒に食べたい人がいる子ども

❹ 食事づくり、準備にかかわる子ども

❺ 食べものを話題にする子ども

す(き)、い(っしょ)、か(かわる)、
わ(だい)、リ(ズム)
↓
スイカ割りの5つの子ども像、と
覚えましょう。

保育所における食育のねらい

「保育所における食育に関する指針」では「ねらい」と「内容」が記されていますが、それらは食と子どもの発達の観点から、下記の「食育の5項目」から捉えられ、示されています。なお、3歳未満児については、その発達の特性から5項目を明確に区分することが困難な面が多いので、5項目に配慮しながら一括して示されています。

食育は保育と同様に、具体的な子どもの活動を通して展開されるものであるため、子どもの活動は一つの項目に限られるものではなく、項目の間で相互に関連を持ちながら総合的に展開していくものであるとされています。

また食育計画は、子どもの日々の主体的な生活や遊びの中で食育が展開されていくよう作成します。食育が一つの領域として扱われたり、食事の時間の援助と他の保育活動の援助が別々に行われたりすることなく、全職員の共通理解のもとに計画的・総合的に展開する必要があります。

食育の5項目

食と健康

食を通じて、健康な心と体を育て、
自ら健康で安全な生活を
つくり出す力を養う

食と人間関係

食を通じて、
他の人々と親しみ支え合うために、
自立心を育て、人とかかわる力を養う

食と文化

食を通じて、人々が築き、
継承してきた様々な文化を理解し、
つくり出す力を養う

いのちの育ちと食

食を通じて、自らも含めた
すべてのいのちを大切にする力を養う

料理と食

食を通じて、素材に目を向け、
素材にかかわり、素材を調理することに
関心を持つ力を養う

全職員の共通理解のもと ⇔ 計画的・総合的に展開

保育所等での教育・保育

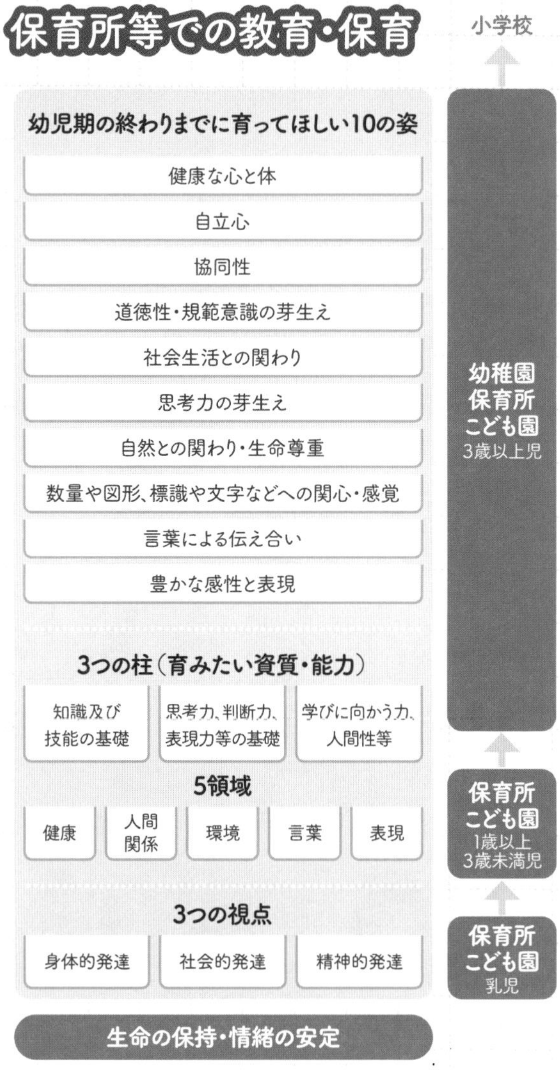

「保育所保育指針」「幼稚園教育要領」「幼保連携型認定こども園教育・保育要領」より作成

発達状況に応じた食育のねらい

「ねらい」は食育の目標をより具体化したもので、「子どもが身につけることが望まれる心情、意欲、態度などを示した事項」です。各月齢/年齢のねらいは下記のように設定されています。

6か月未満児

①お腹がすき、乳（母乳・ミルク）を飲みたい時、飲みたいだけゆったりと飲む。

②安定した人間関係の中で、乳を吸い、心地よい生活を送る。

6か月～1歳3か月未満児

①お腹がすき、乳を吸い、離乳食を喜んで食べ、心地よい生活を味わう。

②いろいろな食べものを見る、触る、味わう経験を通して自分で進んで食べようとする。

1歳3か月～2歳未満児

①お腹がすき、食事を喜んで食べ、心地よい生活を味わう。

②いろいろな食べものを見る、触る、噛んで味わう経験を通して自分で進んで食べようとする。

2歳児

①いろいろな種類の食べ物や料理を味わう。

②食生活に必要な基本的な習慣や態度に関心を持つ。

③保育士を仲立ちとして、友達とともに食事を進め、一緒に食べる楽しさを味わう。

3歳以上児

食と健康

①できるだけ多くの種類の食べものや料理を味わう。
②自分の体に必要な食品の種類や働きに気づき、栄養バランスを考慮した食事をとろうとする。
③健康、安全など食生活に必要な基本的な習慣や態度を身につける。

食と人間関係

①自分で食事ができること、身近な人と一緒に食べる楽しさを味わう。
②様々な人々との会食を通して、愛情や信頼感を持つ。
③食事に必要な基本的な習慣や態度を身につける。

食と文化

①いろいろな料理に出会い、発見を楽しんだり、考えたりし、様々な文化に気づく。
②地域で培われた食文化を体験し、郷土への関心を持つ。
③食習慣、マナーを身につける。

いのちの育ちと食

①自然の恵みと働くことの大切さを知り、感謝の気持ちを持って食事を味わう。
②栽培、飼育、食事などを通して、身近な存在に親しみを持ち、すべてのいのちを大切にする心を持つ。
③身近な自然にかかわり、世話をしたりする中で、料理との関係を考え、食材に対する感覚を豊かにする。

料理と食

①身近な食材を使って、調理を楽しむ。
②食事の準備から後片付けまでの食事づくりに自らかかわり、味や盛りつけなどを 考えたり、それを生活に取り入れようとする。
③食事にふさわしい環境を考えて、ゆとりある落ち着いた雰囲気で食事をする。

離乳の進め方

離乳期には、「授乳・離乳の支援ガイド（2019年改定版）」（厚生労働省）をもとに、園と家庭での様子を踏まえ、一人一人の子どもの発育・発達の状況に応じた食事内容を設定し、計画を作成する必要があります。

同ガイドでは、離乳開始時期の子どもの発達状況の目安として、「**首のすわりがしっかりして寝返りができ、5秒以上座れる**」、「**スプーンなどを口に入れても舌で押し出すことが少なくなる（哺乳反射の減弱）**」、「**食べ物に興味を示す**」などと挙げられており、また、その時期は**生後5〜6か月頃**が適当であるとしています。

同ガイドの離乳の進め方はあくまでも目安ですので、子どもの食欲など摂取状況や発育・発達の状況に応じて対応するようにしましょう。

おかゆ（米）や、かぼちゃ、さつまいも、にんじん、大根などは、早い時期から、離乳食献立に取り入れやすい食材です。

各食材の進め方

魚	卵	肉類
白身魚 ↓ 赤身魚 ↓ 青皮魚の順に進めます。	卵黄 ↓ 全卵へと進めます。	脂肪の少ない肉類から始めます。 ↓ 脂肪の多い肉類は少し遅らせます。

離乳のすすめ方カレンダー

			生後5〜6か月頃
離乳食の回数			1日1回
授乳の回数			母乳や育児用ミルクは、飲みたいだけ飲ませてあげます。
食べ方			舌で押し出すこともありますが、徐々に口を閉じて飲み込むようになります。食べる時間を決め、リズムを整えます。
食べさせ方のポイント			授乳の時のような横抱きの姿勢で。下くちびるにスプーンを付け、上くちびるが閉じるのを待ちます。
調理形態（かたさの目安）			なめらかにすりつぶした状態（ヨーグルトくらい）
1回あたりの目安量	主食	米 パン めん類	① なめらかにすりつぶした10倍がゆから始めます。
	副菜	野菜 海草類 果物	② やわらかく煮てすりつぶした野菜を試してみます。（いも、にんじん、かぼちゃなど）
	主菜	魚 または肉 または豆腐 または卵 または乳製品	③ 煮てからすりつぶした豆腐・白身魚・固ゆで卵の卵黄などを、少量ずつ試していきます。
油脂類			
だし			こんぶ
調味料			
母乳や育児用ミルク・食品の量は目安です。			

※実際の離乳のすすめ方カレンダーは、カラーです。

正しい姿勢で食べるための手作りアイテム

姿勢が安定しないと、食事に集中できなくなってしまいます。姿勢を安定させるためには、背中に背もたれを設置したり、足置きに足を乗せたりします。市販のものが園の椅子の高さや子どもの体格に合わない場合は、手作りするのも良いでしょう。

ここでは、身近なもので製作できる背もたれクッションと足置きを紹介します。

背もたれクッション

バスタオルを畳み、太めのゴムをかけ、椅子の背もたれと子どもの背中の間に入れると姿勢が安定します。

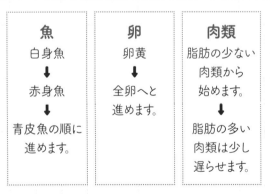

★トピックス「液体ミルクって？」

乳児用液体ミルクは、液状の育児用ミルクを容器に密封したもので、常温保存が可能です。消毒した哺乳瓶に移し替えて、すぐに飲むことができます。日常の授乳だけでなく、災害時の備えにもなります。

★おやつは食事の一部です

離乳が完了した頃から、必要に応じて1日1～2回のおやつを与えます。おにぎりやパン、乳製品、果物などを取り入れたいですね。

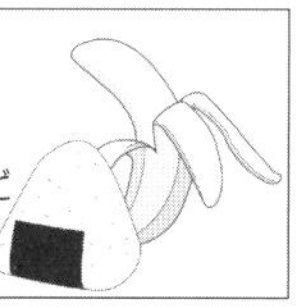

7～8か月頃	9か月～11か月頃	12か月～18か月頃
1日2回	1日3回	1日3回
母　乳：授乳のリズムをつけ飲みたい量を ミルク：離乳食のあと＋3回程度	母　乳：授乳のリズムをつけ飲みたい量を ミルク：離乳食のあと＋2回程度	お子さんの離乳食の進み方や完了の状況に合わせて飲ませます。
舌と上あごで食べ物をつぶします。くちびるは左右対称に動きます。 	歯茎で食べ物をつぶします。くちびるの端が左右で違う動きをします。 	しっかりと歯茎で噛むようになり、奥歯が生えてくると更に噛む力がつきます。
食べづらい食材にはとろみをつけて。 主食、主菜、副菜を組み合わせた食事になってくるといいですね。	丸み（くぼみ）のある離乳食スプーンを使い始めます。 手づかみに興味が出てくる時期です。	手づかみ食べが盛んな時期です。かじりとりで1口量を覚え、スプーンなどへと発展していきます。
舌でつぶせる固さ （豆腐くらい）	歯茎でつぶせる固さ （バナナくらい）	歯茎でかめる固さ （肉団子くらい）
10～7倍がゆ パンがゆ 煮込みうどん 子ども茶碗 1/2～2/3 杯（50～80ｇ）	5倍がゆ～軟飯 食パン（耳を外す） 煮込みうどん やわらかパスタ 子ども茶碗 2/3～1 杯（80～100ｇ）	軟飯～ご飯 トースト 煮込みうどん やわらかパスタ 子ども茶碗 2/3～1 杯（80～100ｇ）
野菜 海草類 果物 20～30ｇ 	野菜 海草類 果物 30～40ｇ 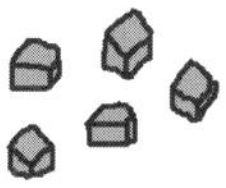	野菜 海草類 果物 40～50ｇ 
白身魚　10～15ｇ 鶏ひき肉　10～15ｇ 豆腐　30～40ｇ（納豆なら少量） 卵黄1個 ～ 全卵 1/3 個 乳製品　50～70ｇ	赤身魚　15ｇ 牛・豚ひき肉　15ｇ 豆腐　45ｇ（納豆なら少量） 全卵　1/2 個 乳製品　80ｇ	魚　15～20ｇ 肉　15～20ｇ 豆腐　50～55ｇ 全卵　1/2～2/3 個 乳製品　100ｇ いろいろな食材や調理法をたのしんで！

バター、植物油

かつお節、煮干し

塩、しょうゆ、みそ、砂糖など　→　ケチャップ、酢、ソースなど　→　香辛料、マヨネーズなど　＊うす味を心がけて

お子さんの食欲や成長・発達に合わせて調整します。お子さんのご成長は、母子健康手帳の成長曲線を参考に。

船橋市ホームページ「離乳食お助け情報『離乳食カレンダー』」より抜粋　https://www.city.funabashi.lg.jp/kodomo/kenkou/004/p032206_d/fil/2019.pdf

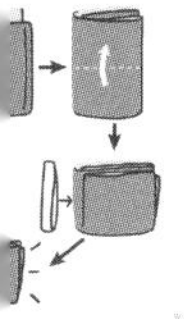

足置き

①牛乳パックを洗ってよく乾かし、イラストのように潰してから、底のサイズに合わせて蛇腹に折っていきます。

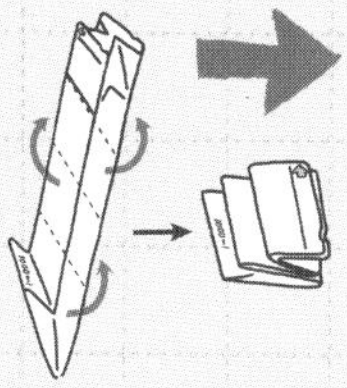

②口を開いた牛乳パックに、①で作ったものを入るだけ重ねて詰めていきます。一番上まで牛乳パックを詰めたら、口をテープで留めます。

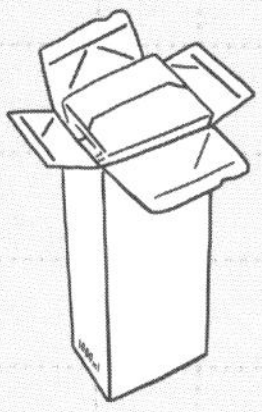

③ ②を椅子のサイズに合わせて3～4個製作したら、並べてテープで固定します。

椅子の脚に固定できる輪っかを着けると、より安定します。

0〜5歳児の発達と食育

乳幼児期は、発育・発達がめざましく、ま
個人差に十分配慮しながら、一人一人

	食育に関する発達の目安		
	〈口・歯〉	〈手・指〉	〈心〉
0歳児	●大人が食べている様子を見ながら、よだれを出す。 ●乳歯が生え始める。 ●舌と上あごで潰していくことができるようになる。 ●前歯が上下2本ずつ生えてくる。 ●奥の歯ぐきで潰すことができるようになる。	 ●指先で小さなものをつまむ。	●大人が食べているものを見つめ、食べることに興味を示し始める。 ●人見知りをする子どもが増えてくる。
1歳児	●前歯が8本生えそろう。 ●歯を使うようになる。 ●奥歯、犬歯が生え始める。 	●手づかみ食べをする。 ●スプーンを握って持つ。 ●コップを持って飲む。 ●スプーンとフォークを使い、一人で食べようとする。 ●フォークに食べ物を突き刺して口に運ぶ。 ●器を持って食べる。	●食べ物の好き嫌いが始まる。 ●遊び食べをする。 ●大人のまねをする。 ●発する言葉が増える。 ●強く自己主張することが多くなる。 ●身近な人への興味や関心が高まる。 ●自分で進んで食べようとする。
2歳児	●乳歯が生えそろう。	●スプーンやフォークを自由に使う。 ●箸に興味を持つ。 ●こぼさないで食べられる。	●自分でやろうとする意欲がさらに強くなるが、できないことに苛立ちを見せることがある。 ●遊び食べ、食べむら、好き嫌いが目立つ。 ●他の子どもに対する興味や関心が高まってくる。 ●言葉の理解・表出が進む。
3歳児	●奥歯ですりつぶす。	●箸を握り、すくうように食べる。 ●茶碗を持つようになる。 ●ほとんど自分だけで食事ができる。	●自我がよりはっきりしてくる。 ●コミュニケーションの基礎が完成する。 ●身近なものへの関心が高まり、好奇心が旺盛になる。
4歳児	●しっかり噛んで食べられるようになる。	●箸を使える子どもも出てくる。 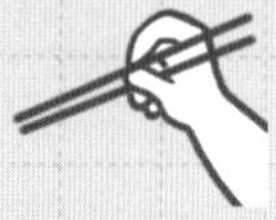	●自意識が芽生える。 ●友達など身近な人との関わりが深まる。 ●決まりの大切さに気付く。 ●慣れない食べ物・嫌いな食べ物に挑戦しようとする。
5歳児	●食べられる大きさや固さはほぼ大人と同じになる。 ●永久歯への生え替わりが始まる。	●箸の使い方が上手になる。	●日常生活はほぼ自立して行えるようになる。 ●自分で考えて判断する力が育つ。 ●友達と協力し合って活動することの大切さを実感する。 ●食習慣やマナーへの意識が高まる。 ●食事の意味や大切さを理解できるようになる。

人差も大きい時期です。家庭との緊密な連携の下、
育・発達に応じた食育を進めていきましょう。

活動と援助のポイント

- 一人一人の発育・発達の状況に応じた離乳の進め方や援助をしましょう。
- 特定の保育者との安定した関わりの中で食べる経験が積めるような環境を構成しましょう。
- 食べる楽しみを体験したり、食事のリズムが整っていったりする中で、食べる意欲を育みましょう。
- 家庭との連携を緊密に行い、家庭での生活も考慮しつつ、一人一人の状況に応じた援助を行いましょう。

- 手づかみ食べを十分にさせ、食べる意欲に繋げます。
- 手指の発達に合わせて食具食べに移行できるように援助します。
- 自分で食べようとする気持ちを尊重し、適切な声かけや援助を行いましょう。
- 家庭との連携を緊密に行い、食事リズム、そして生活リズム全体を整えていきましょう。

- 子どもの気持ちを受け止め、過度な干渉はせず、必要な時にそっと援助するようにしましょう。
- 保育者が仲立ちとなり、友達と一緒に食事をしたり、食育活動を行う楽しさを味わえるようにしましょう。

- 箸の練習を始める時期ですが、上手に使えるようになるのは5歳頃ですので、焦らず、手指の発達などに合わせて、慣れさせましょう。
- 食事の準備や栽培活動、簡単な調理など、食への関心が高まるような活動を取り入れましょう。

- 友達と一緒に食事や食育活動を行うことが喜びに繋がるように環境を構成しましょう。
- 食生活に必要な習慣やマナーの大切さに気付き、身につけていけるように促しましょう。

- 友達と一緒に共通の目的の実現のために考えたり、工夫や協力することで、充実感や達成感を味わえるよう配慮しましょう。
- 活動を通して、助け合うことの大切さ、調理してくれる人をはじめとした周囲の人々への感謝の気持ち、そして感謝されることの喜びを感じられるよう環境を構成していきましょう。
- 栄養バランスや食文化等を積極的に伝えていきましょう。

保護者のお困りごと

保護者が離乳食について困ったこと

平成27年度 乳幼児栄養調査結果の概要によると、離乳食について困ったこと（回答者：0～2歳児の保護者）は、次の順でした。

①作るのが負担、大変 ………… 33.5％
②もぐもぐ、かみかみが少ない … 28.9％
（丸のみしている）
③食べる量が少ない………… 21.8％

保護者が子どもの食事について困っていること（2～6歳児）

平成27年度 乳幼児栄養調査結果の概要によると、2～6歳児の保護者が、現在子どもの食事について困っていることで最も多かったのは、次のとおりでした。

2歳～3歳未満：遊び食べをする
………… 41.8％
3歳以上：食べるのに時間がかかる
3歳～4歳未満 …… 32.4％
4歳～5歳未満 …… 37.3％
5歳以上 ………… 34.6％

他にも、「偏食する」、「むら食い」、「食事よりも甘い飲み物やお菓子を欲しがる」、「小食」、「早食い、よくかまない」等が挙げられています。

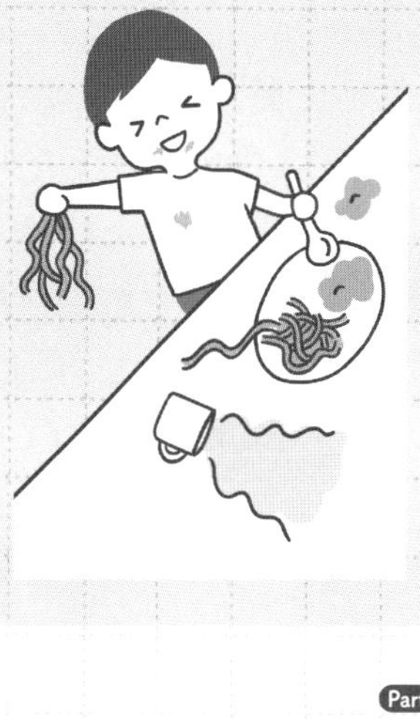

子どもに教えたい栄養素のおはなし

栄養素の分類には「五大栄養素」、「三色食品群」、「六つの基礎食品」などがあります。保育所等で子どもたちに説明するには様々な方法がありますが、子どもの理解度や関心に合わせて、また子どもの好奇心を高めるように工夫する必要があります。ここでは保育所等でよく子どもたちに教える「三色食品群」を取り上げます。

五大栄養素とは、炭水化物(糖質)、脂質、たんぱく質、ミネラル(無機質)、ビタミンの5つの栄養素のことです。

※食物繊維を含め、六大栄養素ということもあります。

五大栄養素と三色食品群

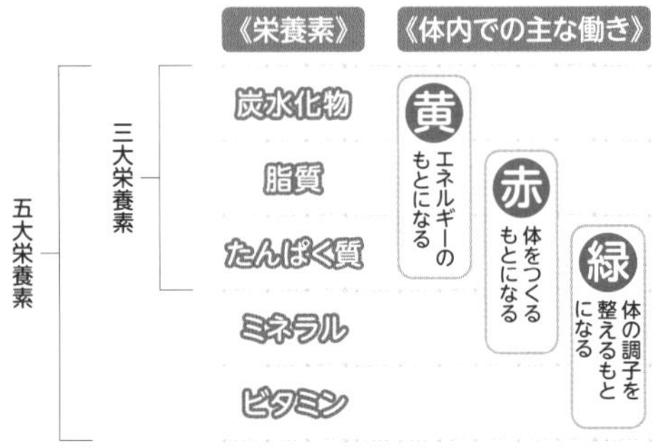

三色食品群

三色食品群とは、栄養素の働きから3つの食品グループに分けたものです。

	赤	黄	緑
働き	体をつくるもとになる	エネルギーのもとになる	体の調子を整えるもとになる
食品	肉、魚、卵、牛乳・乳製品、豆など	米、パン、めん類、いも類、油、砂糖など	野菜、果物、きのこ類など

農林水産省ホームページ「実践食育ナビ」より作成　https://www.maff.go.jp/j/syokuiku/zissen_navi/balance/guide.html

子どもに教えたい「赤の食べ物」のおはなし

「みんなの体の血や筋肉、骨や歯をつくるもとなんだよ。」「どんどん食べて大きくなろうね。」

「体をつくるもと」とは?

主にたんぱく質やミネラルを豊富に含み、血液や筋肉、骨、歯などをつくるもとです。日本人の伝統的な食事スタイルでは、主食、主菜、副菜、汁物を揃えますが、そのうち主菜は「赤の食べ物」を中心に献立を組み立てます。

お肉が大好きだから、お魚の代わりにお肉をたくさん食べてもいいの?

確かに肉も魚も同じ「赤の食べ物」ですが、含まれる栄養素が異なり、働きも異なります。もちろん肉はたんぱく質・脂質に富む栄養価の高い食品ですが、肉に含まれていない魅力的な栄養素が魚にはたくさん含まれています。

例えば、魚に含まれるDHA(ドコサヘキサエン酸)という栄養素は、血中の脂質のバランスを整えたり、悪玉コレステロール(LDL)を減らしたりする働きがあり、また、脳細胞を活性化する働きもあります。

「お肉にはお肉の、お魚にはお魚の、体にいいものがいっぱい含まれてるよ。」「お魚を食べると頭がよく働くようになるよ。」

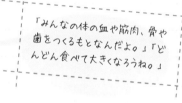

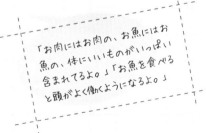

子どもに教えたい「黄の食べ物」のおはなし

「エネルギーのもと」とは?

主に炭水化物や脂質を豊富に含み、体を動かしたり、体温を維持したりするためのエネルギーのもととして使われます。日本人の主食であるご飯やパンは、「黄の食べ物」です。

いもは野菜だから「緑の食べ物」じゃないの?

じゃがいもやさつまいもは野菜売り場にありますね。いもは、植物学上では野菜に分類されますが、炭水化物を多く含み、三色食品群では「黄の食べ物」に分類されます。中南米地域では、じゃがいも・さつまいもが主食の一部として頻繁に食べられています。また、いも類は、炭水化物を多く含むのと同時にビタミン、ミネラル、食物繊維も含みます。

「みんなの体を動かしたり、体温をいつも同じにしたりするためのエネルギーのもとなんだよ。」「元気いっぱいに遊ぶために、しっかり食べようね。」

「いもは野菜だけど、「黄の食べ物」の栄養がいっぱい入っているんだよ。食べると体を動かすエネルギーになるんだよ。」

「パンも美味しいけど、ご飯は美味しいし、パンよりも栄養がいっぱい入っているんだよ」

ご飯よりパンが好き。だから朝・昼・晩の主食はパンでもいいの?

子どもはパンやパスタなどをよく好みますが、粉から作られた物ばかり食べることを「粉食」といい、避けたい「こ食」※のうちの一つです。粉食は、米食に比べて高エネルギー(kcal)で、一緒に食べるおかずも脂肪などが多くなりがちです。

お米の主成分はエネルギーのもととなる炭水化物ですが、それ以外にもたんぱく質、ビタミン、ミネラルも多く含まれています。また、ご飯を主食にすると「日本型食生活」となり、バランスのとれた食事になりやすくなります。

※「こ食」には、一人で食事を摂る「孤食」、複数で食卓を囲んでいても食べている物がそれぞれ違う「個食」、子どもだけで食べる「子食」、ダイエットのために必要以上に食事量を制限する「小食」、同じ物ばかり食べる「固食」、濃い味付けの物ばかり食べる「濃食」、そして「粉食」などがあり、問題となっています。

子どもに教えたい「緑の食べ物」のおはなし

体の調子を整えるもと」とは?

ビタミンを豊富に含み、体の各機能を調節します。副菜は、「緑の食べ物」を中心に献立を組み立てます。

「みんなの体のはたらきを調節してくれるんだよ。」「ちゃんと食べておくと病気になりづらくなるよ。」

豆は野菜じゃないの?

ひとことで豆といってもいろいろな種類があり、例えば枝豆は、成熟していないうちに収穫した大豆なのですが、豆類ではなく野菜類で「緑の食べ物」に分類されます。大豆にはカロテンやビタミンCがほとんど含まれないのに対し、枝豆にはそれらの栄養素が含まれています。

一方、豆類には、大豆・落花生が属する「脂質を多く含むグループ」と、小豆などが属する「炭水化物を多く含むグループ」がありますが、両グループともたんぱく質が豊富で、「赤の食べ物」に分類されます。特に大豆は、良質のたんぱく質を多く含んでいることから、「畑の肉」と呼ばれているのです。

「枝豆は『緑の食べ物』で、大豆は『赤の食べ物』なんだよ。」

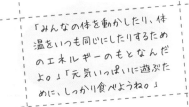

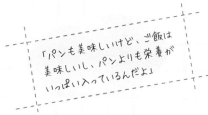

三色食品群

おもにエネルギーのもとになる食品

（そのほかの黄の食べ物）

ビーフン、上新粉、そうめん、大麦麺、春雨、わらび粉、くず粉、
コーンスターチ、はったい粉、きくいも、春巻きの皮、
しゅうまいの皮、天かす、ラード、ドレッシング、
カシューナッツ　など

きいろ

みどり

おもに体の調子を整えるもとになる食品

おもに体をつくるもとになる食品

（そのほかの赤の食べ物）
はんぺん、さつま揚げ、ベーコン、かつお節、たらこ、ゼラチン、湯葉、生揚げ、凍り豆腐、きな粉、金時豆、白いんげん、スキムミルク、ちりめんじゃこ、めざし、桜えび　など

あか

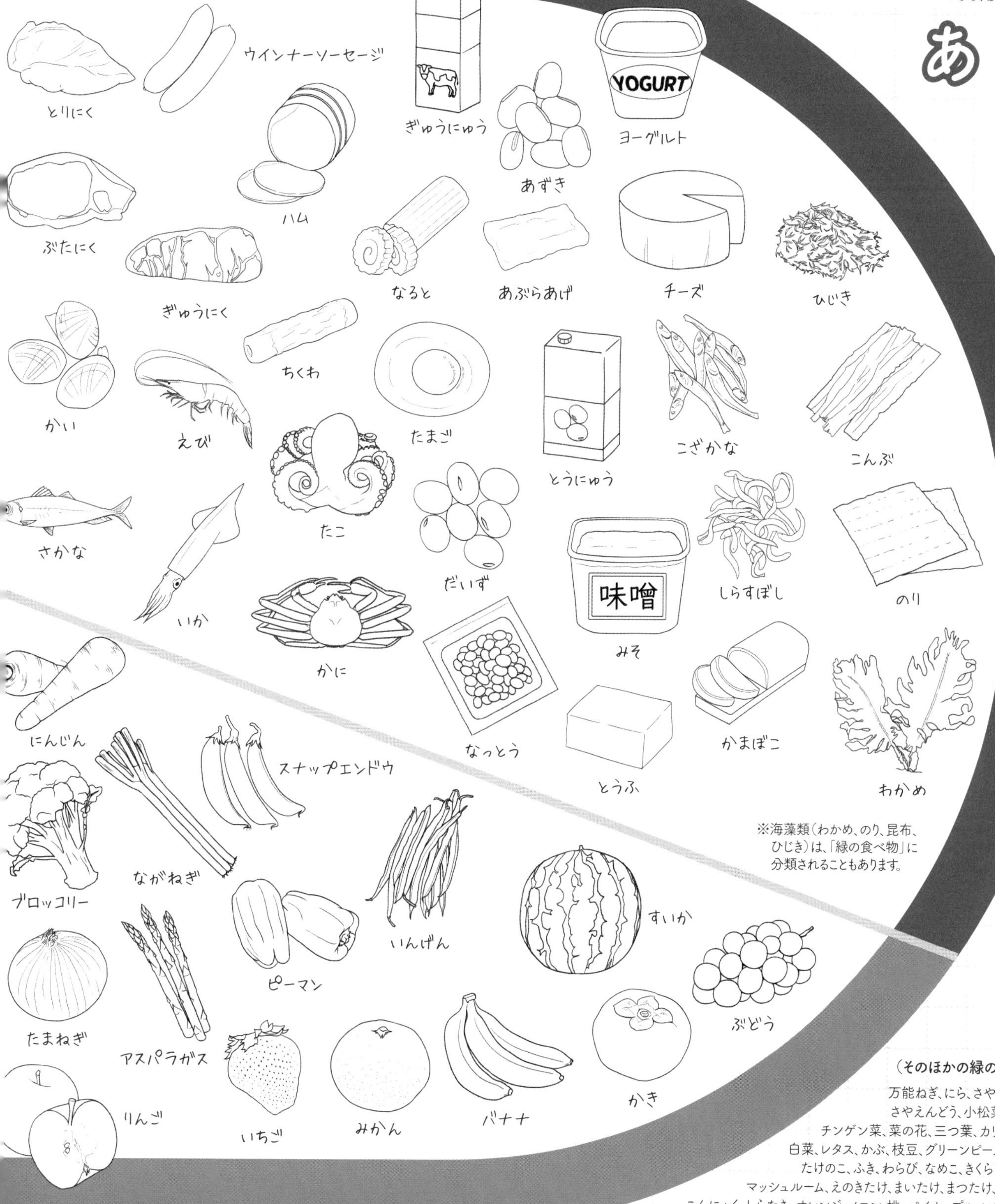

※海藻類（わかめ、のり、昆布、ひじき）は、「緑の食べ物」に分類されることもあります。

（そのほかの緑の食べ物）
万能ねぎ、にら、さやいんげん、さやえんどう、小松菜、パセリ、チンゲン菜、菜の花、三つ葉、カリフラワー、白菜、レタス、かぶ、枝豆、グリーンピース、もやし、たけのこ、ふき、わらび、なめこ、きくらげ、しめじ、マッシュルーム、えのきたけ、まいたけ、まつたけ、エリンギ、こんにゃく、しらたき、オレンジ、メロン、桃、パイナップル、レモン、なし、西洋なし、キウイフルーツ、グレープフルーツ、干しぶどう　など

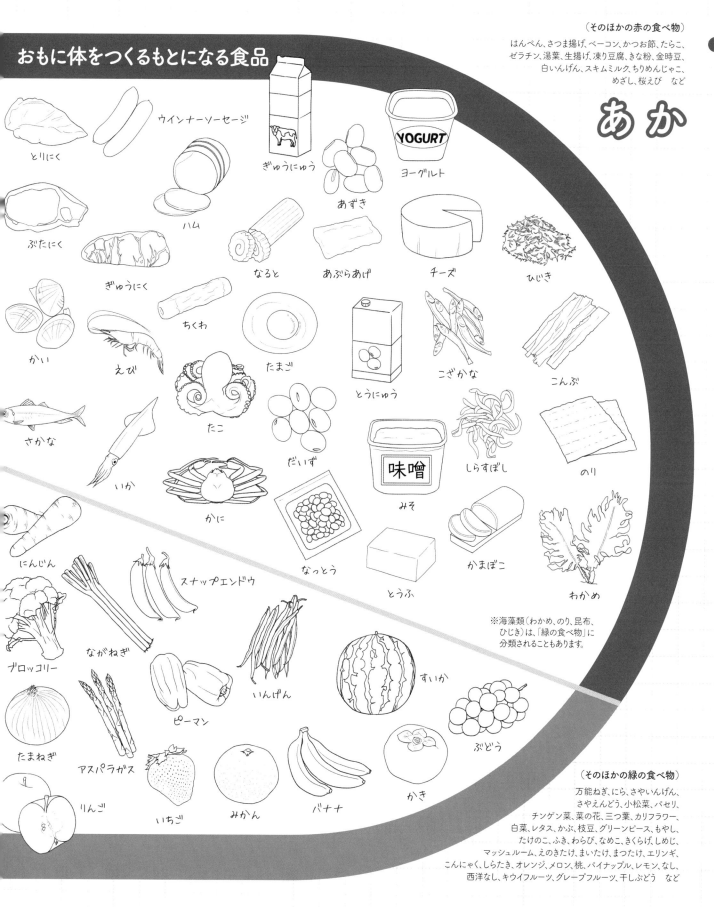

幼児向け食事バランスガイド

国は、1日に「何を」「どれだけ」食べたらよいか、食事の望ましい組み合わせとおおよその量をコマのイラストで示した「食事バランスガイド」を策定していますが、この「食事バランスガイド」では、6歳未満摂取量の基準が設けられていないため、3〜5歳の幼児を対象にした「幼児向け食事バランスガイド」を作成している自治体もあります。

食事バランスガイドでは、毎日の食事を、主食、副菜、主菜、牛乳・乳製品、果物の5つのグループからバランスよく選ぶようになっており、いずれかのグループで過不足が生じるとコマが倒れてしまい、つまり栄養バランスが悪くなるということを示しています。また、コマの軸は「十分な水分摂取」、コマを回すためのひもの部分は「菓子・嗜好飲料は楽しく適度に」を表現しています。そして、回転することでコマが安定するように、「適切な運動」の大切さも示しています。

栄養価が計算されている保育所等と異なり、家庭ではバランスの良い食事の摂り方がわからない、という不安の声に対するアドバイスとして利用できる、わかりやすいツールとなっています。

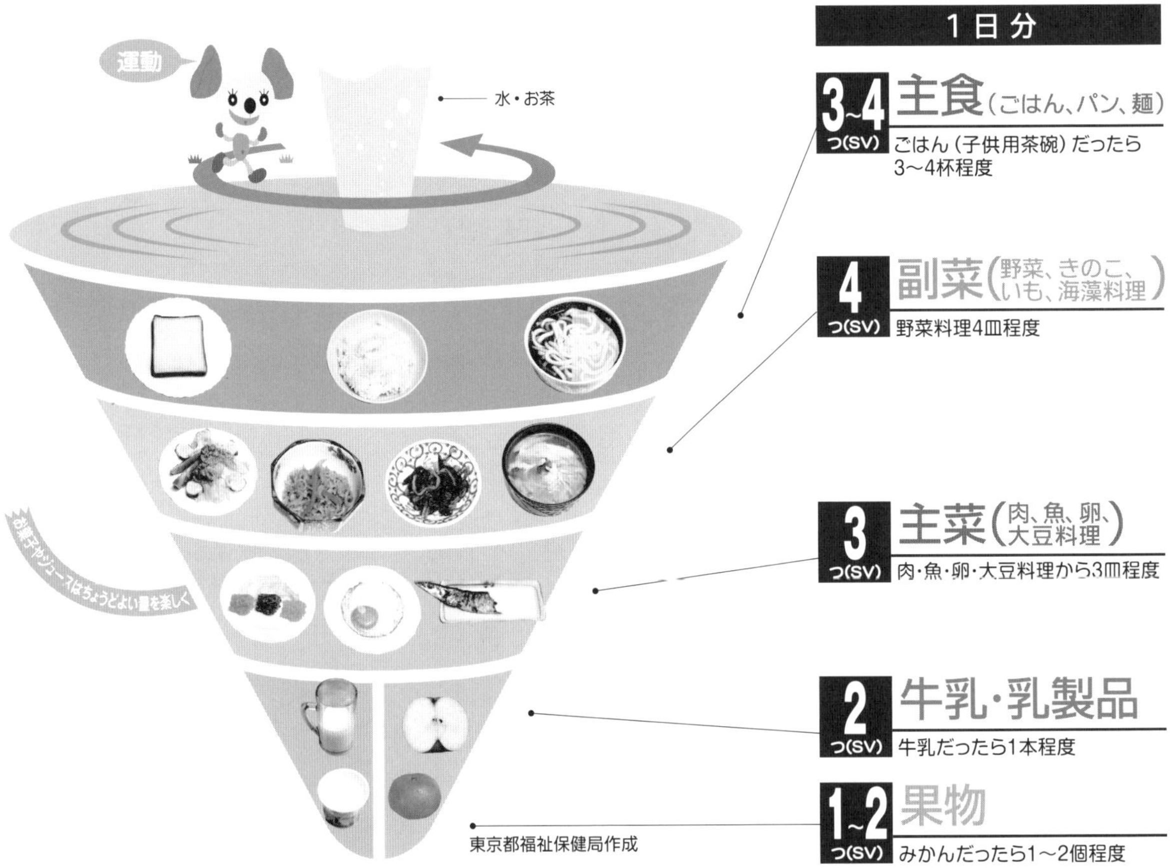

東京都福祉保健局「東京都幼児向け食事バランスガイドポスター」より抜粋
https://www.fukushihoken.metro.tokyo.lg.jp/kensui/ei_syo/youzi.files/teisei_youzimukeshokujiposuta.pdf

Part 2

実践力を身につける

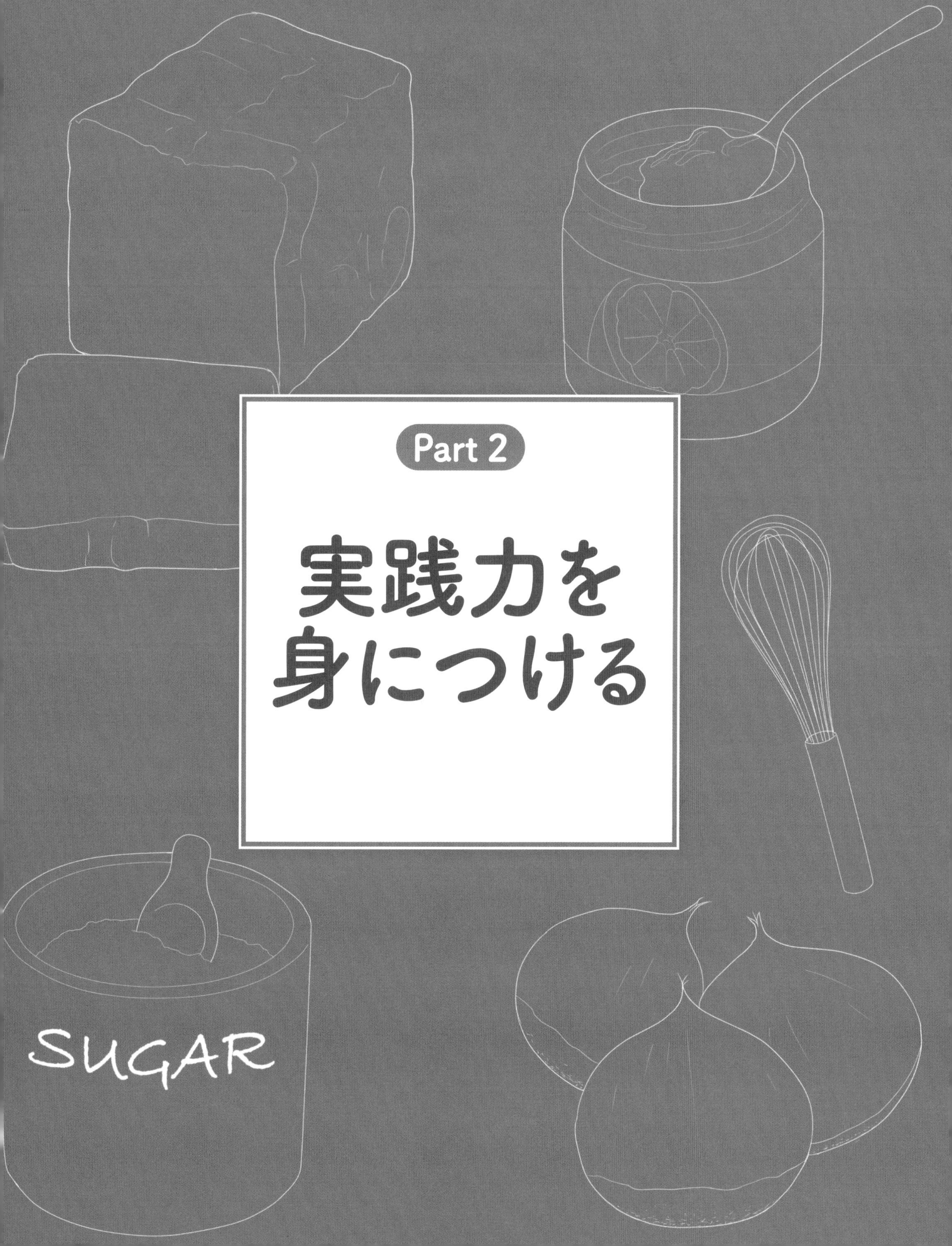

食育計画の立て方

保育所は、保育の目標を達成するために、各保育所の保育の方針や目標に基づき、子どもの発達過程を踏まえて、保育の内容が組織的・計画的に構成され、保育所の生活の全体を通して、総合的に展開されるよう、**全体的な計画**を作成しなければなりません。そして、この**全体的な計画**に基づき、長期・短期の指導計画や保健計画、**食育計画**といったより具体的で日々の保育に直接関わる様々な計画を作成していきます。

全体的な計画は、**入所から就学に至る在籍期間の全体**にわたって、保育の目標を達成するために、どのような道筋をたどり、養護と教育が一体となった保育を進めていくのかを示すものです。

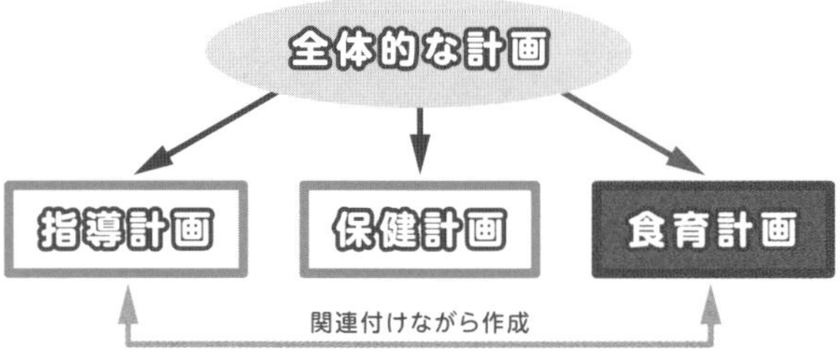

※「保育所保育指針」（平成29年3月31日 厚生労働省告示第117号）では、幼保連携型認定こども園教育・保育要領及び幼稚園教育要領との構成的な整合性を図るため、改定前の保育指針における「**保育課程の編成**」については、「**全体的な計画の作成**」としています。

食育計画は**全体的な計画**に基づき、次の資料等を参照し、**指導計画**とも関連付けながら、子どもの日々の主体的な生活や遊びの中で食育が展開されていくよう作成します。

食育の推進に当たって参考にすべき資料

- **保育所保育指針**（平成29年3月31日 厚生労働省告示第117号）
- **保育所における食育に関する指針**（平成16年3月29日付け雇児保発第 0329001 号厚生労働省雇用均等・児童家庭局保育課長通知）
- **保育所におけるアレルギー対応ガイドライン**（平成31年4月 厚生労働省）
- **保育所における食事の提供ガイドライン**（平成24年3月30日付け雇児保発 0330 第1号厚生労働省雇用均等・児童家庭局保育課長通知）

食育計画作成に当たっては柔軟で発展的なもの、各年齢を通して一貫性のあるものにすることが大切です。また、家庭や地域社会の実態、食環境の変化を踏まえ、**各保育所等の特性**を考慮した柔軟な**食育計画**を作成し、適切に対応する必要があります。そして、作成した食育計画を踏まえた**保育実践**やそこでの**子どもの姿の記録**、**評価**を行い、その結果に基づき、取組内容を**改善**し、**次の計画**につなげていきます。

《食育のPDCAサイクル》

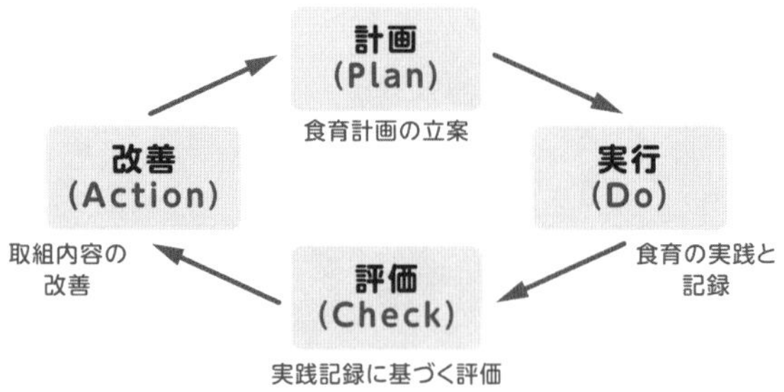

このように、食育では**計画**を立て（Plan）、**実行**し（Do）、記録に従って**評価**し（Check）、それに基づいて取組内容を**改善**し（Action）、次の計画や実践に生かすという**PDCAサイクル**を展開し、目標を達成していきます。

参考文献：「保育所保育指針解説」（平成30年2月 厚生労働省 ）

食育の進め方

① 子どもの実態を把握する

食育計画を作成する際には、まず、**子どもの実態**を把握することが大切です。子どもの体の育ちと共に、興味・関心などの心の育ちに関する現在の情報を収集し、食育の視点で**課題**を挙げます。情報収集のために、家庭の現状を調査し、職員会議では情報交換を行います。

② 「ねらい」と「内容」を設定する

整理した課題とともに、「保育所における食育に関する指針」の中の「食育のねらい及び内容」をもとに**「ねらい」**と**「内容」**を設定します。「ねらい」では子どもが身につけることが望まれる心情、意欲、態度などを示します。「内容」は 「ねらい」を達成するための具体的な活動の内容を指します。

③ 計画を立てる

②を踏まえて**計画**を立てます。計画は、子どもの**食生活**や**食に関する発達特性**を見通した年、期、月などの**長期的な計画**と、それと関連しながら**より具体的な子どもの生活**に即した、週、日などの**短期的な計画**を作成します。

④ 実践し、記録する

実践においては、計画通り行うことに捉われず、子どもの状況によって臨機応変に行います。活動中の子どもの様子や育ち、保育者の対応、また変更が発生した場合は変更した点、変更した理由などを**記録**します。文字や図・イラストによる記載のほか、画像や映像で記録します。それらの記録は、職員間で共有し、さらに保護者への報告に使用します。

⑤ 評価し、改善する

実践後は、全職員で**評価**し、それに基づいて取組の内容を**改善**し、**次の計画**や**実践**に生かします。

保育所における食育に関する指針 ➡ **P.11〜13**

長期的な計画と短期的な計画

年・数か月単位の期・月など**長期的な計画**は、年度の初めに子どもの発達や生活の節目に配慮し、それぞれの時期にふさわしい保育の内容について作成します。家庭及び地域との連携や行事等と日常の保育のつながりに配慮することも重要です。

週・日などの**短期的な計画**は、長期的な計画を踏まえ、その時期の子どもの実態に即して作成します。また、前の月や週の活動等の反省を生かして作成します。

全体的な計画
入所から就学に至る在籍期間の全体にわたる計画

→

長期的な計画
年、期、月
年度の初めに作成する。

→

短期的な計画
週、日
前の月、週等の活動の反省を生かして作成する。

3歳未満児の食育計画

3歳未満児については、特に心身の発育・発達が顕著な時期であり、個人差も大きいため、一人一人の子どもの状態に即した展開ができるように、子どもの生育歴、心身の発達、活動の実態等に即して、個別的な計画を作成することが必要です。その発達の特性からみて、項目別に食育活動を明確に区分することは困難な面が多いことに配慮することも重要です。

また、食の充実が、１日の生活全体の連続性の中で保たれるように、担当する保育士間の連携はもちろんのこと、看護師・栄養士・調理員等との緊密な協力体制の下、家庭との連携が緊密になるよう配慮しながら、計画を立てます。

3歳以上児の食育計画

3歳以上児の計画は、クラスやグループなど集団生活での作成が中心となります。食に関する発達特性や食体験の個人差を考慮し、個別的な援助が必要な場合には、その点に留意した計画も作成する必要があります。その上で、一人一人の子どもが集団において安心して自己を発揮し、主体的な活動ができるように配慮します。

異年齢で編成されるクラスやグループの場合は、各年齢の発達特性に配慮し、一人一人の子どもの状態を把握した上で、異年齢の子どもたちがかかわり合うことで食が充実するように、適切な環境構成や援助ができるように配慮します。

食育の5項目については、食育の観点を示してあることに留意し、食育や各項目を一つの領域として扱うことがないように配慮しながら、計画を立てます。

参考文献：「保育所保育指針解説」（平成30年2月 厚生労働省）
「保育所における食育に関する指針」（平成16年3月29日 厚生労働省雇用均等・児童家庭局保育課長通知）

食育の5項目 → P.12

評価

保育所における食育では、実践後に評価することによって、次の計画に生かすことができます。計画の段階から、評価項目（評価基準）を決定しておき、全職員に周知しておきます。実践に関わる全職員は、この評価項目を念頭に置き、実践の記録をしましょう。

「評価」とは、子どもの育ち、実践の過程、指導・援助のあり方、計画内容の妥当性、そして、どの程度目標を達成できたかについて評価をすることを指しています。計画通りに実施されたかどうか（「時間通りに終わらなかった」など）、子どもがどのような様子だったか（「おいしそうに食べていた」など）をただ振り返るのは、評価でなく「記録」です。

なお、子どもの育ちについての評価には、身長、体重、喫食量など数値によって表せる「量的評価」と、意欲や心の育ちなど数値によって表せない「質的評価」があります。

記録

- 計画通り実施されたか、変更点はあったかを記録する。変更理由も記録する。
- 子どもの様子・育ちを記録する。

↓

評価

- 子どもの育ちを評価する。
- 実践の過程を評価する。（プロセス評価）
- 指導・援助のあり方を評価する。
- 計画内容の妥当性を評価する。
- どの程度目標を達成できたかを評価する。（結果評価）

↓

日、週、月、期、年単位で計画を見直し、実践の改善に向けた定期的な会議を設置します。

食育計画Q＆A

Q. 各クラスの食育計画は、クラス担任が一人で作成するのですか？

A. 各クラスの食育計画は、子どもの現状をよく把握しているクラス担任等が中心となり作成することが望ましいです。さらに、特に栄養士が配置されている場合は、その専門性を十分に発揮し、積極的に食育計画の策定に関わります。

また、「食育・アレルギー対応」分野のリーダー的職員がいる場合は、計画に問題はないかを必ず確認します。

Q. 毎年同じような年間計画になっています。見直す必要はありますか？

A. まずは、前年の「記録」及び「評価」を見返してみましょう。計画に改善すべき点があれば、それを取り込む必要があります。

次に、子どもの現状を把握して、課題を挙げてみましょう。その課題は、前年と同じでしょうか？目の前の子どもの姿を丁寧に捉え、計画を立てるようにしましょう。

また、全職員の意見を取り入れた計画になっているのかを再度確認することが大切で、「食育・アレルギー対応」分野のリーダー的職員がいる場合は、積極的に職員一人一人からの意見を引き出しましょう。

年単位で食育を計画する

年間計画は「全体的な計画」に基づき、その年齢の発達
本書では5つのパターンを示していますので、園やクラス

年間食育計画① 0・1歳児

月齢別に「**ねらい**」と「**活動内容**」を設定し、また「**発達の目安**」を確認しながら、適切な「**環境構成・保育者の援助**」を考えます。1日の生活全体の連続性を踏まえて「**家庭との連携**」についても明記します。また、**地域**と連携した活動についても考えます。

作成例 ➡ P.30～33

年間目標	「全体的な計画」に基づき、また「指導計画」とも関連付けた1年間を通して基本とする目標を立てます。			
期	1期（生後5か月未満） 授乳期	2期（生後5～6か月） 離乳初期	3期（生後7～8か月） 離乳中期	4期（生後9～11か月） 離乳後期 一人一人の子どもの発育・発達に合わせて、4期に分けて作成します。
ねらい	年間目標を達成するために、期ごとの具体的なねらいを設定します。子どもが身につけることが望まれる心情、意欲、態度などを示します。			
活動内容	ねらいを達成するための具体的な活動内容を考えます。活動によって生まれる子どもの反応や成長を具体的に予測しながら設定します。			
環境構成・保育者の援助	ねらいを達成するために、また活動内容に挙げた事柄をより良く実践するために必要な人的環境と物的環境を考えます。保育者の援助については、より具体的に記載します。			
家庭・地域との連携	食の充実が1日の生活全体の連続性の中で保たれるように、家庭との連携が緊密になるよう配慮した計画を立てます。また、地域と連携することで、園だけでは不足している部分を補います。			
発達の目安	月齢に伴う子どもの発達の目安を記します。			

年間食育計画③ 3・4・5歳児

「**活動内容**」を「**食習慣・知識**」「**調理**」「**栽培**」の3つの項目に分けて計画を作成します。

作成例 ➡ P.42・43

年間食育計画④ 3・4・5歳児

「**職員間の連携**」という項目において「**保育者**」「**栄養士**」「**調理員**」の各役割を明記することで、より適切な環境構成を行います。

作成例 ➡ P.44・45

...まえ、一年間の育ちを見通して、年度の初めに作成します。
...情に合ったパターンを選んで作成しましょう。

年間食育計画②
2・3・4・5歳児

1年間を**4期**に分けて、「**ねらい**」と「**活動内容**」を設定し、「**行事**」を考慮しつつ、適切な「**環境構成・保育者の援助**」を考えます。また、園だけでなく、**家庭**や**地域**とも連携して食育を進めていきます。　作成例 ➡ **P.34〜41**

年間目標	「全体的な計画」に基づき、また「指導計画」とも関連付けた1年間を通して基本とする目標を立てます。			
期	**1期**（4・5月）	**2期**（6・7・8月）	**3期**（9・10・11・12月）	**4期**（1・2・3月）
ねらい	年間目標を達成するために、期ごとの具体的なねらいを設定します。子どもが身につけることが望まれる心情、意欲、態度などを示します。			季節の分かれ目や行事、ねらいなどを考慮して、4期に分けて作成します。
活動内容	ねらいを達成するための具体的な活動内容を考えます。特に3歳以上児については「食育の5項目」に留意しながら作成します。			
環境構成・保育者の援助	ねらいを達成するために、また活動内容に挙げた事柄をより良く実践するために必要な人的環境・物的環境を考えます。また、子どもが興味・関心を持って活動に参加できる環境構成を考えます。			
家庭・地域との連携	園だけでなく、家庭と連携して食育を進めていくために、伝えたいことや確認したいこと、連携を図りたいことを考えます。また、子どもが豊かな食の体験ができるような地域の人々との交流も計画します。			
行事	季節の行事などについて記します。特に食に関連する行事は、単発イベントとして終わらないように、計画の中にきちんと位置付けます。			

Part2
年単位で食育を計画する

年間食育計画⑤ 3・4・5歳児

各月の「**ねらい**」を設定し、その「**ねらい**」を実現するために必要な「**活動内容**」を考えます。また、「**ねらい**」と「**活動内容**」を設定する際には、各月の「**行事**」も考慮します。「**家庭への働きかけ**」も連動して計画します。　作成例 ➡ **P.46・47**

年間目標			
期	ねらい	活動内容	行事	家庭への働きかけ
4月	月ごとに作成します。		
5月			

食育の5項目 ➡ **P.12**

年間食育計画①

0歳児

安心と安らぎの中で母乳・ミルクを飲み、離乳食を食べる経験を通して、一生を通じての「食べることの基礎」を作る時期です。

離乳期には、子どもの成長に合わせた食べさせ方や調理形態を考慮する必要があります。個人差があるので、一人一人の発育・発達に応じて援助します。大人の温かい援助の中で、いろいろな食べ物の味や食感などを経験することで、好奇心や食への興味、食べる意欲が育まれるようにしましょう。

作成のポイント

★ 一人一人の子どもの発育・発達に合わせて、4期（授乳期・離乳初期・離乳中期・離乳後期）に分けて作成しましょう。
★ 食べる意欲を引き出し、高めるための環境構成を重視しましょう。
★ 家庭での生活を考慮し、一人一人の状況に応じた対応が必要になるため、家庭との緊密な連携を図りましょう。

作成例

年間目標	●安心と安らぎの中で母乳・ミルクを飲み、離乳食を食べる経験を通して、食べることの基礎を作る。 ●いろいろな食べ物に興味を持ち、自分から進んで食べようとする。			
期	**1期**（生後5か月未満）	**2期**（生後5～6か月）	**3期**（生後7～8か月）	**4期**（生後9～11か月）
	授乳期	離乳初期	離乳中期	離乳後期
ねらい	●母乳・ミルクを飲みたい時、飲みたいだけ ゆったりと飲む。 ●安定した人間関係の中で、乳を吸い、心地よい生活を送る。	●子どもの状態に応じて離乳食を始める。 ●口を閉じて飲み込むことができる。	●スプーンから離乳食を一口ではさみ取る。 ●舌と上あごを使ってモグモグとつぶす。 ●食への興味を持つ。	●舌を左右に動かして離乳食を移動させ、奥の歯ぐきでつぶして食べる。 ●食べる意欲を持ち、手づかみ食べを始める。 ●コップで飲むことに慣れる。
活動内容	●お腹がすいたら、泣く。 ●保育者等にゆったり抱かれて、落ち着いた雰囲気の中で母乳・ミルクを飲む。 ●授乳してくれる人に関心を持つ。	●なめらかにすりつぶした状態（ポタージュ状）の離乳食を一口ずつスプーンで食べさせてもらう。 ●お座りが安定しないうちは、保育者の膝の上に座って食べる。 ●お座りできるようになったら、ベビーラックなど安定できる椅子に座って食べる。 ●母乳・ミルクは飲みたいだけ飲む。	●下唇の上にスプーンをのせてもらい、舌でつぶせる固さ（豆腐状）の離乳食を一口ではさみ取り、舌と上あごを使ってつぶして食べる。 ●徐々に食品の種類を増やし、いろいろな味や舌ざわりを楽しむ。 ●食べさせてくれる人に関心を持つ。	●歯ぐきで噛める固さ（指でつぶせるバナナ状）の離乳食を食べる。 ●テーブル付きの椅子に座って食べる。 ●いろいろな食べ物に関心を持ち、自分から進んで手づかみ食べをしようとする。 ●保育者に手伝ってもらいながら、コップで飲む。

環境構成・保育者の援助	●授乳中は、優しく抱いて微笑みかけながら、ゆったりとした気持ちで行う。 ●授乳後は、必ずゲップをさせ、吐乳を防ぐ。	●食事の前後や汚れたときは、顔や手を拭く。 ●「いただきます」「ごちそうさまでした」の挨拶をする。		
		●ベビーラックは角度を調整して、安定して座れるようにする。 ●食べたがらない場合は、無理強いせずに切り上げる。	●「あーん」「モグモグ」などの声がけにより、口を開けたり、モグモグするように促す。 ●「これは○○だよ」「おいしいね」などの声掛けによって、楽しい気持ちで食べられるようにする。	●手づかみ食べを促すような食材を用意する。 ●子どもにコップを両手で持たせ、保育者がそっと手を添え、口に入れる量を調節する。
家庭・地域との連携	●送迎時や連絡帳でのやり取りによって、子どもの成長や健康状態、授乳状況、喫食状況、離乳食の進め方などを共有する。 ●毎月、献立表・食育だよりを配布する。 ●毎日、給食サンプルを展示する。 ★食育講習会（年2回）　★給食参観（年1回）　★給食試食会（年1回）			
	●家庭の状態に合わせた授乳ができるよう情報（哺乳量・哺乳時間）を共有する。	●離乳の時期や方法について情報を共有する。	●薄味調理を勧める。	●手づかみ食べの大切さを伝える。 ●家庭でもコップを使用してもらう。
発達の目安	●首がすわり始める。 ●手を口に持っていき、感触を確かめる。 ●喃語が出始める。	●首がすわる。 ●寝返りする。 ●腰がすわってくる。 ●口を閉じて取り込みや飲み込みができるようになる。	●おすわりが安定し、ハイハイを始める。 ●乳歯が生え始める。 ●舌と上あごで潰していくことができるようになる。	●つかまり立ち、伝い歩きを始めるようになる。 ●指先で小さなものをつまめるようになる。 ●前歯が上下2本ずつ生えてくる。 ●奥の歯ぐきで潰すことができるようになる。

離乳の進め方 ➡ P.14・15

『保育所保育指針』が示す乳児の食育

健康な心と体を育てるためには望ましい食習慣の形成が重要であることを踏まえ、離乳食が完了期へと徐々に移行する中で、様々な食品に慣れるようにするとともに、和やかな雰囲気の中で食べる喜びや楽しさを味わい、進んで食べようとする気持ちが育つようにすること。なお、食物アレルギーのある子どもへの対応については、嘱託医等の指示や協力の下に適切に対応すること。

※第2章「保育の内容」1「乳児保育に関わるねらい及び内容」より抜粋

献立表と連絡帳の役割

一日全体の栄養管理の観点から、毎日の献立を示し、また連絡帳などにより、子どもの喫食状況を家庭に報告することが大切です。

献立表 ➡ P.85
連絡帳 ➡ P.90

年間食育計画①

1歳児

乳歯が徐々に揃い、咀嚼《そしゃく》・嚥下《えんげ》機能、消化・吸収機能が発達し、離乳食から幼児食に移行させる時期です。

手指の運動機能も発達し、手づかみ食べやスプーン・フォークを使って、自分で食べられるようになってきます。食べさせられるのを嫌がり、自分で食べようとする行動も見られるようになります。子どもの気持ちを尊重し、見守り、必要に応じて適切な声掛けや援助をすることで、進んで食べようとする意欲を育みましょう。

作成のポイント

★一人一人の子どもの発育・発達に合わせて、4期に分けて作成しましょう。

★「自分で食べたい」という気持ちを尊重し、進んで食べようとする意欲を高めるための環境構成を重視しましょう。

★食事のリズムの基礎を作る重要な時期。おなかがすくリズムをもてるよう活動し、さらに家庭との連携を緊密に行い、生活リズム全体を整えましょう。

作成例

年間目標	
年間目標	●いろいろな食べ物に関心を持つ。 ●「自分で食べたい」という意欲を持ち、手づかみやスプーン・フォークを使って、一人で食べようとする。 ●食事や生活のリズムの基礎を作る。

期	1期（1歳～1歳3か月）	2期（1歳4か月～1歳6か月）	3期（1歳7か月～1歳9か月）	4期（1歳10か月～2歳未満）
	離乳完了期			
ねらい	●手伝ってもらいながら、手づかみやスプーン・フォークで食べる。 ●食事のリズムを整える。	●手洗い、食前・食後の挨拶の習慣を知る。 ●よく噛んで食べる。 ●コップで飲む。	●こぼしながらでも、一人で食べる。 ●いろいろな食べ物の名前や味を知り、関心を持つ。	●身近な人と一緒に食べる喜びを味わう。 ●旬の食材に触れる。
活動内容	●歯ぐきで噛める固さ（歯ぐきで噛める肉団子くらいの固さ）の離乳食を食べる。 ●手づかみ食べをして、自分で楽しんで食べるようになる。 ●手伝ってもらいながら、スプーン・フォークを使って自分で食べようとする。 ●日中の活動により、お腹がすくリズムができるようになる。	●食事前に手洗いをする。食事後や汚れたときは、顔や手を拭く。 ●「いただきます」「ごちそうさまでした」の挨拶をまねる。 ●テーブルに向かい椅子に座って食べるようになる。 ●保育者のまねをして、よく噛んで食べることを楽しむ。 ●手伝ってもらいながら、自分で食べたり、飲んだりすることで自信を持つ。	●いろいろな食べ物に関心を持ち、こぼしながらでも、意欲的に自分で食べようとする。 ●献立の食材の名前・味などを少しずつ知り、関心を持つ。 ●絵本やおもちゃを通して、いろいろな食べ物に関心を持つ。	●楽しい雰囲気の中で、一緒に食べる保育者や友達に関心を持つ。 ●一緒に食べたい人を見つけ、選ぼうとする。 ●旬の食材を知る。 ●園で栽培している野菜を知る。
	●食事の前後や汚れたときは、顔や手を拭く。 ●「いただきます」「ごちそうさまでした」の挨拶をする。	●手洗いの習慣、汚れたときに顔や手を拭く習慣を身につけられるように、援助する。	●自分で食べられたことをほめる。 ●食材の名前や味を伝える。	●一緒に食べる人に関心を持てるように、食事の際の保育者と子どもの配置を工夫する。

環境構成・保育者の援助	●自分で食べる意欲を尊重し、必要なときにだけ援助する。 ●お腹がすくリズムができるように、日中の活動を工夫する。 ●遊び食べはある程度は見守るが、遊び続けないように、食べ方の手本を示したり、集中して食べられる環境を整える。 ●個人差に配慮し、量を調節したりして、楽しく食べられるように工夫する。	●「いただきます」「ごちそうさまでした」の挨拶を一緒にする。 ●座ったときに背中や足が安定するように、クッションや足置きで調節する。 ●食事のとき、一緒に噛むまねをして見せる。 ●よく噛んで食べられるように、食材の大きさや固さなどを工夫する。	●食べ物に関する絵本の読み聞かせをしたり、食べ物のおもちゃで一緒に遊んだりする。	●旬の食材をテーマとした絵本や紙芝居の読み聞かせをする。 ●園で栽培している野菜を見せる。
家庭・地域との連携	●送迎時や連絡帳でのやり取りによって、子どもの成長や健康状態、喫食状況、離乳食の進め方などを共有する。 ●毎月、献立表・食育だよりを配布する。　●毎日、給食サンプルを展示する。 ★食育講習会（年2回）　★給食参観（年1回）　★給食試食会（年1回）			
	●食事のリズム・生活のリズムの大切さを伝える。 ●手づかみ食べの大切さを伝える。	●手洗い、食前・食後の挨拶を家庭でも実践してもらう。 ●朝ごはんの大切さを伝える。 ●よく噛んで食べられるように、家庭での調理法などを伝える。	●家庭でも自分で食べられたことをほめてもらう。 ●適切な間食（おやつ）について伝える。	●共食の大切さを伝える。 ●園での栽培活動について報告する。
発達の目安	●歩くようになる。 ●一語文を話すようになる。 ●前歯が8本生えそろう。 ●食べ物の好き嫌いが始まる。 ●遊び食べをする。	●歩行が安定する。 ●奥歯、犬歯が生え始める。 ●大人のまねをする。	●発する言葉が増える。 ●強く自己主張することが多くなる。 ●周囲の人への興味や関心が高まる。	●自分から席に座る。 ●ままごと遊びをする。

離乳の進め方 ➡ P.14・15

『保育所保育指針』が示す1歳以上3歳未満児の食育

健康な心と体を育てるためには望ましい食習慣の形成が重要であることを踏まえ、ゆったりとした雰囲気の中で食べる喜びや楽しさを味わい、進んで食べようとする気持ちが育つようにすること。なお、食物アレルギーのある子どもへの対応については、嘱託医等の指示や協力の下に適切に対応すること。

※第2章「保育の内容」2「1歳以上3歳未満児の保育に関わるねらい及び内容」より抜粋

食べ方の目安

【1歳頃～1歳6か月頃】

●手づかみ食べをする。●スプーンを握って持ち、口に運ぶ。●コップを持って飲む。

【1歳6か月頃～2歳頃】

●スプーンとフォークを使い、一人で食べようとする。
●フォークに食べ物を突き刺して口に運ぶ。
●器を持って食べることもできるようになる。

年間食育計画②

2歳児

動きが活発になり、言葉の理解と表出も進んでいきます。

自分でできることが増え、何でも自分でやりたがる一方、自分でできないことにいらだったり、やらせてもらえないことに対して癇癪《かんしゃく》を起こしたりします。また、遊び食べ、食べむら、好き嫌いが目立つ時期でもあります。子どもの気持ちを受け止め、過度な干渉はせずに見守り、必要なときにはそっと援助し、自分でやろうとする意欲を支えましょう。

作成のポイント

★ 自己主張が強くなる時期。「自分で食べよう」という意欲を尊重できる環境構成をしましょう。
★ 言葉の理解の程度に応じて、徐々に、食生活に必要な基本的な習慣や態度について伝えていきましょう。
★ 他の子どもに対する関心が高まってくる時期でもあるので、保育者を仲立ちとして、友達と一緒に活動する楽しさを味わう経験を積めるようにしましょう。

作成例

年間目標	●保育者を仲立ちとして、友達と一緒に楽しい雰囲気の中で、いろいろな種類の食べ物や料理を味わう。 ●食生活に必要な基本的な習慣や態度に関心を持つ。			
期	1期（4・5月）	2期（6・7・8月）	3期（9・10・11・12月）	4期（1・2・3月）
ねらい	●新しい環境に慣れ、保育者を仲立ちとして、友達と一緒に食べる楽しさを味わう。 ●食生活に必要な基本的な習慣や態度に関心を持つ。	●よく噛んで食べる。 ●身近な動植物や自然事象に興味を持つ。 ●いろいろな食べ物に関心を持ち、進んで食べる。	●調理をする人に関心を持つ。 ●積極的に自分で食具を使って食べようとする。正しい食具の持ち方を知る。	●伝統的な食文化に親しみを持つ。 ●異年齢の子どもと一緒に食事を楽しむ。
活動内容	●新しいクラスでの食事の流れに慣れる。 ●保育者を仲立ちとして、友達とともに食事を進めることの喜びを味わう。 ●保育者や友達と一緒に「いただきます」「ごちそうさまでした」の挨拶をする。 ●援助を受けながら、うがい、手洗い、歯磨きをする。	●よく噛むことの大切さを知る。 ●園で栽培している野菜などの植物に興味を持つ。 ●散歩中に見つけた植物や昆虫、鳥などに興味を持つ。 ●絵本などを通して、自然事象や食べ物に興味を持つ。 ●いろいろな食べ物の名前や味を覚え、積極的に食べる。 ●苦手な物も食べようとする。 ●残さず食べようとする。 ●うがい、手洗いを自分でする。身の回りを清潔にすることに興味を持つ。	●調理室見学や調理員と一緒に食事をすることを通して、調理をする人に関心を持つ。 ●自分から進んでスプーン、フォーク、箸などを上手に使って、こぼさないように食べようとする。 ●正しい姿勢で食べようとする。	●行事を楽しみ、行事食を食べることによって、伝統的な食文化に親しみを持つ。 ●保育者を仲立ちとして、異年齢の子どもと一緒に食べる楽しさを味わう。 ●普段と異なる形式の食事を楽しむ。

環境構成・保育者の援助	●一緒に食べる人に関心を持てるように、食事の際の保育者と子どもの配置を工夫する。 ●一緒に「いただきます」「ごちそうさまでした」の挨拶をするように促す。 ●食事の前に手を洗い、汚れたときは顔や手を拭いて、清潔を保つように促す。その際、個人差に留意する。 ●食後の歯磨き、うがいを促す。必要に応じて、援助する。 ●個人差に応じて、食品の種類、量、大きさ、固さなどを工夫する。	●「たくさん噛むと歯が強くなるよ。」などと声掛けをして、よく噛むように促す。 ●特に、丸飲みしてしまう子どもには、手本を示す。 ●園で栽培している植物や散歩中に見つけた動植物の名前を知らせる。 ●食育や自然事象に関する絵本などの読み聞かせをする。 ●食事前に献立の紹介をし、中に入っている主な食材の名前を伝える。 ●苦手な物を食べたり、残さずに全て食べたときには、ほめて子どもの自信につなげる。 ●身の回りを清潔にすることに興味を持てるように、ポスターにして掲示する。	●調理室見学の前に、調理室がどんな所なのかをイラストや写真を使って説明する。 ●調理室見学の際には、調理員は子どもが見やすいように調理を行う。 ●調理員の顔と名前を覚えてもらえるようにする。 ●食具の正しい持ち方のイラストを見せたり、手本を示したりする。 ●遊びの中で、食具を上手に持てるようになるゲームを取り入れる。 ●正しい姿勢で食べられるように声掛けを行う。	●それぞれの行事について絵本、紙芝居、ペープサート、劇などで伝える。 ●落ち着いた雰囲気の中で行事を楽しめるように工夫する。 ●異年齢の子ども同士の多様な関わりが繰り広げられるように工夫する。 ●普段と異なる状況に戸惑う子どもにはそばに付き、安心感を与える。
家庭・地域との連携	●毎月、献立表・食育だよりを配布する。　●毎日、給食サンプルを展示する。　●送迎時や連絡帳でのやり取りによって、子どもの様子を伝え合う。			
	●共食の大切さを伝える。 ●手洗い・うがい、食前・食後の挨拶などの習慣を家庭でも実践してもらうよう伝える。 ●食事のリズム・生活のリズムの大切さを伝える。 ★給食試食会	●家庭でもよく噛んで食べているか、確認してもらう。 ●園での栽培活動について報告する。 ●苦手な物が食べられたことや残さずに食べられたことを伝える。 ★食育講習会	●家庭でも調理をしている姿を子どもに見せてもらう。 ●家庭でも正しい食具の持ち方ができるように働きかけてもらう。 ●食事会を通して、地域の高齢者と触れ合う。 ★給食参観	●行事の様子を報告する。 ●行事や行事食について、家庭でも話題にしてもらえるよう促す。 ●行事食のレシピを配布する。 ★食育講習会
行事	●入園式・進級式 ●こどもの日 ●親子遠足 ●保護者会	●七夕 ●スイカ割り ●保育参観 ●夏祭り	●地域の高齢者との食事会 ●調理室見学 ●さつまいも掘り ●クリスマス	●七草がゆ　●もちつき　●節分 ●生活発表会　●ひなまつり ●異年齢交流給食 ●お別れ会　●卒園式

『保育所保育指針』が示す保育所の特性を生かした食育

子どもが生活と遊びの中で、意欲をもって食に関わる体験を積み重ね、食べることを楽しみ、食事を楽しみ合う子どもに成長していくことを期待するものであること。

※第3章「健康及び安全」2「食育の推進」より抜粋

食べ方の目安

- スプーンやフォークを自由に使えるようになる。
- 箸に興味を持つ。

年間食育計画②

3歳児

運動能力やコミュニケーションの基盤が完成し、保護者や保育者等との関係を中心として行動してきた子どもも、次第にひとりの独立した存在として行動しようとし、そして好奇心が旺盛になっていきます。食への関心が高まるような活動を子どもが主体的に行えるよう配慮して計画しましょう。

また、自我がよりはっきりとし、食べ物の好みも顕著になってきます。いろいろな食べ物を食べる楽しさを味わえるよう工夫しましょう。

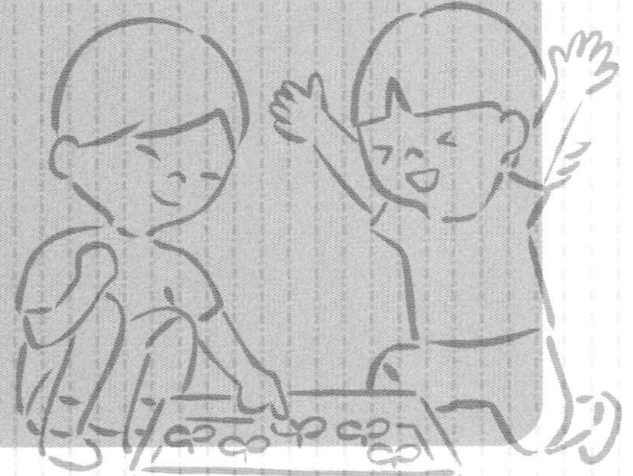

作成のポイント

★ 心身の発達が著しい時期ですが、その個人差は大きく、家庭環境や食体験も一人一人異なるということを考慮しましょう。

★ 好奇心が旺盛になっていく時期。食事の準備や栽培活動、簡単な調理などの活動について、子どもが主体的に行えるよう計画を立てましょう。

★ 慣れない食べ物や苦手な食べ物にも挑戦し、いろいろな食べ物を進んで食べるようになるよう工夫していきましょう。

作成例

年間目標	●食に関する活動を楽しみ、食への興味を高める。 ●友達と一緒にいろいろな食材や料理を楽しむ。			
期	1期（4・5月）	2期（6・7・8月）	3期（9・10・11・12月）	4期（1・2・3月）
ねらい	●新しい環境に慣れ、保育者や友達と一緒に食べる楽しさを味わう。 ●自分で手洗い、うがいをする。 ●食生活に必要な基本的な習慣・マナーを知る。	●よく噛んで食べ、進んで歯磨きをする。 ●栄養バランスの良い食事を残さず食べる。 ●栽培、収穫、調理を楽しむ。	●食に関する活動の中で、自分でできることを増やす。 ●調理をする人と調理することに興味を持つ。 ●食に関する交流を通して、地域の人々に親しみを持つ。	●伝統的な食文化に親しみを持つ。 ●異年齢の子どもと一緒に食事を楽しむ。 ●一年を振り返り、毎日の食事に感謝する。
活動内容	●新しいクラスでの食事の仕方を知る。 ●先生や友達と一緒に食事する喜びを味わう。 ●正しい手洗い、うがいなど、食生活に必要な習慣を知る。 ●食事のときの安全な行動を知る。 ●食事の準備から後片付けまでの流れの中で、友達と一緒にできることを覚える。 ●給食当番の流れを覚える。 ●挨拶・姿勢などの食事のマナーを知る。 ●食事にあったスプーン、箸などの正しい使い方を知る。	●よく噛むことの大切さを知る。 ●正しい歯の磨き方を知る。 ●三色食品群の分類を知る。 ●三角食べを知る。 ●大人の援助を受けながら、野菜の栽培、収穫、調理を行い、食べる。 ●食材には旬があることを知り、季節感を味わう。 ●身近な自然に興味を持つ。	●食事の準備から後片付けまでの流れの中で自分でできることを増やす。 ●調理室見学を通して、調理をする人や調理することに興味を持つ。 ●大人の援助を受けながら調理を楽しみ、その過程で自分でできることを増やす。 ●食事会を通して高齢者に親しみを持ち、交流を楽しむ。 ●さつまいも堀りや農業体験を通して、農家の方に親しみを持つ。	●行事食を知り、食べることによって、伝統的な食文化に親しみを持つ。 ●地域で培われた食文化を体験し、郷土への親しみを持つ。 ●異年齢交流給食を通して、年下の子どもに思いやりの気持ちを感じたり、年上の子どもに憧れを抱いたりする。 ●食べ物や身体のことを話題にする。 ●一年を振り返り、おいしかった食べ物や楽しかった活動などを話題にする。

環境構成・保育者の援助	●正しい手洗い、スプーン・箸などの使い方、歯磨きの仕方など身につけてほしい内容をポスターにして掲示する。 ●食事の準備・配膳・後片付けの手順を伝える。 ●栽培、収穫、調理の際には、保健・安全・衛生面に留意しつつ、子どもが主体的な活動を行えるように援助する。子どもが扱いやすい道具や器具を用意する。 ●三色食品群のポスターを掲示する。 ●食事の前に、その日の献立について伝える。（三色食品群による分類、旬の食材など） ●行事や行事食の意味を劇や紙芝居などで伝える。 ●絵本や遊びを通して、季節の恵みや旬を感じられるように工夫する。			
家庭・地域との連携	●毎月、献立表・食育だよりを配布する。　●毎日、給食サンプルを展示する。　●送迎時や連絡帳でのやり取りによって、子どもの様子を伝え合う。			
	●共食の大切さを伝える。 ●食事のマナーや箸の持ち方を伝える。 ★給食試食会	●園での栽培活動について報告する。 ●朝ごはんの大切さを伝える。 ●適切な間食（おやつ）について伝える。 ★食育講習会	●家庭でも食事作りに参加できる機会を増やすように促す。 ●地域の高齢者と食事を通して交流を図る。 ●地域の農家と交流を図る。 ★給食参観	●行事の様子を報告する。 ●行事や行事食について、家庭でも話題にしてもらえるように促す。 ●行事食のレシピを配布する。 ★食育講習会
行事	●入園式・進級式 ●こどもの日 ●親子遠足 ●保護者会	●七夕 ●スイカ割り ●保育参観 ●夏祭り	●地域の高齢者との食事会 ●調理室見学 ●さつまいも掘り ●農業体験 ●クリスマス	●七草がゆ ●もちつき ●節分 ●生活発表会 ●ひなまつり ●異年齢交流給食 ●お別れ会 ●卒園式

『保育所保育指針』が示す3歳以上児の食育

健康な心と体を育てるためには食育を通じた望ましい食習慣の形成が大切であることを踏まえ、子どもの食生活の実情に配慮し、和やかな雰囲気の中で保育士等や他の子どもと食べる喜びや楽しさを味わったり、様々な食べ物への興味や関心をもったりするなどし、食の大切さに気付き、進んで食べようとする気持ちが育つようにすること。

※第2章「保育の内容」3「3歳以上児の保育に関するねらい及び内容」より抜粋

食べ方の目安

- 自分だけで食事ができる。
- 箸を握り、すくうように食べるようになる。

年間食育計画②

4歳児

身体の動きはますます巧みになり、手指の発達により、箸使いが上手になっていきます。

友達など身近な人との関わりが深まる時期でもあり、他者が自分とは異なる意識や視点を持つ存在であることに気づくようになり、自意識が芽生えていきます。

また、習慣や決まりの大切さにも気付くようになり、食生活に必要な基本的習慣や気持ちよく食事をするためのマナーを身につけ始めます。

作成のポイント

★ 身近な人との関わりが深まる時期。みんなで食べることの楽しさを感じられるよう配慮します。また、食事の準備や栽培、調理などの活動を友達と一緒に行うことで喜びを感じられるよう計画を立てましょう。

★ 決まりの大切さに気付く時期。食生活に必要な習慣やマナーが日常生活の中で徐々に身についていくよう計画の中に位置づけます。

作成例

年間目標	●友達と一緒に食に関する活動を行う楽しさを味わう。 ●正しい食べ方や食事のマナーを身につける。			
期	1期（4・5月）	2期（6・7・8月）	3期（9・10・11・12月）	4期（1・2・3月）
ねらい	●新しい環境に慣れ、保育者や友達と一緒に食べる楽しさを味わう。 ●正しい手洗い、うがいで衛生に気を付ける。 ●食生活に必要な基本的な習慣・マナーを身につける。	●よく噛んで食べ、正しい歯磨きをする。 ●栄養バランスを考え、残さず食べる。 ●栽培や収穫などを通して、自然の恵みや働くことの大切さを知る。	●友達と一緒に食に関する活動を行う中で、自分でできることを増やす。 ●調理をする人と調理することに興味を持つ。 ●食に関する交流を通して、地域の人々に親しみを持つ。	●伝統的な食文化に親しみを持つ。 ●異年齢の子どもと一緒に食事を楽しむ。 ●一年を振り返り、毎日の食事に感謝する。
活動内容	●新しいクラスでの食事の仕方を知る。 ●先生や友達と一緒に食事する喜びを味わう。 ●正しい手洗い、うがいなど、食生活に必要な習慣を身につける。 ●食事のときの安全な行動を身につける。 ●食事の準備から後片付けまでの流れの中で、友達と一緒にできることを覚える。 ●給食当番の流れを覚える。 ●挨拶・姿勢などの食事のマナーを身につける。	●よく噛むことで得られる効果を知り、よく噛む習慣を身につける。 ●正しい歯磨きをする。 ●三色食品群を通して、食事の役割や栄養バランスの良い食事のことを考える。 ●三角食べをする。 ●自分の食べきれる量がわかる。 ●食べたい物、おいしそうな盛り付け、食事が楽しくなるような雰囲気を考える。 ●大人の援助を受けながら、友達と一緒に野菜の栽培、収穫、調理を行い、食べることを楽しむ。 ●旬の食材を知り、季節感を味わう。	●友達と一緒に食事の準備から後片付けまでを行う中で、自分でできることを増やす。 ●調理室見学を通して、調理をする人や調理することに興味を持つ。 ●大人の援助を受けながら友達と一緒に調理を楽しみ、その過程で自分でできることを増やす。 ●食事会を通して高齢者に親しみを持ち、交流を楽しむ。 ●さつまいも掘りや農業体験を通して、農家の方に親しみを持つ。	●行事食を知り、食べることによって、伝統的な食文化に親しみを持つ。 ●地域で培われた食文化を体験し、郷土への親しみを持つ。 ●異年齢交流給食を通して、年下の子どもに思いやりの気持ちを感じたり、年上の子どもに憧れを抱いたりする。 ●食べ物や身体のことを話題にする。 ●一年を振り返り、おいしかった食べ物や楽しかった活動などを話題にする。

環境構成・保育者の援助	●正しい手洗い、スプーン・箸などの使い方、歯磨きの仕方、食事のマナーなど身につけてほしい内容をポスターにして掲示する。 ●食事の準備・配膳・後片付けの手順を伝える。 ●栽培、収穫、調理の際には、保健・安全・衛生面に留意しつつ、子どもが主体的な活動を行えるように援助する。また、友達と一緒に行う楽しさを味わえるように配慮する。子どもが扱いやすい道具や器具を用意する。 ●三色食品群のポスターを掲示する。 ●食事の前に、その日の献立について一緒に確認し、話題にするように促す。（三色食品群による分類、旬の食材など） ●行事や行事食の意味を劇や紙芝居などで伝える。 ●絵本や遊びを通して、季節の恵みや旬を感じられるように工夫する。			
家庭・地域との連携	●毎月、献立表・食育だよりを配布する。　●毎日、給食サンプルを展示する。　●送迎時や連絡帳でのやり取りによって、子どもの様子を伝え合う。			
	●共食の大切さを伝える。 ●食事のマナーや箸の持ち方を伝える。 ★給食試食会	●園での栽培活動について報告する。 ●朝ごはんの大切さを伝える。 ●適切な間食（おやつ）について伝える。 ★食育講習会	●家庭でも食事作りに参加できる機会を増やすように促す。 ●地域の高齢者と食事を通して交流を図る。 ●地域の農家と交流を図る。 ★給食参観	●行事の様子を報告する。 ●行事や行事食について、家庭でも話題にしてもらえるよう促す。 ●行事食のレシピを配布する。 ★食育講習会
行事	●入園式・進級式 ●こどもの日 ●親子遠足 ●保護者会	●七夕 ●スイカ割り ●保育参観 ●夏祭り	●地域の高齢者との食事会 ●調理室見学 ●さつまいも掘り ●農業体験 ●クリスマス	●七草がゆ ●もちつき ●節分 ●生活発表会 ●ひなまつり ●異年齢交流給食 ●お別れ会 ●卒園式

『保育所保育指針』が示す食育の環境の整備等

子どもが自らの感覚や体験を通して、自然の恵みとしての食材や食の循環・環境への意識、調理する人への感謝の気持ちが育つように、子どもと調理員等との関わりや、調理室など食に関わる保育環境に配慮すること。

※第3章「健康及び安全」2「食育の推進」より抜粋

食べ方の目安

●箸を使える子どもも出てくる。

年間食育計画②

5歳児

日常生活はほぼ自立して行えるようになります。自分で考えて判断する力も育ち、食習慣やマナーへの意識が高まるとともに、食事のもつ意味を理解するようになります。

また、特に小学校就学に向かう時期には、保育所における育ちがその後の学びや生活へとつながっていくという見通しをもって、子どもの主体的で協同的な活動の充実を図っていくことが求められますので、そのことを考慮して計画を立てましょう。

作成のポイント

★ 食事の意味や大切さを理解できるようになる時期。栄養バランスや食文化などに関心を持てるよう工夫しましょう。

★ 食事の準備や栽培、調理などの活動については、友達と一緒に、共通の目的の実現のために考えたり、工夫や協力することで、充実感や達成感を味わえるよう計画を立てましょう。

作成例

年間目標

- 友達と協力しながら、食に関する活動を楽しむ。
- 食事の大切さに気付き、食べ物と身体の関係や食文化に関心を持つ。

期	1期（4・5月）	2期（6・7・8月）	3期（9・10・11・12月）	4期（1・2・3月）
ねらい	●新しい環境に慣れ、保育者や友達と一緒に食べる楽しさを味わう。 ●正しい手洗い、うがいで自ら衛生に気を付ける。 ●食生活に必要な基本的な習慣・マナー、正しい箸の使い方を身につける。	●よく噛んで食べ、正しい歯磨きをする。 ●栄養バランスを考え、残さず食べる。 ●栽培や収穫などを通して、食べ物への感謝の気持ちを育む。	●食に関する活動の中で、友達と協力してやり遂げることを増やし、達成感を味わう。 ●調理をする人と調理することに興味を持ち、感謝の気持ちを持つ。 ●食に関する交流を通して、地域の人々に親しみを持つ。	●伝統的な食文化に関心を持つ。 ●異年齢の子どもと一緒に食事を楽しむ。 ●一年を振り返り、毎日の食事に感謝する。
活動内容	●新しいクラスでの食事の仕方を知る。 ●先生や友達と一緒に食事する喜びを味わう。 ●正しい手洗い、うがいなど、食生活に必要な活動を自分から進んで行う。 ●食事の準備から後片付けまでの流れの中で、友達と協力しながらできることを覚える。 ●給食当番の流れを覚える。 ●挨拶・姿勢などの食事のマナーを身につける。	●よく噛むことで得られる効果を知り、よく噛む習慣を身につける。 ●正しい歯磨きをする。 ●三色食品群を通して、食事の役割や栄養バランスの良い食事のことを理解する。 ●三角食べの大切さを理解する。 ●自分の食べきれる量がわかる。 ●食べたい物、おいしそうな盛り付け、食事が楽しくなるような雰囲気を考える。	●食事の準備から後片付けまでの流れの中で自分でできること、友達と協力してできることを増やす。 ●調理室見学を通して、調理をする人や調理することに興味を持ち、感謝の気持ちを持つ。 ●大人の援助を受けながら調理を楽しみ、その過程で自分でできること、友達と協力してできることを増やす。	●行事食の由来を知り、伝統的な食文化に関心を持つ。 ●地域で培われた食文化を体験し、郷土への親しみを持つ。 ●異年齢交流給食を通して年下の子どもに思いやりの気持ちを感じ、人の役に立つ喜びを知る。 ●食べ物や身体のことを話題にする。 ●一年を振り返り、おいしかった食べ物や楽しかった活動などを話題にする。

	●食事にあったスプーン、箸などの正しい使い方を身につける。	●友達と協力しながら、野菜の栽培、収穫、調理を行い、食べる。 ●旬の食材から季節感を味わう。 ●身近な自然に興味を持ち、料理との関係を考える。	●食事会を通して高齢者に親しみを持ち、交流することによって様々な食文化を知る。 ●さつまいも掘りや農業体験を通して、農家の方に感謝の気持ちを持つ。	●旬の食材や栄養バランスなどを考えて、リクエスト給食の献立を話し合う。
環境構成・保育者の援助	●正しい手洗い、スプーン・箸などの使い方、歯磨きの仕方、食事のマナーなど身につけてほしい内容をポスターにして掲示し、進んで行うように促す。 ●食事の準備・配膳・後片付けの手順を伝える。 ●栽培、収穫、調理の際には、保健・安全・衛生面に留意しつつ、子どもが主体的な活動を行えるように援助する。また、友達と協力して行うように促す。子どもが扱いやすい道具や器具を用意する。 ●三色食品群のポスターを掲示する。 ●食事の前に、その日の献立について一緒に確認し、話題にするように促す。（主食・主菜・副菜、三色食品群による分類、旬の食材など） ●行事や行事食の意味を劇や紙芝居などで伝える。 ●絵本や遊びを通して、季節の恵みや旬を感じられるように工夫する。			
家庭・地域との連携	●毎月、献立表・食育だよりを配布する。　●毎日、給食サンプルを展示する。　●送迎時や連絡帳でのやり取りによって、子どもの様子を伝え合う。			
	●共食の大切さを伝える。 ●食事のマナーや箸の持ち方を伝える。 ★給食試食会	●園での栽培活動について報告する。 ●朝ごはんの大切さを伝える。 ●適切な間食（おやつ）について伝える。 ★食育講習会	●家庭でも食事作りに参加できる機会を増やすように促す。 ●地域の高齢者と食事を通して交流を図る。 ●地域の農家と交流を図る。 ★給食参観	●行事の様子を報告する。 ●行事や行事食について、家庭でも話題にしてもらえるよう促す。 ●行事食のレシピを配布する。 ★食育講習会
行事	●入園式・進級式 ●こどもの日 ●親子遠足 ●保護者会	●七夕 ●スイカ割り ●保育参観 ●夏祭り	●地域の高齢者との食事会 ●調理室見学 ●さつまいも掘り ●農業体験 ●クリスマス	●七草がゆ　●もちつき ●節分　●生活発表会 ●ひなまつり　●異年齢交流給食 ●お別れ会 ●卒園式

『保育所保育指針』が示す食育の環境の整備等

保護者や地域の多様な関係者との連携及び協働の下で、食に関する取組が進められること。また、市町村の支援の下に、地域の関係機関等との日常的な連携を図り、必要な協力が得られるよう努めること。

※第3章「健康及び安全」2「食育の推進」より抜粋

食べ方の目安

●箸の使い方が上手になる。

年間食育計画③ 3・4・5歳児

園の目標や課題に応じて、「活動内容」をいくつかの項目に分けて考え、まとめる方法もあります。期ごとの活動内容を項目別に見渡すことができるのが特徴です。

ここでは、食育活動の定番である「食習慣・知識」「栽培」「調理」の3つの項目に分けて、計画を作成しています。

作成例(4歳児)

年間目標	●友達と一緒に食に関する活動を行う楽しさを味わう。 ●正しい食べ方や食事のマナーを身につける。			
期	1期(4・5月)	2期(6・7・8月)	3期(9・10・11・12月)	4期(1・2・3月)
ねらい	●新しい環境に慣れ、保育者や友達と一緒に食べる楽しさを味わう。 ●正しい手洗い、うがいで衛生に気を付ける。 ●食生活に必要な基本的な習慣・マナーを身に付ける。	●よく噛んで食べ、正しい歯磨きをする。 ●栄養バランスを考え、残さず食べる。 ●栽培や収穫などを通して、自然の恵みや働くことの大切さを知る。	●友達と一緒に食に関する活動を行う中で、自分でできることを増やす。 ●食に関する交流を通して、地域の人々に親しみを持つ。 ●調理をする人と調理することに興味を持つ。	●伝統的な食文化に親しみを持つ。 ●異年齢の子どもと一緒に食事を楽しむ。 ●一年を振り返り、毎日の食事に感謝する。
活動内容 食習慣・知識	●新しいクラスでの食事の仕方を知る。 ●先生や友達と一緒に食事する喜びを味わう。 ●正しい手洗い、うがいなど、食生活に必要な習慣を身につける。 ●食事のときの安全な行動を身につける。 ●食事の準備から後片付けまでの流れの中で、友達と一緒にできることを覚える。 ●給食当番の流れを覚える。 ●挨拶・姿勢などの食事のマナーを身につける。	●よく噛むことで得られる効果を知り、よく噛む習慣を身につける。 ●正しい歯磨きをする。 ●旬の食材を知り、季節感を味わう。 ●身近な自然に興味を持ち、料理との関係を考える。 ●三色食品群を通して、食事の役割や栄養バランスの良い食事のことを考える。 ●三角食べをする。 ●自分の食べきれる量がわかる。	●友達と一緒に食事の準備から後片付けまでを行う中で、自分でできることを増やす。 ●食事会を通して高齢者に親しみを持ち、交流することによって様々な食文化に関心を持つ。	●行事食を知り、食べることによって、伝統的な食文化に親しみを持つ。 ●異年齢交流給食を通して、年下の子どもに思いやりの気持ちを感じたり、年上の子どもに憧れを抱いたりする。 ●食べ物や身体のことを話題にする。 ●一年を振り返り、おいしかった食べ物や楽しかった活動などを話題にする。

	栽培	●栽培したい夏野菜を考える。 ●夏野菜を植え付け、栽培する。 ●当番制で夏野菜の世話をする。	●夏野菜を観察し、絵を描く。 ●夏野菜の栽培、収穫をする。	●さつまいもを収穫し、季節の恵みを実感する。 ●農業体験を通して、農家の方に親しみを持つ。	●一年の栽培活動や収穫体験などを振り返る。
	調理	●身近な食材を使って、調理を楽しむ。 ●調理器具の安全で衛生的な使い方を身につける。	●収穫した夏野菜を使って調理を楽しむ。 ●食べたい物、おいしそうな盛り付け、食事が楽しくなるような雰囲気を考える。	●友達と一緒に調理を楽しみ、その過程で自分でできることを増やす。 ●調理室見学を通して、調理をする人や調理することに興味を持つ。	●様々な料理を通して、食材にも目を向け、関心を持つ。
環境構成・保育者の援助		●正しい手洗い、スプーン・箸などの使い方、歯磨きの仕方など身につけてほしい内容をポスターにして掲示する。 ●食事の準備・配膳・後片付けの手順を伝える。 ●栽培、収穫、調理の際には、保健・安全・衛生面に留意しつつ、子どもが主体的な活動を行えるように援助する。また、友達と一緒に行う楽しさを味わえるように配慮する。子どもが扱いやすい道具や器具を用意する。 ●三色食品群のポスターを掲示する。 ●食事の前に、その日の献立について一緒に確認する。（主食・主菜・副菜、三色食品群による分類、旬の食材など） ●行事や行事食の意味を劇や紙芝居などで伝える。 ●絵本や遊びを通して、季節の恵みや旬を感じられるように工夫する。			
家庭・地域との連携		●毎月、献立表・食育だよりを配布する。　●毎日、給食サンプルを展示する。　●送迎時や連絡帳でのやり取りによって、子どもの様子を伝え合う。			
		●共食の大切さを伝える。 ●食事のマナーや箸の持ち方を伝える。 ★給食試食会	●園での栽培活動について報告する。 ●朝ごはんの大切さを伝える。 ●適切な間食（おやつ）について伝える。 ★食育講習会	●家庭でも食事作りに参加できる機会を増やすように促す。 ●地域の高齢者と食事を通して交流を図る。 ●地域の農家と交流を図る。 ★給食参観	●行事の様子を報告する。 ●行事や行事食について、家庭でも話題にしてもらえるよう促す。 ●行事食のレシピを配布する。 ★食育講習会

活動内容の項目の例

「食習慣・知識」「栽培」「調理」以外にも、以下のような項目を設定して計画を立ててもよいでしょう。

●食育の5項目「食と健康」「食と人間関係」「食と文化」「いのちの育ちと食」「料理と食」
●「食べ方・食具の使い方」　●「食事のマナー」　●「食育に関連する行事」

食育の5項目 ➡ P.12

年間食育計画④　3・4・5歳児

保育所では、施設長の責任の下、保育士をはじめ、調理員、栄養士、看護師等の全職員が協力し、それぞれの専門性を発揮し、創意工夫を行いながら食育を推進していくことが求められます。それぞれの職員が組織の一員として共通理解を図りながら、組織的かつ計画的に取組が進められることが重要なのです。

計画の中で「職員間の連携」について明記することは、それぞれの職員の専門性を明確にでき、より適切な環境を構成することにつながるでしょう。

作成例(3歳児)

年間目標	●食に関する活動を楽しみ、食への興味を高める。 ●友達と一緒にいろいろな食材や料理を楽しむ。			
期	1期(4・5月)	2期(6・7・8月)	3期 (9・10・11・12月)	4期 (1・2・3月)
ねらい	●新しい環境に慣れ、保育者や友達と一緒に食べる楽しさを味わう。 ●正しい手洗い、うがいで衛生に気を付ける。 ●食生活に必要な基本的な習慣・マナーを知る。	●よく噛んで食べ、進んで歯磨きをする。 ●栄養バランスの良い食事を残さず食べる。 ●栽培、収穫、調理を楽しむ。	●食に関する活動の中で、自分でできることを増やす。 ●調理をする人と調理することに興味を持つ。 ●食に関する交流を通して、地域の人々に親しみを持つ。	●伝統的な食文化に親しみを持つ。 ●異年齢の子どもと一緒に食事を楽しむ。 ●一年を振り返り、毎日の食事に感謝する。
活動内容	●新しいクラスでの食事の仕方を知る。 ●先生や友達と一緒に食事する喜びを味わう。 ●正しい手洗い、うがいなど、食生活に必要な活動を知る。 ●食事のときの安全な行動を知る。 ●食事の準備から後片付けまでの流れの中で、友達と一緒にできることを覚える。 ●給食当番の流れを覚える。 ●挨拶・姿勢などの食事のマナーを知る。 ●食事にあったスプーン、箸などの正しい使い方を知る。	●よく噛むことの大切さ知る。 ●正しい歯磨きをする。 ●三色食品群の分類を知る。 ●三角食べを知り、やってみる。 ●大人の援助を受けながら、野菜の栽培、収穫、調理を行い、食べる。 ●食材には旬があることを知り、季節感を味わう。 ●身近な自然に興味を持つ。	●食事の準備から後片付けまでの流れの中で自分でできることを増やす。 ●調理室見学を通して、調理をする人や調理することに興味を持つ。 ●大人の援助を受けながら調理を楽しみ、その過程で自分でできることを増やす。 ●食事会を通して高齢者に親しみを持ち、交流を楽しむ。 ●さつまいも掘りや農業体験を通して、農家の方に親しみを持つ。	●行事食を知り、食べることによって、伝統的な食文化に親しみを持つ。 ●地域で培われた食文化を体験し、郷土への親しみを持つ。 ●異年齢交流給食を通して、年下の子どもに思いやりの気持ちを感じたり、年上の子どもに憧れを抱いたりする。 ●食べ物や身体のことを話題にする。 ●一年を振り返り、おいしかった食べ物や楽しかった活動などを話題にする。
	●栄養士・調理員に子どもたちが食べている様子を伝える。　●食事の前に、その日の献立について伝える。(三色食品群による分類、旬の食材など) ●栽培、収穫、調理の際には、保健・安全・衛生面に留意しつつ、子どもが主体的な活動を行えるように援助する。 ●絵本や遊びを通して、季節の恵みや旬を感じられるように工夫する。			
保育者	●正しい手洗い、スプーン・箸などの使い方、食事のマナーについて教材を使って伝える。また、ポスターにして掲示する。	●よく噛むこと、正しい歯磨き、三色食品群について教材を使って伝える。また、ポスターにして掲示する	●調理や食事の手順をイラストまたは写真を使ってわかりやすく説明する。 ●子どもに、栄養士・ 調理員の名前と顔を覚えてもらうように配慮する。	●異年齢交流給食では、子どもが主体的に参加できるように促す。 ●行事や行事食の意味を劇や紙芝居などで伝える。

職員間の連携		●食事の準備・配膳・後片付けの手順を伝える。		●栄養士・調理員とともに給食参観を計画し、実施する。	
	栄養士	●保育者や調理員等の意見も踏まえつつ、子どもの実態を把握したうえで、献立作成を立案する。 ●保護者に家庭での食生活や栄養バランスに関する助言を行う。 ●子どもたちが食べている様子を直接観察したり、保育者から聞いたりする。 ●保護者に配布する献立表・食育だより・レシピを作成する。			
	栄養士	●箸でつまみやすい献立を取り入れる。	●子どもたちの食べている様子を確認しながら、少し弾力のあるもの、噛むと味が出る食材などを取り入れる。 ●園で栽培した野菜を献立に取り入れる。 ●食育講習会を実施する。	●様々な食文化（昔の食べ物など）について子どもたちに伝える。	●行事食のレシピを保護者に配布する。 ●食育講習会を実施する。
	調理員	●子どもたちが食べている様子を直接観察したり、保育者から聞いたりして課題を把握することで、調理法の改善を図る。 ●保護者に調理法に関する助言を行う。			
	調理員	●箸でつまみやすい形状になるようにする。 ●保育者・栄養士とともに給食試食会を計画し、実施する。	●食事の際、子どもたちが噛む様子・飲み込む様子を確認しながら、食材の切り方・加熱具合を調整する。 ●旬の食材を子どもたちに見せる。 ●調理保育に参加し、子どもたちの質問に答える。	●調理室見学では、事前に調理工程等を子どもたちに説明する。また、子どもたちに調理している様子がよく見えるように工夫する。	●行事食に込めた思いを伝える。
家庭・地域との連携		●毎月、献立表・食育だよりを配布する。　●毎日、給食サンプルを展示する。　●送迎時や連絡帳でのやり取りによって、子どもの様子を伝え合う。			
家庭・地域との連携		●共食の大切さを伝える。 ●食事のマナーや箸の持ち方を伝える。 ●栄養士が栄養・食生活に関する助言を行う。 ★給食試食会	●園での栽培活動について報告する。 ●朝ごはんの大切さを伝える。 ●適切な間食（おやつ）について伝える。 ★食育講習会	●家庭でも食事作りに参加できる機会を増やすように促す。 ●地域の高齢者と食事を通して交流を図る。 ●地域の農家と交流を図る。 ★給食参観	●行事の様子を報告する。 ●行事や行事食について、家庭でも話題にしてもらえるよう促す。 ●行事食のレシピを配布する。 ★食育講習会

栄養士の役割

栄養士は、保育所においては必置義務のない職種ですので、配置されていない保育所もありますが、食育を推進する上で、専門的な技能を有する栄養士の存在はとても重要です。保育所に配置される栄養士は、子どもに対する栄養管理、食事の提供、栄養指導という一般的な役割に加え、食育の計画・実践・評価や保護者支援、地域連携、職員連携など、食育の推進役としての役割などが期待されています。

調理員の役割

調理員は、保育士・嘱託医と共に保育所に必ず置かなければならない職種です（調理業務の全部を委託する施設を除く）。

「保育所保育指針」では、自然の恵みとしての食材や調理する人への感謝の気持ちが育つように、「子どもと調理員との関わり」を求めています。したがって、調理員は、子どもと一緒に食べ、食事の楽しさや美味しさを共感したり、調理に込めた思いを伝えることなどによって、感謝の気持ちを育てる役割を担うことが求められています。さらに、子どもからの質問に専門的な立場からわかりやすく答えること、子どもの食べる様子を直接把握し、調理法の改善を図ることなども大切な役割です。

参考文献：「保育所における食事の提供ガイドライン」（平成24年3月 厚生労働省）

年間食育計画⑤ 3・4・5歳児

年間計画は、12か月に分けて作成することもできます。各月の「ねらい」「活動内容」のほかに、使用媒体（ポスター、紙芝居など）が決まっていれば、明記するとよいでしょう。また、食育だよりの特集についても、その月の活動内容や行事、季節に応じて計画しておきましょう。

※3・4・5歳児に共通の年間計画の作成事例を示しています。異年齢で構成される組を想定したものではありません。実際に計画を作成する際には、担当する組の年齢や特性に合った計画を作成してください。

作成例

年間目標	●「食を営む力」の育成に向け、その基礎を培う。			
	ねらい	活動内容	行事	家庭への働きかけ
4月	食生活に必要な基本的な習慣・マナーを身につける。	●基本的な食事マナーを身につける。 ●食事の準備から後片付けまでの流れに慣れる。 ●スプーン・フォーク・はしの使い方、茶碗の持ち方を身につける。 【使用媒体】ポスター、紙芝居	入園式 こどもの読書週間 （4/23～5/12）	●献立表 ●食育だより ⇒特集「生活リズムと食事」 ●給食試食会
5月	いろいろな食品・料理を楽しめるようになる。	●食べ物に関する絵本やクイズを楽しむ。 ●夏野菜の栽培を通して、野菜の成長に興味を持つ。 ●調理をする人、調理方法に興味を持つ。 【使用媒体】絵本、クイズパネル	こどもの日 調理室見学 親子遠足	●献立表 ●食育だより ⇒特集「元気を作る朝ごはんメニュー」
6月	よく噛んで食べ、正しく歯磨きして、丈夫な歯を作る。	●歯の仕組みとよく噛んで食べることの大切さを知る。 ●正しい歯磨きの仕方を知る。 【使用媒体】ペープサート、ポスター	食育月間 歯磨き指導 （歯と口の健康習慣） 保育参観	●献立表 ●食育だより ⇒特集「正しい歯磨きの仕方」 ●食育講習会
7月	自然の恵みへの感謝の気持ちを持って食事する。	●自分たちで育てた夏野菜を収穫、観察、調理することで、食材に対する感謝の気持ちを育む。 【使用媒体】絵本	七夕 夏祭り	●献立表 ●食育だより ⇒特集「親子で作る簡単サラダ」
8月	身の回りを清潔にする。安全な食習慣を身に付ける。	●食中毒予防、正しい手洗いの仕方を知る。 ●身の回りを清潔に保つための習慣を身に付ける。 【使用媒体】パネルシアター、ポスター	スイカ割り	●献立表 ●食育だより ⇒特集「食中毒予防」

9月	様々な友達と一緒に楽しく食事する。	●高齢者に親しみを持ったり、様々な食文化を知ったりする。 ●自分より年下の子どもに思いやりの気持ちを感じたり、年上の子どもに憧れを抱いたりする。 【使用媒体】絵本	異世代交流会 （地域の高齢者との食事会） 異年齢交流給食	●献立表 ●食育だより ⇒特集「昔と今の食事とおやつ」 ●給食試食会
10月	栄養バランスのよい食事をとろうとする。	●三色食品群を通して、食事の役割や栄養バランスの良い食事のことを考える。 ●三角食べをする。 ●自分の食べられる量を知る。 【使用媒体】ポスター、紙芝居	運動会 ハロウィン会	●献立表 ●食育だより ⇒特集「行楽弁当の簡単レシピ」 「バランスのよい食事とは」
11月	地域の旬の食材を知る。季節感を味わう。	●地域の農家の方のお話を聞く。 ●遠足で収穫したさつまいもでスイートポテトを作る。 【使用媒体】人形劇、絵本	さつまいも掘り遠足	●献立表 ●食育だより ⇒特集「さつまいも料理のレシピ」 ●食育講習会
12月	自分でできる食事づくりを増やす。	●クリスマス会の食事について、食べたい物、盛り付け、会場の飾りつけなどを考える。 ●クリスマス会の食事について、友達と共に企画する。（5歳児） 【使用媒体】人形劇、紙芝居	クリスマス会	●献立表 ●食育だより ⇒特集「楽しいホームパーティー」 「冬至を迎える準備をしましょう」
1月	伝統的な食文化に親しむ。	●行事食の由来を知り、食べることによって、伝統的な食文化に親しむ。 ●自分より年下の子どもの食事を手助けする。 【使用媒体】紙芝居、食育かるた	もちつき 七草がゆ 異年齢交流給食	●献立表 ●食育だより ⇒特集「行事食の由来」 「寒さに負けない身体づくり」
2月	食べ物や身体のことを話題にする。	●生活発表会で、食べ物と身体について発表する。 ●食事の前にその日の献立について知る。（主食・主菜・副菜、三色食品群など） ●旬の食材や栄養バランスなどを考えて、リクエスト給食の献立を話し合う。（5歳児） 【使用媒体】ペープサート	節分 生活発表会	●献立表 ●食育だより ⇒特集「食べ物と身体の関係」
3月	毎日の食事に感謝する。	●一年を振り返り、おいしかった食べ物や楽しかった活動などを話題にする。 【使用媒体】紙芝居	ひなまつり リクエスト給食 卒園式	●献立表 ●食育だより ⇒特集「一年間を振り返りましょう」

おたより作成のポイント ➡ P.82

月・週単位で食育を計画する①

0・1・2歳児の月間食育計画（個人案）

3歳未満児は、特に心身の発育・発達が顕著な時期であり、個人差が大きいため、一人一人の子どもの状態に即して月ごとに個別の計画を作成し、実践していきましょう。前月末の子どもの姿を踏まえ、年間計画をもとに、「ねらい」「活動内容」等を設定していきます。

前月末の子どもの姿
前月末の子どもの様子を具体的に記します。

ねらい
前月末の子どもの姿を踏まえ、年間計画をもとに、達成したい食育のねらいを設定します。

活動内容
ねらいを達成するための具体的な活動内容を考えます。活動によって生まれる子どもの反応や成長を具体的に予想しながら設定します。

保育者の援助
それぞれの子どもの実態に即した援助ができるように具体的な援助方法や留意点を記します。

環境構成
それぞれの活動に適した環境を考えます。保育者間の連携はもちろんのこと、栄養士・調理員等との緊密な協力体制のもとで、より適切な環境を構成します。

家庭との連携
食の充実が1日の生活全体の連続性の中で保たれるように、家庭との連携が緊密になるよう具体的な連携事項を記します。

振り返り
子どもの様子を記録し、計画や援助は適切であったかを振り返ります。また、翌月に生かすべきことがあれば記します。

	○○（○か月）	△△（△か月）	□□（□か月）
前月末の子どもの姿			
ねらい			
活動内容			
保育者の援助			
環境構成			
家庭との連携			
振り返り			

月間食育計画（個人案）のフォーマット例

週案では、月間計画をさらに具体化して1週間分の計画を立てましょう。

作成例

ある月の食育計画（個人案） 0歳児

	A児（4か月）	B児（6か月）	C児（8か月）
前月末の子どもの姿	●首がすわり始める。 ●あやすと笑う。 ●自宅ではミルクを飲むが、園では飲みたがらないことが多い。 ●溢乳することがたびたびある。	●寝返りができる。 ●おかゆ、にんじん、かぼちゃなどは上手に飲み込めるが、ほうれん草などの葉野菜は口から出してしまうことが多い。	●はいはいをして、動き回る。 ●食事のときに、自分から口を開けて待つ。 ●ベビーラックに安定して座って食べる。
ねらい	●空腹を感じ、安心と安らぎを感じられる環境の中で、ミルクを飲む心地よさを味わう。	●いろいろな食べ物（ポタージュ状）を飲み込むことに慣れる。 ●授乳・離乳食のリズムと生活リズムを整える。	●豆腐状の離乳食を舌と上あごを使ってモグモグとつぶす。 ●食への興味を持つ。
活動内容	●十分な量のミルクを意欲的に飲む。	●食べられる食材の数を少しずつ増やしていく。 ●ベビーラックに座って食べる。	●食べられる食品の種類を増やし、いろいろな味や舌ざわりを楽しむ。 ●食べさせてくれる人に関心を持つ。
保育者の援助	●授乳する時は、目と目を合わせながら抱いて、ゆったりとした気持ちで行う。 ●授乳後は、必ずゲップをさせる。 ●溢乳することがあるので留意し、溢乳したらすぐに口を拭いたり、着替えさせたり、掃除する。	●食事の前後や汚れたときは、顔や手を拭く。 ●「いただきます」「ごちそうさま」の挨拶をする。 ●笑顔で話しかけながら食べさせる。 ●食べたがらない場合は、無理強いせずに切り上げる。 ●ベビーラックに座らせて安定しない場合は、膝に座らせて食べさせる。	●食事の前後や汚れたときは、顔や手を拭く。 ●「いただきます」「ごちそうさま」の挨拶をする。 ●食べたがらない場合は、無理強いせずに切り上げる。 ●口の動きをよく見て、丸飲みしているようだったら、「モグモグ」などの声掛けにより、モグモグするように促す。
環境構成	●落ち着いた雰囲気の中で授乳する。 ●ガーゼを用意し、口が汚れたら、その都度拭く。	●ベビーラックの角度を調整し、安定して座れるようにする。 ●ほうれん草などの葉野菜を食べられるようになるために、調理の仕方や食べさせ方を工夫する。	●ベビーラックの角度を調整して、モグモグしやすい体勢にする。 ●いろいろな味や舌ざわりを楽しめるように調理法を工夫する。
家庭との連携	●連絡帳によって、園での授乳状況（授乳時刻・量 等）を伝える。また、家庭での授乳状況について把握する。 ●離乳食の開始について相談する。	●連絡帳によって、園での授乳状況・喫食状況を伝える。また、家庭での様子について把握する。 ●食材チェック表を利用しながら、離乳食の進め方について共有する。	●連絡帳によって、園での授乳状況・喫食状況を伝える。また、家庭での様子について把握する。 ●モグモグの練習ができる離乳食のレシピを伝える。
振り返り	●園に慣れてきたようで、落ち着いてミルクを飲めるようになった。 ●他の子どもが食べているのをじっと見たり、口をモグモグ動かすようになってきたが、保護者と離乳食について直接話す時間が十分取れなかった。	●だし汁で煮たり、おかゆと混ぜたりすると、園では葉野菜を食べるようになった。 ●家庭では、まだ食べたがらないそうなので、離乳食レシピを伝えた。 ●ベビーラックに座って食べることに慣れてきた。	●新しい食材や食感を意欲的に味わうことができた。 ●丸飲みする傾向があるので、声掛けや調理形態の工夫により、引き続きモグモグするように促したい。

5、6か月頃は、離乳食に慣れることが目的です。食べる量にはこだわる必要はありません。

食べる量には個人差があるということを考慮し、無理強いしないようにしましょう。

おすわりが安定せず、抱っこして食べさせる場合は、授乳のときよりも背中を立てて抱きます。自分の胸の上部と上腕の間に子どもの頭が来るようにしましょう。

子どもの背中とラックの背もたれの間にクッションを挟むことで、食べやすい角度に調整することもできます。

背もたれクッション ➡ P.14

作成例

ある月の食育計画（個人案） 0・1歳児

	D児（10カ月）	E児（1歳3か月）	F児（1歳7か月）
前月末の子どもの姿	●つかまり立ちをする。 ●奥の歯ぐきでつぶして食べる。 ●テーブル付きの椅子に座って食べる。	●歩くようになる。 ●ほとんど自分で手づかみ食べで食べる。 ●遊び食べが多い。	●簡単な言葉のやり取りを楽しむ。 ●基本的にはよく食べるが、一部の野菜（特にアクの強い緑色の野菜）を食べたがらない。 ●こぼすことが多いが、スプーンや手づかみで自分で食べる。
ねらい	●手づかみ食べを始める。 ●コップで飲むことに慣れる。	●1日3食のリズムを整える。 ●手づかみ食べを十分に行う。 ●スプーンやフォークも使ってみる。	●苦手な食べ物にも挑戦し、食べられたときの達成感を味わう。 ●スプーンやフォークで食べる。
活動内容	●手づかみ食べをすることで、食べる意欲を持つ。 ●保育者に手伝ってもらいながら、コップで飲む練習をする。	●日中の活動により、お腹がすくリズムができるようになる。 ●手づかみ食べをして、自分で楽しんで食べる。 ●スプーンやフォークを使って食べようとする。	●苦手な野菜を食べる。 ●手づかみ食べからスプーンやフォークで食べることに移行する。
保育者の援助	●食事の前後や汚れたときは、顔や手を拭く。 ●「いただきます」「ごちそうさま」の挨拶をする。 ●上手に食べたり、飲んだりできなくても、ある程度は見守り、自分で食べたり、飲んだりする意欲を育てる。	●お腹がすくリズムが整うように、日中の活動を工夫する。 ●遊び食べはある程度は見守るが、遊び続けないように、声掛けをしたり、食べ方の手本を示したりする。 ●基本的には手づかみ食べをする様子を見守るが、少しずつスプーンやフォークで食べることに興味を持ってもらえるように促す。	●苦手な野菜をおいしそうに食べて見せ、「おいしいよ。○○くんも一緒に食べよう。」と少しでも食べてみるように促す。 ●少しでも食べられたら、「よく食べたね」とほめる。 ●食べたがらない場合は、無理強いはしない。 ●スプーンやフォークも使ってみるように促す。
環境構成	●手づかみ食べメニューを増やす。 ●食べ物や飲み物をこぼすことが増えるので、その都度すぐに清掃し、清潔を保つ。	●安定した姿勢で食べられるように、クッションや足置きで調整を行う。 ●スプーンやフォークは、子どもが使いやすいもの、気に入っているものを家庭から持ってきてもらう。	●苦手な野菜の調理方法や味付けを食べやすくなるように工夫してみる。 ●ままごとで遊ぶ中で、野菜を料理する設定を取り入れてみる。
家庭との連携	●連絡帳によって、園での授乳状況・喫食状況を伝える。また、家庭での様子について把握する。 ●手づかみ食べの大切さを伝える。	●連絡帳によって、園での喫食状況を伝える。また、家庭での様子について把握する。 ●食事やおやつを、毎日ほぼ同じ時間に食べられるようにお願いする。 ●家庭でも食事のときにスプーンやフォークを出してもらうように伝える。	●連絡帳によって、園での喫食状況を伝える。また、家庭での様子について把握する。 ●どのような調理方法であれば苦手な野菜を食べるのか等、情報交換を行う。 ●家庭でも、特にフォークを使う練習をしてもらうように伝える。
振り返り	●しばらくは食べ物を手で触って遊んでいたが、徐々に手づかみ食べをするようになってきた。 ●家庭では、掃除が大変という理由で、手づかみ食べをさせていない様子。なるべく手づかみ食べをさせてもらうために、手づかみ食べのしやすいメニューやコツを紹介していく。	●スプーンやフォークに興味は示したが、ほとんど手づかみ食べをし続けていた。 ●少しずつスプーンやフォークに慣れるために、引き続き、声掛けや食べ方を見せて、使用を促す。 ●遊び食べをすることは減ってきた。	●苦手だったブロッコリーは食べるようになったが、小松菜・ほうれん草は一口程度しか食べられなかった。引き続き工夫して、食べてもらえるようにしたい。 ●フォークを使って食べることが増えた。

手づかみ食べは、食べ物の固さや温度、触感を確かめ、手指でつかんで口に運ぶ体験を積み重ね、食べ物に関心を持ち、自分で食べようとする行動につながるため、子どもの発育・発達において重要な役割を担います。

スプーンで水分を含むのに慣れてきてから、コップで飲む練習をします。最初は、子どもにコップを両手で持たせ、保育者がそっと手を添え、口に入れる量を調節してあげましょう。

遊び食べはある程度見守りますが、食事に集中できていないときは、無理に食べさせず、30分を目安に切り上げましょう。

片付けが大変だからといった理由で手づかみ食べをさせたくないと考える家庭もありますが、発育・発達に必要であることやテーブルの下に新聞紙を敷くなどの工夫を伝えていきましょう。

足置き ➡ P.15

作成例

ある月の食育計画（個人案）1・2歳児

	G児（1歳10か月）	H児（2歳3か月）	I児（2歳10か月）
前月末の子どもの姿	●元気に動きまわることを楽しむ。 ●ときどき、食べ終わっていないのに、立ち歩いてしまう。 ●こぼすことが多いが、スプーンやフォークを使って自分で食べる。 ●ちゃんと噛まずに飲み込んでしまうことが多い。	●食事の前に、自分から進んで手を洗いに行く。 ●食事中に手や口が汚れても、そのまま気にせずに食事を続ける。 ●今まで何でもよく食べていたが、好き嫌いが出始めた。特に、よく噛んで食べないといけない肉料理は食べたがらない。	●食事中のおしゃべりに夢中になり、よく食べこぼす。 ●積極的に箸を使って食べようとする。
ねらい	●集中できる雰囲気の中で、食事をする。 ●よく噛んで飲み込む。	●手や口が汚れたら、おしぼりで拭いてきれいにする心地よさを知る。 ●嫌いな食べ物も口にしてみる。	●楽しい雰囲気の中で、落ち着いて食べる。 ●箸に興味を持ち、使って食べたいと思う。
活動内容	●「ごちそうさま」まで、立ち歩かずに、落ち着いて食事を楽しむ。 ●保育者の真似をして、よく噛んで食べる。	●手や口が汚れていることに自分で気づいて、おしぼりで拭く。 ●苦手な肉料理をよく噛んで食べてみる。	●保育者や友達と楽しく食事をするが、口に食べ物が入っているときはおしゃべりをしないようにする。 ●食事中、箸を使ってみる。 ●箸を使うゲームをして楽しむ。
保育者の援助	●空腹で食事の時間を迎えることで集中して食べられるように、体を使った遊びを増やすなど、日中の活動を工夫する。 ●集中が途切れないように、ときどき声掛けを行う。 ●噛む真似を見せ、「よく噛んで食べようね」「これを噛むとどんな音がするかな」などと声掛けをして、よく噛むように促す。	●手や口が汚れていたら、しばらく見守り、拭かない様子であれば、自分で拭くように声掛けを行う。 ●嫌いな食べ物は、おいしそうに食べて見せ「おいしいよ。せーので一緒に食べてみよう。」と食べてみるように促す。 ●どうしても食べたがらない場合は無理強いせず、食べられたときにはほめる。	●口に食べ物が入っているときには、おしゃべりをしないように声掛けを行う。 ●箸を使って食べることに疲れている様子が見られたら、「箸を使ってよく食べたね」とほめ、「あとはスプーンやフォークを使って食べていいよ」と他の食具を使うように促す。 ●箸を使ってスポンジを運ぶゲームをして、箸に慣れてもらう。
環境構成	●食事の際、おもちゃなどが気にならないように、おもちゃコーナーに布をかける。 ●食べる様子をよく見て、調理方法や食材を工夫する。	●子どもの手がすぐ届く位置におしぼりを置いておく。 ●肉料理は子どもにとって固くなり過ぎないように加熱時間など調理方法に注意する。	●箸の持ち方のイラストを掲示する。 ●安全に留意して、遊びの中に箸を取り入れる。
家庭との連携	●連絡帳によって、園での喫食状況を伝える。また、家庭での様子について把握する。 ●家庭でも食事に集中できるように、テレビを消したり、おもちゃを片づけたりするように伝える。 ●家庭でも、よく噛んで食べるように促してもらう。	●連絡帳によって、園での喫食状況を伝える。また、家庭での様子について把握する。 ●家庭でも、食事中の手や口の汚れについてよく見てもらうように伝える。 ●どの肉料理であれば食べるのか等、情報交換を行う。	●連絡帳によって、園での喫食状況を伝える。また、家庭での様子について把握する。 ●家庭でも、箸を使うようにすすめる。
振り返り	●集中して食べられたことをほめるととても喜び、その後、食事中に立ち歩くことが少なくなった。 ●園では立ち歩くことが少なくなったが、家庭では毎日のように食事中に立ち歩くということなので、引き続き、家庭と連携して取り組みたい。 ●よく噛んで飲み込むようになった。	●食事中に手や口の汚れを自分で拭くようになった。 ●調理方法を工夫し、食事の際に積極的に声掛けを行った結果、肉料理をよく食べるようになった。	●ゲームに親しんだことで、箸で物をつまめることが多くなったが、正しい持ち方はできていない。 ●箸を使いたいという意欲を尊重したいので、正しい持ち方の練習を強制はせず、少しずつ教えていきたい。

嫌いな食べ物については、形や食べる順番を変えてみたり、声掛け等を工夫したりします。それでも食べない場合は無理強いせず、食事の時間が楽しいものとなるよう心がけましょう。

箸を上手に使えるようになるのは、5歳頃です。焦らず、子どもの手指の発達などに合わせて、箸に慣れさせるようにしましょう。

噛む力は、歯の成長と噛む経験によって少しずつついていきますが、それらには個人差があります。一人一人の噛む様子を見て、調理方法や食材を工夫しましょう。

月・週単位で食育を計画する②

3・4・5歳児の月週案

年間計画をもとに、月の「目標」を設定します。その目標を達成するために、またはその時期の行事を踏まえて、週ごとの「ねらい」と「活動内容」、「環境構成・保育者の援助」を考えます。連動して「家庭との連携」も具体的に計画していきます。

3歳以上児の場合、クラスなど集団生活での計画作成が中心となりますが、個別的な援助が必要な場合には、その点に留意した計画を作成する必要があります。

目標
年間計画をもとに、月の目標を設定します。前月末の子どもの様子、その月の行事や季節なども意識して考えます。

目標			
	ねらい	活動内容	環境構成・保育者の援助
第1週			
第2週			
第3週			
第4週			
家庭との連携			

月週案のフォーマット例

ねらい
月の目標を達成するために、週ごとの具体的な食育のねらいを設定します。また、月の目標とは直接関係しない行事や季節に関連する食のイベントがある場合は、そのねらいも記します。

活動内容
ねらいを達成するために必要な活動内容を具体的に記します。

環境構成・保育者の援助
ねらいを達成するために、また活動内容に挙げた事柄をより良く実践するために必要な人的環境・物的環境と保育者の援助について、具体的に記します。

家庭との連携
園だけでなく、家庭と連携して食育を進めていくために、必要な事柄を記します。伝えたいことや確認したいこと、連携を図りたいことについて具体的に記します。

＊本書では、3・4・5歳児に共通の月週案の作成例を示しています。異年齢で構成される組を想定したものではありません。実際に計画を作成する際には、担当する組の年齢や特性に合った計画を作成してください。

＊異年齢で構成される組やグループでの保育においては、各年齢の発達特性に配慮しながら、異年齢児のかかわり合いを通した食の充実に向けた適切な環境構成や援助ができるよう配慮して計画を作成します。

4月の食育計画（月週案）3・4・5歳児

新年度を迎え、新しい担当の保育者、新しい保育室や新しい友達といった新しい環境の中、子どもたちは少し不安を抱えたり、緊張で落ちつかなかったりする時期です。一人一人の子どものペースを大切にしながら、新しい環境での生活と食事に慣れていくよう職員間で協力しながら、子どもにとって心地よいと感じられる環境を構成していきましょう。また、食事の準備や後片付けなどを友達と一緒に主体的に行えるよう配慮しましょう。

それから、家庭での生活・食事の様子について知るために、家庭との連携を丁寧に行うことも大切です。

作成例

目標	新しい環境での食事に慣れる。		
	ねらい	活動内容	環境構成・保育者の援助
第1週	●新しい環境での食事に慣れ、保育者や友達と一緒に食事をする楽しさを味わう。	●保育者や友達とともに、食事をする喜びを味わう。 ●保育者や友達と同じ料理を食べたり、分け合って食事することを喜ぶ。	●前年度のクラス担任から、前年度の様子を確認し、それを参考にして環境を構成する。 ●子どもたちが落ち着いて楽しく食事できる雰囲気を作る。
第2週	●新しい環境での食事の流れを覚える。 ●季節の食べ物を知り、味わう。	●食事前の手洗い、食事の準備、後片付け、歯磨きなどの流れを覚える。 ●「いただきます」「ごちそうさまでした」の挨拶をする。 ●春の食べ物に興味を持ち、友達とともに味わうことを楽しむ。	●食事の流れをゆっくり丁寧に伝える。 ●正しい手洗いのポスターを掲示する。 ●給食・おやつで提供された春の食べ物について話題にする。
第3週	●食事の準備から後片付けまでの流れの中で、自分でできることは自分で行う。	●準備から後片付けまで主体的に行う。 ●準備から後片付けまでの流れの中で、友達との関わりを深める。	●子どもたちが主体的に活動できるように見守り、必要に応じて声掛けを行う。
第4週	●給食当番の仕事を覚え、人の役に立つ喜びを味わう。	●給食当番の仕事を覚え、友達と一緒に行う。 （料理を器に盛りつける:5歳児 料理を配る:4・5歳児） ●給食当番が食事前に献立を発表することで、食事への関心を高める。	●給食当番の仕事の流れをイラストを使って、わかりやすく説明する。 ●友達と協力し合い、当番活動を楽しむことができるよう働きかける。
家庭との連携	●献立表・食育だよりを配布する。 ●給食サンプルを展示する。 ●送迎時や連絡帳でのやり取りによって、子どもの様子を伝え合う。 ●共食の大切さを伝える。 ●園での食事の流れを保護者に伝え、家庭でも同様に実践してもらえるように促す。 ●家庭でも、食事の準備や後片付けを手伝うよう促してもらう。 ●家庭でも、料理を器に盛りつける練習をしてもらう。（5歳児）		

給食当番

- ●給食当番などの当番活動を通して、子どもたちは自主性や責任感を培っていきます。
- ●発達や経験によりできることは異なりますが、目安としては、料理を配るのは4歳児から、料理を器に盛りつけるのは5歳児からになります。
- ●食事前に当番の子どもが献立を発表することにより、食事への関心が高まるようにしましょう。
- ●清潔な白衣、帽子、マスク等を身につけることと、正しい手洗い、消毒を徹底することで、衛生面に対する意識が高まるようにしましょう。

5月の食育計画（月週案）　3・4・5歳児

新年度から1か月が過ぎ、新しい環境での生活に慣れ、食事を友達と一緒に楽しめるようになってくる頃です。楽しく、そして気持ちよく食事をするためには、決まりを守り、マナーを身につける必要があることを伝えることが大切です。イラストやペープサートなどでわかりやすく伝えるほか、毎日の食事の中で大人が手本を示すことで伝えていきましょう。

また、4・5月は夏野菜の植え付け時期です。栽培活動を通して、野菜や果物に親しんだり、身近な自然に興味を持って意欲的にかかわったりできる機会を増やしましょう。

作成例

目標	食生活に必要な基本的な習慣・マナーを身につける。		
	ねらい	活動内容	環境構成・保育者の援助
第1週	●こどもの日を祝う。 ●楽しい食事のためのマナーを知り、守る。	●「こどもの日」の行事を楽しみ、「こどもの日給食」とおやつ（柏餅）を味わう。 ●「食事中は立ち歩かない」「食べ物が口に入っているときはしゃべらない」などの食事のマナーを守る。	●「こどもの日」の行事と行事食について、説明する。 ●なぜ食事のマナーを守る必要があるのかをペープサートを使って、子どもに理解してもらえるよう説明する。
第2週	●夏野菜の植え付け、栽培を行うことで、身近な野菜に親しみを持つ。 （3歳児：トマト、4歳児：ナス、5歳児：ピーマン） ●正しい姿勢で食事をする。	●大人の援助を受けながら、夏野菜の植え付け、栽培を行う。水やりは収穫まで当番制で行う。 ●「背筋を伸ばす」「ひじをつかない」「足を床につける」など、食事中の正しい姿勢を知る。	●栽培する夏野菜について、関連する絵本や図鑑を用意する。 ●栽培方法をイラストで説明する。 ●夏野菜の芽が出たら、記録として定期的に写真を撮影する。 ●食事中の正しい姿勢をイラストで説明する。 ●正しい姿勢で食べられるように適切な声掛けを行う。
第3週	●正しい食べ方を身につける。	●三角食べをする。 ●食事にあったスプーン、箸などの正しい使い方を身につける。 ●にぎり箸、刺し箸など、してはいけない箸の使い方を知る。	●正しい食べ方について、イラストで説明する。 ●食事中、その都度適切な声掛けを行う。 ●スプーン・箸などの正しい使い方についてポスターを掲示する。
第4週	●正しい箸の持ち方に慣れる。	●遊びの中で、箸を使用したゲームを行う。 ●おままごとの中で箸を使用する。	●箸でスポンジなどを運ぶゲームを行い、楽しみながら箸に親しめるようにする。 ●おままごとコーナーに箸を用意する。
家庭との連携	●献立表・食育だよりを配布する。 ●給食サンプルを展示する。 ●送迎時や連絡帳でのやり取りによって、子どもの様子を伝え合う。 ●食事のマナーについて保護者と共有し、家庭での様子を確認する。 ●園での栽培活動について報告をし、家庭でも話題にしてもらう。 ●家庭の食事でも正しい食べ方をしようとしているか、よく見てもらう。		

身につけたい食事のマナー（3～5歳頃）

気持ちよく食事をするためには次のようなマナーがあることを子どもたちに伝えていきましょう。ただし、国籍や文化の違いには十分配慮しましょう。

- 食事の前に手を洗う。
- 「いただきます」「ごちそうさま」の挨拶をする。
- 食事中、立ち歩かない。
- 口にものを入れたまましゃべらない。
- 背筋を伸ばす。
- ひじをつかない。
- ひざを立てない。
- お皿に手を添える。
- 食べ物や食器で遊ばない。

6月の食育計画（月週案）　3・4・5歳児

6月4日～6月10日の「歯と口の健康週間」に合わせて、子どもたちが自分の歯と口の健康に興味を持ち、守ろうとするように、ペープサートや人形劇などで正しい歯の磨き方やよく噛むことの効果を伝えていきましょう。また、歯を作る食べ物を知ることで、自分の身体と食べ物の関係を考える機会を増やしましょう。

6月はほとんどの地域で梅雨入りしますが、変動の激しい気温や湿度の高さにより体調不良にならないためにも、楽しい室内遊びで体を動かす工夫をし、しっかり食事できるように計画を立てましょう。

作成例

目標	健康な歯をつくる。		
	ねらい	活動内容	環境構成・保育者の援助
第1週	●虫歯予防の方法を知る。	●どうして虫歯になるのか、虫歯になるとどうなるかを知る。 ●正しい歯磨きの仕方を知る。 ●虫歯になりやすい食べ物やおやつの食べ方を知る。	●「歯と口の健康週間」のポスターを掲示する。 ●紙芝居で「どうして虫歯になるのか」などをわかりやすく説明する。 ●正しい歯磨きの仕方をペープサートで教える。ポスターを掲示する。 ●虫歯にならないためのおやつの食べ方を説明する。
第2週	●よく噛んで食べることの大切さを知る。 ●栽培中の夏野菜の観察を行う。 （3歳児：トマト、4歳児：ナス、5歳児：ピーマン）	●よく噛んで食べるとどのようなよいことがあるかを知る。 ●栽培中の夏野菜を観察し、気が付いたことを伝え合う。 ●栽培中の夏野菜の絵を描く。	●「あごが発達する」、「虫歯予防につながる」などよく噛むことの効果を人形劇で伝える。 ●栽培中の夏野菜について、話題にする時間を設ける。
第3週	●噛む回数を増やして食べる。	●食事中、よく噛んで食べることを意識する。 ●噛んだときの音や感触を楽しむ。 ●よく噛んだときの味や感触を言葉で伝えあう。	●食事中、よく噛んで食べられるように適切な声掛けを行う。 ●「これは、よく噛んで食べると甘く感じるね」などの感想を引き出す。
第4週	●歯を強くする食べ物を知る。	●カルシウムを多く含む食べ物や噛みごたえのある食べ物を知り、積極的に食べる。	●カルシウムを多く含む食べ物や噛みごたえのある食べ物についてイラストを使って説明する。
家庭との連携	●献立表・食育だよりを配布する。　●給食サンプルを展示する。　●送迎時や連絡帳でのやり取りによって、子どもの様子を伝え合う。 ●「歯と口の健康週間」（6月4日～10日）について周知する。 ●正しい歯磨きの仕方、仕上げ磨きの仕方を伝える。 ●適切なおやつの摂り方について伝える。 ●栽培中の夏野菜について報告をし、家庭でも話題にしてもらう。 ●家庭でもよく噛んで食べているかを見てもらう。 ●家庭の食事・おやつでも、カルシウムを多く含む食べ物や噛みごたえのある食べ物を出してもらうように促す。 ●食中毒対策を伝える。		

梅雨から夏にかけて欠かせない食中毒対策

高温多湿になる梅雨から夏にかけては、食中毒の主な原因となる細菌の増殖が活発になるので、子どもたちとともに、家庭へも注意喚起する必要があります。食中毒菌を「付けない」「増やさない」「やっつける」という食中毒予防の3原則を伝え、園でも家庭でも衛生面への意識を高めてもらうよう促しましょう。

食中毒予防の3原則 ➡ P.99

食育月間

毎年6月は「食育月間」です。期間中は、食育推進全国大会が開催されるほか、全国各地で食育をテーマとした取組やイベントが実施されます。

7月の食育計画（月週案） 3・4・5歳児

梅雨が明け、夏本番になったら、旬の野菜や果物を食事や遊びの中に取り入れ、食べ物には旬があるということを知らせましょう。
そして、育てた夏野菜が収穫時期を迎えたら、その野菜を調理保育に取り入れることで、生産から消費までの食の循環を身近に感じられるように働きかけましょう。みんなで育て、収穫し、調理をするという体験を通して、食べ物への関心が高まり、自然の恵みへの感謝の気持ちが育まれることが期待できます。

作成例

目標	夏野菜の栽培や収穫などを通して、食べ物への感謝の気持ちを育む。		
	ねらい	活動内容	環境構成・保育者の援助
第1週	●旬の野菜・果物を知り、味わう。 ●七夕の行事を楽しみ、行事食を味わう。	●散歩中に、近所の畑を見学する。 ●夏の野菜・果物が題材となっている絵本や紙芝居を楽しむ。 ●給食やおやつで夏の野菜・果物を味わう。 ●七夕の由来を知り、七夕給食（そうめん）を味わう。	●夏の野菜・果物を育てている畑を散歩ルートの中に設定する。 ●用意した絵本は、子どもの目に触れやすい場に置き、落ちついて見ることができる環境を作る。 ●給食・おやつで提供された夏の野菜・果物について、その特徴を伝える。 ●「七夕の会」の劇で七夕の由来を説明し、調理員から七夕給食の説明をする。
第2週	●園で栽培中の夏野菜の観察を行う。（3歳児：トマト、4歳児：ナス、5歳児：ピーマン） ●スイカ割りをして、夏の遊びを楽しむ。	●園で栽培中の夏野菜（他のクラスで栽培中の物を含む）を観察し、話題にする。 ●安全に気を付けて、スイカ割りを楽しむ。	●自分たちが栽培している夏野菜だけでなく、他のクラスで栽培中の野菜にも興味を持ってもらえるように工夫する。 ●安全面・衛生面に留意して、スイカ割りを行う。
第3週	●夏野菜の収穫、調理を行い、食べることで、食べ物への感謝の気持ちを育む。 夏野菜を収穫して調理する ➡ P.68	●夏野菜の収穫時期に関心を持ち、収穫方法を知る。 ●夏野菜を収穫し、愛着を持って観察する。 ●収穫した夏野菜でピザを作り、食べることで、収穫の喜びを感じ、自然の恵みに感謝する。	●夏野菜の成長に喜びを感じられるように働きかける。 ●収穫方法は、手本を見せながら丁寧に説明する。 ●安全面・衛生面に留意して、収穫・調理を行う。 ●収穫・調理の感想を言葉で伝えあい、共感し合えるように促す。
第4週	●夏野菜の栽培活動を振り返る。	●夏野菜の栽培活動を振り返り、絵を描いたり、発表し合ったりする。	●栽培活動の振り返りのために、撮影してきた記録写真を掲示する。 ●描いた絵を掲示する。
家庭との連携	●献立表・食育だよりを配布する。　●給食サンプルを展示する。 ●送迎時や連絡帳でのやり取りによって、子どもの様子を伝え合う。 ●夏野菜の収穫・調理の様子を報告する。 ●スイカ割りの様子を報告する。 ●家庭でも食事作りに参加する機会を増やすように促す。 ●家庭の食事でも、夏の野菜・果物を取り入れてもらうようにレシピを配布する。		

手作りのネームプレート

野菜のネームプレートを手作りにすると、栽培活動に対する意欲が一層高まることが期待できます。

8月の食育計画(月週案) 3・4・5歳児

夏真っ盛りになり、厳しい暑さが続くと、食欲が落ちがちになります。暑さに負けない元気な身体を作るためにも、子どもたちが栄養バランスの良い食事を進んで摂りたくなるように働きかけましょう。

毎日の給食で三色食品群の分類について、子どもたちが「このハンバーグは何色?」「あかー」などと話題にすることで、健康と食べ物の関係について関心を持つことが期待できます。さらにバイキング給食を行い、三色それぞれの料理を自分で選ぶことを経験するとより理解が深まることでしょう。

作成例

	ねらい	活動内容	環境構成・保育者の援助
目標	栄養バランスの良い食事を残さず食べて、元気な身体をつくる。		
第1週	●旬の野菜や果物、魚を知る。 ●旬の野菜に触れることで、食べる意欲を育む。	●夏の野菜や果物、魚の名前を覚え、興味を持つ。 ●夏の野菜や果物、魚が題材となっている絵本や紙芝居を楽しむ。 ●トウモロコシの皮むきを行う。その後、調理室で調理員がトウモロコシをゆでるところを見学する。	●給食・おやつで提供された夏の野菜や果物、魚の名前を話題にし、含まれる栄養について伝える。 ●用意した絵本は、子どもの目に触れやすい場に置き、落ちついて見ることができる環境を作る。 ●安全面・衛生面に留意して、トウモロコシの皮むき、調理の見学を行う。
第2週	●朝ごはんの大切さを知る。	●朝ごはんを食べないとどうなるかを考える。 ●朝ごはんに何を食べたかを伝え合い、どんな朝ごはんの献立があるかを知る。	●朝ごはんを食べた場合と食べない場合で、日中の活動にどのような違いが現れるかをペープサートで説明し、朝ごはんの大切さを伝える。 ●友達と朝ごはんについて話をする時間を設ける。
第3週	●栄養バランスの良い食事を知る。	●食べ物のはたらき(三色食品群)を知り、食べ物と身体の関係に興味を持つ。 ●主食・主菜・副菜があることを知る。 ●三角食べをする。 三色食品群 ➡ P.18	●三色食品群のポスターを掲示する。 ●食べ物のイラストを描いたカードを用意し、三色食品群のグループに分けるゲームを行う。 ●献立の食材が、赤・黄・緑のどれになるかを考えさせる。 ●給食のときに「ごはんとそれぞれのおかずを順番に食べようね」などの声掛けを行う。
第4週	●食べたい物、おいしそうな盛り付けを考える。 ●栄養バランスを考え、料理を選ぶ。 ●自分の適量を知る。	●バイキング給食で、栄養バランスを考えながら料理を選び、自分の適量をおいしそうに盛り付ける。 ●通常の給食で、自分の適量を伝え、完食する。 バイキング給食 ➡ P.76	●バイキング給食では、料理を三色食品群の分類別に分けて設置する。 ●バイキング給食では、三色からバランスよく選ぶように声掛けを行う。 ●食べきれる量について助言する。
家庭との連携	●献立表・食育だよりを配布する。 ●給食サンプルを展示する。 ●送迎時や連絡帳でのやり取りによって、子どもの様子を伝え合う。 ●バイキング給食の様子を報告をする。 ●朝ごはんの簡単なレシピを伝える。 ●家庭の食事でも、三色食品群のグループ分けを意識してもらい、話題にしてもらう。 ●家庭の食事でも、三角食べを促してもらう。		

三角食べ

「三角食べ」とは、ご飯を一口食べたら、次に汁物を飲んだり、またはおかずを食べたりして、それからまたご飯を食べる、というような食べ方です。

一方、ご飯だけ先に食べたり、おかずだけを先に食べたりする「ばっかり食べ」は行儀が悪く、体のためにもよくありません。

9月の食育計画（月週案） 3・4・5歳児

9月の第3月曜日は「敬老の日」です。核家族化や近所付き合いの希薄化により、子どもたちが高齢者と接する機会が減ってきていますが、在園児の祖父母や地域の高齢者を食事会へ招待するなど交流を図ることで、さまざまな人と親しくなる楽しさを味わったり、思いやりを持ったり、おもてなしをしたり、接するときの態度を身につけたりすることが期待できます。さらに、昔の食生活や日本の食文化を話題にし、関心を持てるよう促しましょう。

作成例

目標	**地域の高齢者との食事会を通して、昔の食生活や日本の食文化に興味を持つ。**		
	ねらい	**活動内容**	**環境構成・保育者の援助**
第1週	●昔の食生活を知り、高齢者との交流に興味を持つ。	●地域の高齢者との食事会に向けて、参加される高齢者世代や自分の親世代の幼少期の食べ物を知り、昔の食生活に興味を持つ。	●昔の食べ物と今の食べ物を比較できるような写真やイラストを使って説明をする。 ●昔の食事風景や食べ物が描かれいている絵本や紙芝居の読み聞かせを行う。 ●親や祖父母に昔の食べ物について聞いてくるように促す。
第2週	●地域の高齢者との食事会の準備をする。	●食事会の前に行う「質問タイム」の内容を決める。質問する代表者を決める。 ●食事会の招待状を作る。 ●食事会で使用するランチョンマットを製作する。 ●お礼に渡すプレゼント（メダル）を製作する。	●食事会の準備では、子どもが他の子どもとかかわりながら、主体的に活動できるように工夫する。
第3週	●食事会を通して、地域の高齢者と交流を深める。 ●昔の食生活に興味を持つ。 ●敬老の日の意味を知る。	●地域の高齢者との食事と会話を楽しむ。 ●地域の高齢者との交流によって、地域に親しみを持つ。 ●高齢者の子どもの頃の食事や生活について聞いてみる。	●子ども全員が高齢者との会話を楽しめるように、会話に入れない子どもがいる場合には、保育者が声をかけて仲立ちをする。
第4週	●食事会に参加してくれた高齢者に感謝の気持ちを持って、お礼の絵や手紙を贈る。	●地域の高齢者との食事会を振り返り、感想を伝え合う。 ●感謝の気持ちが伝わるように、お礼の絵を描く。（または手紙を書く。）	●「食事会でどんなお話をしたかな？」などと聞いて、振り返りやすいように誘導する。
家庭との連携	●献立表・食育だよりを配布する。　●給食サンプルを展示する。 ●送迎時や連絡帳でのやり取りによって、子どもの様子を伝え合う。 ●地域の高齢者との食事会の様子を報告する。 ●家庭でも、保護者が子どもの頃の食べ物・お菓子について伝え、昔の食事に興味をもってもらうように促す。		

異文化との交流

地域の高齢者だけでなく、外国の人々と親しくなるきっかけを作ることができると、子どもたちの世界はさらに広がります。

例えば、外国籍の保護者の方に、自国の文化や食事などを紹介してもらえば、子どもたちはそれらの多様性に気づき、関心を持つ姿が期待できるしょう。

10月の食育計画（月週案） 3・4・5歳児

秋は、鮭やさんま、いろいろな種類のきのこ、それからさつまいもなど栄養豊富で美味しい旬の食べ物がたくさんある「食欲」の季節です。季節感を取り入れた食に関する活動や外遊び、製作遊びなどを楽しむことで、子どもたちが季節の変化を感じ取ることができるようにしましょう。

また、さつまいもなどの収穫と調理を通して、自然の恵みと食べ物に対する感謝の気持ちを育み、また自然とのかかわりを深めることができるよう工夫しましょう。

作成例

目標	旬の食材に興味を持ち、季節感を味わう。		
	ねらい	活動内容	環境構成・保育者の援助
第1週	●旬の野菜や果物、魚を知る。 旬の食材一覧 ➡ P.122	●秋の野菜や果物、魚の名前を覚え、興味を持つ。 ●外遊びのときに、どんぐりや松ぼっくり、落ち葉を拾うことなどで、季節の変化を感じる。 ●秋の野菜や果物、魚が題材となっている絵本や紙芝居を楽しむ。	●給食・おやつで提供された秋の野菜や果物、魚の名前を話題にし、含まれる栄養について伝える。 ●用意した絵本は、子どもの目に触れやすい場に置き、落ちついて見ることができる環境を作る。
第2週	●旬の野菜や果物、魚を遊びに取り入れて、季節を楽しむ。	●秋の食べ物の折り紙を楽しむ。 （3歳児：かき　4・5歳児：栗、きのこ） ●新聞紙などで食べ物を作り、おままごとで遊ぶ。 （3歳児：さつまいも　4・5歳児：さんま）	●完成した折り紙を壁に掲示する。 ●作った食べ物を遊びの中に取り入れていくように働きかける。
第3週	●旬の食材（さつまいも）を収穫し、調理することで季節感を味わう。	●さつまいも農家の人のお話を聞く。 ●さつまいも掘りに興味を持ち、楽しむ。 ●収穫したさつまいもでスイートポテトを作る。 ●さつまいも掘りを振り返り、絵を描く。 さつまいも掘り ➡ P.72	●さつまいも掘りの前に、さつまいもを題材にした絵本または紙芝居の読み聞かせを行う。 ●調理の手順をイラストまたは写真を使ってわかりやすく説明する。 ●子どもが主体的に調理できるよう声掛けを行い、必要に応じて援助する。 ●安全面・衛生面に留意して、調理を行う。 ●さつまいも掘りの絵を壁に掲示する。
第4週	●魚の上手な食べ方を覚え、進んで食べる。	●骨のある魚料理の上手な食べ方を覚え、自分で食べる楽しさを味わう。 ●さんまの塩焼きを自分で骨を取りながら食べる。	●パネルシアターで、魚の骨の取り方を説明する。 ●骨を取るのが苦手な子どもや魚嫌いの子どもも興味を持てるように、声掛けや援助を行う。 ●さんまの骨が喉につまらないように注意を促す。
家庭との連携	●献立表・食育だよりを配布する。　●給食サンプルを展示する。　●送迎時や連絡帳でのやり取りによって、子どもの様子を伝え合う。 ●さつまいも掘りの様子を報告する。 ●家庭の食事でも、秋が旬の野菜や果物、魚を取り入れてもらうように伝える。給食メニューのレシピ配布を行う。 ●収穫したさつまいもを持ち帰り、家庭でも味わってもらいながら、遠足の様子を聞いてもらう。 ●家庭でも食事作りに参加する機会を増やすように促す。		

運動会のお弁当

運動会を実施する園も多くなる季節。運動会の日に、家庭から持参するお弁当についてアドバイスするのも食を通した保護者への支援の一つです。

詳しくは ➡ P.91

もっとお魚を食べよう

日本では全世代で「魚離れ」が進み、肉類を好む傾向が強まっています。子育て世代・祖父母世代が魚よりも肉類を好んでいたら、子どもたちが家庭で魚を食べる機会は少なくなることでしょう。しかし、魚には肉類にない栄養が豊富に含まれています。家庭の食卓でも魚を取り入れてもらえるように働きかけることも大切なことです。

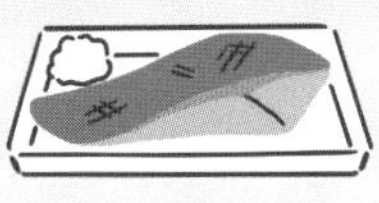

11月の食育計画（月週案） 3・4・5歳児

11月23日の「勤労感謝の日」に合わせて、子どもたちがまわりの人に対して感謝する気持ちを持ち、「ありがとう」とお礼を伝えることができるよう働きかけましょう。園や家庭で毎日の食事を作ってくれる人に感謝の気持ちを持つきっかけを作ることも大切です。

さらに、身近な大人が調理をする姿を見ることで、調理自体にも興味が持てるように計画を立てましょう。

作成例

目標	調理をする人や調理することに興味を持ち、感謝の気持ちを持つ。		
	ねらい	**活動内容**	**環境構成・保育者の援助**
第1週	●調理をする人と一緒に食事をし、関心を持つ。	●調理担当者との食事と会話を楽しむ。 ●給食について知りたいことを質問する。	●子どもに、調理担当者（栄養士・ 調理員）の名前と顔を覚えてもらうように配慮する。 ●会話に入りたいのに入れない子どもがいる場合には、保育者が声をかけて仲立ちをする。
第2週	●いろいろな調理方法や調理器具の名前を知る。	●煮る、炒める、揚げるなどの調理方法や調理器具を知る。 ●給食前に、これから食べる料理がどのような調理方法で作られたかに興味を持つ。 ●いろいろな調理方法や調理器具をままごと遊びで取り入れる。	●いろいろな調理方法をイラストを使って説明する。 ●給食前に、献立名や食材名だけでなく、どのような調理方法で作られた料理なのかを話題にする。
第3週	●調理をする人や調理することに興味を持ち、感謝の気持ちを持つ。	●調理室へ行き、調理担当者が給食を作る様子を見学する。 ●毎日の食事（園・家庭の両方）に感謝の気持ちを持つ。	●当日の調理内容がわかるように、見学前に説明をしておく。 ●調理作業を安全に見学できるように、見学位置にわかりやすく印をつけておく。 ●全員がきちんと見学できるよう並ぶ順番を決めておく。
第4週	●身近な食材を使って、調理を楽しむ。 （3歳児：ラップおにぎり 4・5歳児：豚汁）	●大人の援助を受けながら調理を楽しむ。 ●調理の過程で、自分でできることは自分でする。	●調理の手順をイラストまたは写真を使ってわかりやすく説明する。 ●子どもが主体的に調理できるよう声掛けを行い、必要に応じて援助する。 ●安全面・衛生面に留意して、調理を行う。
家庭との連携	●献立表・食育だよりを配布する。　●給食サンプルを展示する。 ●送迎時や連絡帳でのやり取りによって、子どもの様子を伝え合う。 ●調理室見学の様子を報告する。 ●調理の様子を報告する。 ●家庭でも、調理方法に興味を持ってもらえるように工夫してもらう。 ●家庭でも食事作りに参加する機会を増やすように促す。		

親子クッキング

食を通した保護者への支援の一つに保護者の参加による調理実践行事（親子クッキング）があります。

園において、他の子どもたちと共に親子で調理するという経験から、子どもの調理への関心がより高まることが期待できます。

詳しくは → P.90

12月の食育計画（月週案） 3・4・5歳児

12月には、子どもたちが楽しみにしているクリスマス会があり、保育室の飾りつけ、食事の計画、当日の準備などによって、特別感を味わう体験ができます。わくわくするような活動の中で、保育者や友達とのかかわりを深め、思いやりの気持ちを培えるよう働きかけましょう。

それからクリスマスだけでなく、日本に古くからある冬至の風習や食べ物についても、子どもたちが楽しく親しめるように工夫しましょう。

作成例

目標	食事の計画、準備、飾りつけを楽しむ。		
	ねらい	活動内容	環境構成・保育者の援助
第1週	●食べたいもの、作りたい料理を考え、表現する。	●クリスマスケーキのデコレーションを考え、絵や工作で表現する。 ●自分で考えたケーキデコレーションを保育者や友達、家族に見せたり、友達のものを見る。 デコレーションケーキ ➡ P.119	●画用紙の他、箱や毛糸、布など様々な素材を用意し、子どもたちが多様な表現を楽しめるようにする。 ●子ども同士がお互いの活動を見たり聞いたりして相手の表現を感じ取れるように配慮する。 ●出来上がった作品を飾る。
第2週	●クリスマス会の準備を楽しむ。	●クリスマス給食とケーキデコレーションが楽しい雰囲気になるように、壁飾り（5歳児）、ランチョンマット（4歳児）、コースター（3歳児）を作る。	●クリスマスカラー（赤・緑・白など）の画用紙、リボンなどの材料を用意する。 ●製作中は、子どもが他の子どもとかかわりながら、主体的に活動できるように工夫する。
第3週	●冬至の意味を知り、カボチャ料理を味わう。 ●クリスマス会の準備・後片付けを友達と一緒に行う。 ●保育者や友達と共に、クリスマス会（クリスマス給食・ケーキデコレーション）を楽しむ。	●冬至の意味を知り、給食ではカボチャ料理を楽しむ。 ●柚子湯に入る習慣を知る。本物の柚子に触れてみる。 ●「ん」が付く名前の食べ物を探すゲームをする。 ●クリスマス会の飾りつけ、クリスマス給食の準備、後片付けを友達と一緒に行う。 ●クリスマス給食が楽しい雰囲気になるように考え、おいしく食べる。 ●食べたいと思うケーキを作る。	●冬至の意味をイラストを使って説明する。 ●「ん」が付く名前の食べ物のカードを園内の様々な場所に貼り、子どもたちに探してもらう。 ●クリスマス会の準備、調理、後片付けなどにおいては、一人一人の子どもの興味や主体性を大切にできるよう配慮する。 ●ケーキデコレーションでは、なるべく子どもたちの作りたいケーキを作れるように準備を行う。
第4週	●年末やお正月の行事食を知る。	●年越しそばやおせち料理、お雑煮など年末やお正月に食べる行事食を知る。 ●おせち料理に入っている食材・料理の名前と意味を知る。	●年末やお正月に食べる行事食のイラストや写真を用意して、簡単に説明をする。 ●おせち料理に入っている食材・料理の名前と意味をクイズ形式で教える。
家庭との連携	●献立表・食育だよりを配布する。 ●給食サンプルを展示する。 ●送迎時や連絡帳でのやり取りによって、子どもの様子を伝え合う。 ●クリスマス会の準備の様子を報告する。製作した物を展示して、見てもらう。 ●クリスマス会の様子を報告する。 ●家庭の食事でも、「ん」が付く名前の食べ物を食べてもらい、話題にしてもらう。 ●家庭のクリスマス会でも、食事の準備や後片付けのお手伝いをするように促してもらう。 ●年末やお正月に食べる行事食について、家庭でも話題にしてもらう。		

冬至

冬至には、「ん」がつく（運がつく）食べ物を食べることが日本の古くからの風習となっています。中でも、かぼちゃ（南瓜（なんきん））は冬至の食べ物の代表です。その他に、人参、れんこん、金柑等があります。また、もう一つの風習として、ゆず湯に入ります。

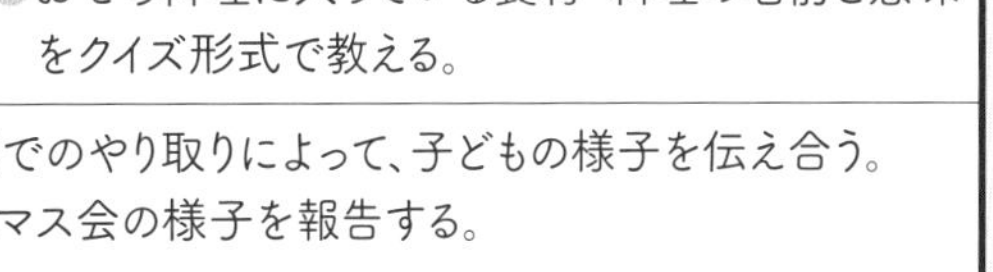

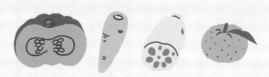

1月の食育計画（月週案） 3・4・5歳児

新しい年を迎えると、お正月や七草がゆ、もちつき、2月の節分、3月のひなまつりなど、日本の伝統的な行事や食文化を楽しむ機会が増えます。子どもたちが、これらの行事や行事食に対する理解と興味を深め、積極的に参加し、また友達と協力し合う経験を積み重ねられるようにしましょう。特に地域・郷土特有の文化や伝統に触れ、豊かな体験ができるよう計画を立てましょう。

作成例

目標	伝統的な食文化に親しみを持つ。		
	ねらい	活動内容	環境構成・保育者の援助
第1週	●年末やお正月に何を食べたかを振り返る。 ●七草がゆの由来を知り、七草に触れ、味わう。	●年末やお正月に食べたものについて話題にする。 ●七草がゆの由来を知り、七草の名前を覚える。 ●七草を観察し、七草がゆを調理する。	●おせち料理に入っている食材・料理の名前と意味について、再度クイズ形式で出題し、振り返りを行う。 ●七草のそれぞれの名前がわかるように名前のプレートを付けておく。 ●安全面・衛生面に留意して、調理を行う。特に包丁を使用するときは注意する。
第2週	●もちつきを体験し、伝統的な食文化に親しむ。	●もちつき会で、もちつきを楽しむ。 ●もち米がおもちになる過程に関心を持ち、実際に見る。 ●自分なりにおもちをちぎり、まるめて味付けをする。 ●友達とおもちを分け合って食べ、感想を述べ合う。 もちつき → P.78	●もちつきの前に、もち米がおもちになる過程をパネルシアターで説明する。 ●もちつきの前に、もち米の状態を見せる。 ●できたてのおもちを見せる。 ●もちつきのときの怪我ややけど、試食のときの窒息事故に十分注意する。 ●集団食中毒を起こさないよう衛生管理に留意し、子どもたちにも衛生意識をしっかり持つように働きかける。
第3週	●日本の伝統的な食文化や郷土料理、地場産物を生かした料理を知る。	●日本の伝統的な食文化や郷土料理、地場産物を知り、それらをテーマに食育かるたを作る。 ●給食で、郷土料理や地場産物を生かした料理を味わう。 食育かるた → P.80	●子どもが主体的にかるたを作れるよう留意しつつ、読み札の内容を一緒に考え、決定していく。 ●郷土料理や地場産物について親しみを持ってもらえるように説明をする。
第4週	●異年齢の子どもとの食事を楽しむ。	●異年齢交流給食を通して、年下の子どもに思いやりの気持ちを感じたり、年上の子どもに憧れを抱いたりする。	●会話に入りたいのに入れない子どもがいる場合には、保育者が声をかけて仲立ちをする。
家庭との連携	●献立表・食育だよりを配布する。　●給食サンプルを展示する。 ●送迎時や連絡帳でのやり取りによって、子どもの様子を伝え合う。 ●七草がゆの調理の様子を報告する。　●もちつきの様子を報告する。 ●手作り食育かるたの内容を保護者にも知ってもらい、家庭でも話題にしてもらう。 ●異年齢交流給食の様子を報告する。		

春の七草

春の七草とは、セリ・ナズナ・ゴギョウ・ハコベラ・ホトケノザ・スズナ・スズシロのことで、1月7日に無病息災を祈って七草がゆを食べます。

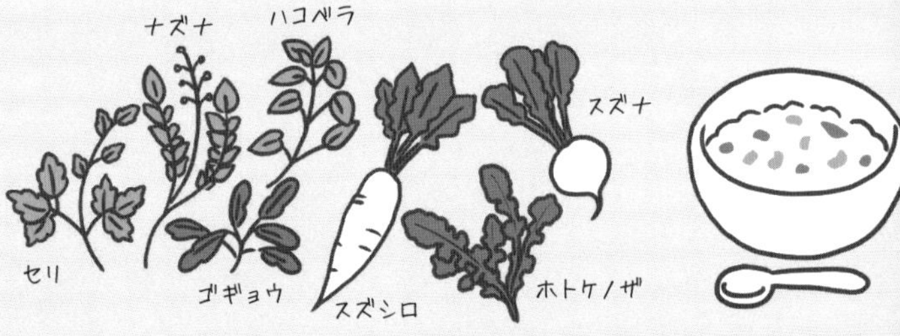

2月の食育計画（月週案） 3・4・5歳児

2月は寒さが厳しく、感染症の流行時期でもあります。自分の健康に関心を持ち、食べ物と身体の関係について知りたいと思う好奇心を育みましょう。そして、栄養バランスのとれた食事とともに、規則正しい生活を送ることで丈夫な身体ができるということを伝えることも大事です。

また、冬が旬の食べ物の栄養について伝え、自然の恵みのありがたさを感じてもらえるよう工夫しましょう。

作成例

目標	食べ物や身体のことを話題にする。		
	ねらい	活動内容	環境構成・保育者の援助
第1週	●節分会を楽しみ、行事食を味わう。	●節分会での豆まきのために、牛乳パックと色紙で豆入れを作る。 ●節分とその行事食の由来を知り、節分給食を味わう。	●牛乳パックはあらかじめ洗って、豆入れの形に切っておく。 ●完成した豆入れは、節分会当日まで教室内に展示する。 ●節分とその行事食の由来をペープサートで紹介する。
第2週	●旬の野菜や果物、魚の名前やその栄養に興味を持つ。 ●風邪予防につながる食べ物を知る。	●冬の野菜や果物、魚の名前を覚え、その栄養に興味を持つ。 ●冬の野菜や果物、魚が題材となっている絵本や紙芝居を楽しむ。 ●風邪予防につながる食べ物の中でも、特にビタミンCを多く含む食べ物を知る。	●給食・おやつで提供された冬の野菜や果物、魚の名前を話題にし、含まれる栄養について伝える。 ●用意した絵本は、子どもの目に触れやすい場に置き、落ちついて見ることができる環境を作る。 ●ビタミンCを多く含む食べ物などをクイズ形式で楽しみながら知ってもらう。
第3週	●身体の中での食べ物のゆくえ（消化・吸収・排泄の流れ）を知り、自分の身体に興味を持つ。	●食べ物を食べた後、自分の身体の中でどのようなことが起きるのか（消化・吸収）に興味を持つ。 ●健康なときのうんちとそうでないときのうんちについて知る。	●食べ物のゆくえ（消化・吸収・排泄）についてパネルシアターで説明をする。 ●健康なときのうんちなどについてイラストで説明する。健康的なうんちが出るためには、バランスのよい食事のほかに、適度な運動や規則正しい生活をする必要があることを伝える。
第4週	●3月のリクエスト給食の献立を話し合って決める。（5歳児） ●季節の食べ物を遊びに取り入れて、季節感を楽しむ。	●食事バランスを考えて、リクエスト給食の献立を話し合い、決定する。（5歳児） ●冬の野菜や果物の折り紙を楽しむ。 （3歳児：みかん　4・5歳児：りんご、かぶ） ●おままごとに寄せ鍋セットを取り入れる。 リクエスト給食の献立の話し合い ➡ P.64	●リクエスト給食の献立を考える前に、三色食品群と主食・主菜・副菜について振り返りを行う。 ●リクエスト給食の話し合いは、栄養士や調理員も見守り、必要に応じて助言する。 ●完成した折り紙を壁に掲示する。 ●おままごとの寄せ鍋に入れたい具材を子どもたちに聞いて、その具材に見立てられるようなフエルトなどを用意する。
家庭との連携	●献立表・食育だよりを配布する。　●給食サンプルを展示する。 ●送迎時や連絡帳でのやり取りによって、子どもの様子を伝え合う。 ●節分会の様子を報告する。　●節分豆による子どもの誤嚥事故について注意を促す。 ●家庭の食事でも、冬の野菜や果物、魚を取り入れてもらうように伝える。　●風邪予防につながる食材やレシピを紹介する。 ●お腹の調子が悪くなる原因やお腹の調子が悪いときの食事について伝える。　●便秘を解消するための食材やレシピを紹介する。		

節分豆の危険性

節分豆の危険性について十分理解し、また家庭へも注意を促すようにする必要があります。

消費者庁では、豆やナッツ類の誤嚥《ごえん》事故防止のため、「豆やナッツ類は、3歳頃までは食べさせない。（小さく砕いた豆やナッツ類も食べさせない。）」「少し大きい子どもでも、食べることに集中させ、ゆっくりとかみ砕いて食べさせる。」などの注意を促しています。

園で節分を楽しむ際には、本物の豆の代わりに「紙を丸めて作った豆」を用意するなどの工夫が必要となります。

牛乳パックに注意

牛乳パックなどの廃材を使用した製作の際、乳アレルギー児がいる場合には、他の飲料パックを代用する必要性が生じることもあるので、十分配慮して計画しましょう。

3月の食育計画（月週案） 3・4・5歳児

3月は、進級・進学に向けて一年を振り返りましょう。この一年で、美味しかった食べ物、楽しかった活動などを振り返り、伝え合い、絵や言葉で表現できる機会を設けます。また、食べられるようになったもの、自分でできるようになったこと、友達と協力してやり遂げたことなどを確認し、自信につなげることも大切です。そして、お世話になった人々への感謝の気持ちを表せるよう促しましょう。

作成例

目標	一年を振り返り、毎日の食事に感謝する。		
	ねらい	活動内容	環境構成・保育者の援助
第1週	●ひなまつり会を楽しみ、行事食を味わう。 ●季節のおやつを調理し、味わう。	●ひなまつりとその行事食の由来を知り、ひなまつり給食を味わう。 ●ホットプレートでさくらもちを作って、味わう。 ちらし寿司 → P.118	●ペープサートとイラストで、ひなまつりとその行事食の由来を説明する。 ●安全面・衛生面に留意して、調理を行う。特にホットプレートを使用するときは注意する。
第2週	●一年を振り返り、おいしかった給食や楽しかった調理、栽培活動などを伝え合う。	●おいしかった給食や楽しかった調理、栽培活動などについて絵を描き、一人ずつ発表してもらう。	●一人一人が落ち着いて発表できるような雰囲気を作る。 ●他の子どもの発表に関心を持てるような進行を心掛ける。 ●完成した作品を掲示する。
第3週	●リクエスト給食を楽しむ。 ●一年間でできるようになったことを振り返り、次の年度でできるようになりたいことを考える。	●年下のクラスの友達に、リクエスト給食の献立や栄養などについて説明する。（事前に話す内容を決めておく。）（5歳児） ●一年間でできるようになったことを知り、喜びを感じたり、自信につなげたりする。 ●次の年度でできるようになりたいことを考え、食生活への意欲を高める。	●年下のクラスへの説明内容を決める際、基本的には見守るが、必要に応じて助言する。 ●一年間でできるようになったことを一緒に振り返り、ほめる。
第4週	●卒園お祝い給食（異年齢交流給食）を楽しむ。 ●毎日調理してくれている調理担当者や家族に感謝の気持ちを伝える。	●卒園する友達にお祝いの気持ちを伝え、一緒に食事を楽しむ。（3・4歳児） ●年下の友達にお別れの言葉を伝える。（5歳児） ●調理担当者と共に食事をし、感謝の気持ちをクラスごとに手紙で伝える。 ●家族に一年間の感謝の気持ちを伝える。	●時間外保育や行事のときに仲良くなった年長児がいる場合は、同じテーブルになるように設定する。（3・4歳児） ●お祝いの気持ちやお別れの言葉が伝えられるように見守り、必要があれば仲立ちをする。 ●調理担当者への手紙の内容をみんなで決める姿を見守り、必要があれば援助する。（5歳児） ●一年間の出来事を振り返り、家族への感謝の気持ちに気付けるような機会を設ける。
家庭との連携	●献立表・食育だよりを配布する。　●給食サンプルを展示する。 ●送迎時や連絡帳でのやり取りによって、子どもの様子を伝え合う。　●ひなまつり会の様子を報告する。 ●リクエスト給食の様子を報告する。　●家庭でも、好きな料理やお手伝いについて話題にしてもらう。 ●一年間でできるようになったことを伝え、家庭でもできているかを確認してもらう。		

リクエスト給食の献立の話し合い

リクエスト給食の献立を決めるときは、はじめから多数決をとるという方法もありますが、一年間を振り返り、みんなで話し合って決めることで、食事づくりへの関心がより高まることが期待できます。

話し合いでは、主食・主菜・副菜や三色食品群の分類、そして旬の食材についてを取り入れながら、決めていきましょう。また、栄養士や調理員も話し合いを見守り、必要に応じて助言ができると、より良い献立作成ができるでしょう。

日単位で食育を計画する

それぞれの食育活動について計画を立てることもとても大切です。月週案などと関連付けながら作成していきましょう。

まずは子どもの実態を把握し、「ねらい」を設定しましょう。次に時間軸に沿って子どもの姿を予測して「活動内容」を考え、活動に必要な「環境構成」と「留意点」、「家庭との連携」を具体的に明記します。さらに、次の計画・実践に生かすことを視野に入れて「記録」、「評価・反省」を示していきましょう。

実施年月日			
対象・人数			
実施場所		担当者名	
主な活動			
ねらい			

時刻	活動内容	環境構成	留意点
家庭との連携			
記録			
評価・反省			

食育実践計画・評価のフォーマット例

主な活動
活動のテーマと内容がひと目でわかるように記します。

ねらい
月週案などと関連付けながら食育のねらいを設定します。活動によって子どもに身につけてもらいたいことを明確にします。

活動内容
予想される子どもの活動の流れを記します。

環境構成
予想される子どもの活動のために、どのような人的環境・物的環境を構成するかを具体的に明記します。
※あわせて環境構成図（配置図）や準備するものの一覧表等を作成するとよいでしょう。

留意点
保育者の対応で配慮すべきことや、安全に活動を行うために留意すべきことを明記します。

家庭との連携
園だけでなく、家庭と連携して食育を進めていくために、必要な事項を記します。伝えたいことや確認したいこと、連携を図りたいことについて具体的に記します。

記録
計画通り実施されたか、変更点はあったかを記録します（変更した場合は変更理由も）。そして、子どもの様子・育ち等についても記録します。

評価・反省
子どもの育ち、実践の過程、指導・援助のあり方、計画内容の妥当性、どの程度ねらいを達成できたか、などについて評価します。また、反省点等も記して、次の計画・実践に生かします。

テーマ別
食育計画

地域の食材を調理する

いつもの遊びの中で、おままごとをしたり、砂場でお団子を作ったりしている子どもにとって、本物の食材や調理器具を使って自ら調理し、食べる経験をすることは、食欲や調理に対する意欲を高める良い機会です。

包丁やホットプレートなど熱くなる調理器具を使う場合、怪我の危険を伴うため十分注意することが必要ですが、手助けをし過ぎたり、口出しし過ぎることのないようにして、子どもの「自分でやってみる」という意欲と「自分でできた」という達成感が育まれるようにしましょう。

地域の食材を調理保育で扱うことで、農家等の地域をより身近に感じ、環境や生物多様性に触れたり、郷土や地場産物を好きになることが期待できます。積極的に取り入れてみましょう。

また、「まだ幼いから」「危ないから」「大変だから」という理由で、子どもが食事の準備に関わることに消極的な家庭もあるかもしれませんが、調理保育や通常の給食の準備・後片付けでできるようになったことを伝え、家庭でできることも増やしてもらいましょう。

調理保育のPoint

- ねらいを踏まえ、対象の子どもの年齢と発達段階・経験値に応じた計画を立てましょう。
- 子どもが見通しをもって活動できるように、事前に材料、調理工程、器具の使い方、注意事項などについて丁寧に説明しておきましょう。
- 子どもが自ら衛生面、安全面の意識を持てるように促しましょう。
- 食物アレルギー児に配慮した計画を立てましょう。

調理保育における衛生管理の留意点

◎ 事前の準備（持ち物・爪切りなど）を保護者に依頼します。

◎ 調理台（机）・調理器具を適切に洗浄・消毒します。

◎ 清潔なエプロン・マスク・三角巾等を着用します。髪の毛が長い場合は結びます。

◎ 下痢をしているなど体調の悪い子どもや手指に傷のある子どもなどについては、状況を確認し、参加の仕方を検討します。

◎ 適切な手洗いをし、清潔なタオルやペーパータオルで拭き、消毒します。タオルは共用せず、個別で用意します。調理前だけでなく、汚れたものに触れた後にはその都度適切な手洗いができているかを確認します。

◎ 調理中、トイレに行くときには、エプロン・マスク・三角巾をはずします。

◎ 調理終了後の手洗い、使用した台（机）の消毒も徹底します。

◎ 調理したものは、室温で放置せず、なるべく早く（出来上がりから2時間以内に）食べます。

冷製もたのしめる

夏においしい！枝豆ポタージュ

【材料】3歳以上児1人分

枝豆	90g	牛乳（又は豆乳）	45g
バター（有塩）	1.5g	塩・こしょう	適宜
洋風だしの素（コンソメ）	0.8g	ベーコン	10g
玉ねぎ	30g	水	80g

※お好みで 刻みパセリ・青のり・生クリーム

【作り方】

❶ 枝豆を茹でる。
❷ 粗く切ったベーコンと玉葱、薄皮を剥いた枝豆を、バターで炒める。
❸ ②に半量の水を加えて煮る。
❹ ③をフードプロセッサー等で粉砕する。
❺ ④を鍋等に戻し、残りの水と牛乳、洋風だしの素を加えて煮て、塩・こしょうで味を調える（煮詰め過ぎない）。

※3歳未満児・離乳食にも応用できます。
※アレルギーに考慮する場合は、ベーコン不使用で塩味を調整します。
※小麦アレルギー対応には、洋風だしの素の代わりに、鶏ガラスープでも作れます。
※家庭では、旬の枝豆をサッと茹で、冷凍保存すれば小分けして使えます。

熱量165kcal.蛋白質9g.脂質10.3g.Fe1.3mg.Ca90mg.VA32μg.VB1 0.20㎎. VB2 0.14㎎. VC18㎎.食物繊維3.7g.食塩相当量0.6g
＊栄養価：3歳以上児1人分（日本人の食事摂取基準2020年版/NPO法人ちゅーりっぷの心 おはな保育園（古河市認可園）給食室

ある日の食育実践計画・評価【作成例】

実施年月日	20××年8月×日		
対象・人数	ひまわり組（4歳児）、さくら組（5歳児）・40名		
実施場所	2階ホール	**担当者名**	保育士：保育友恵　調理員：食育彩美
主な活動	地域の農家の方にもらった枝豆でポタージュを作り、食べる。		
ねらい	保育者・調理員や友達と協力し合いながら、地域の食材を使った調理を楽しむ。		

時刻	活動内容	環境構成	留意点
前日	●地域の農家の方に枝豆をもらいに行く。 ●枝豆を枝からはずす。	●枝豆は枝についたままの状態でもらう。	●交通安全に留意する。
8:30		●ホール内にテーブル・椅子を設置しておく。 ●調理室で枝豆を茹でておく。	●枝豆は生では苦みが強く生食に適さないことを説明する。
10:30	●三角巾、エプロン、マスクをつける。 ●手を洗い、消毒する。 ●調理で使うテーブルの上を拭き、消毒する。 ●材料、調理器具を取りに行く。 ●調理方法と注意点を聞く。 ●茹でる前の枝豆と茹でた後の枝豆を比べてみる。	●当日の持ち物を1週間前までに伝えておく。 ●材料、調理器具を準備する。 ●調理方法は写真で、注意点についてはイラストで説明する。 ●茹でる前の枝豆も少し残しておき、比べられるようにする。	●トイレに行くときには、エプロン・マスク・三角巾をはずすように促す。 ●作り方と注意点については、前日までに一度説明をして理解を深めてもらい、当日に再度確認を行う。 ●茹で枝豆は十分に冷めていることを確認する。
11:10	●茹で枝豆をさやから取り出し、薄皮を剥く。 ●保育者と一緒にベーコンを切る。 ●保育者が玉ねぎを薄切りにするところを見る。	●茹で枝豆をさやから取り出し、薄皮を剥く手本を示す。 ●ベーコンの切り方の手本を示す。	●包丁（4本）の管理に留意し、子どもが切るときは必ず立ち会い、援助する。 ●保育者の作業を見てもらうときには、子どもの見える高さになるように調整する。
11:25	●保育者が、鍋にバターを入れて加熱し、ベーコンと玉ねぎ、枝豆を炒めるところを見る。 ●保育者が水を加え、煮るところを見る。 ●保育者が煮えた材料をフードプロセッサーにかけ、粉砕するところを見る。 ●保育者が粉砕したものを再び鍋に戻し、水、牛乳、洋風だしの素を加えて煮て、塩・こしょうで味を調えるところを見る。	●子どもには難しい作業は保育者が行うが、全員が十分見学できるように、班ごとに見に来てもらう。	●コンロを取り扱うときは、やけどしないよう子どもとコンロの距離に留意する。近づいてよい位置を明確に示す。保育者は鍋から離れない。
11:50	●後片付けを行う。 ●給食の準備をする。	●完成した枝豆ポタージュを見た子どもから、後片付けを行うように促す。	
12:00	●給食のときに、作った枝豆ポタージュを味わい、感想を伝え合う。	●作ってみた感想や味についてを話題にするよう働きかける。	
翌日	●農家の方にお礼の絵手紙を書く。 （みんなでお礼の言葉を考える。言葉は字を書きたい子どもが書き、後日、絵手紙を持参してお礼を伝える。）	●紙やペン・色鉛筆・クレヨンなどを用意する。	●子どもたちが感謝の気持ちを言葉で表現できるように見守り、場合によっては援助する。
家庭との連携	●1週間前までに当日の持ち物（三角巾、エプロン、マスク、タオル）を伝える。　●当日は爪を短く切りそろえておくように伝える。 ●おたよりで枝豆ポタージュ作りの様子を報告する。　●家庭でも食事作りに参加できる機会を増やすように促す。 ●家庭で簡単に作れる枝豆料理のレシピを伝える。		
記録	●当日欠席した2名には、後日枝豆を冷凍しておき渡した。ポタージュのレシピを渡し、家庭でも同様に作る体験ができるよう促した。		
評価・反省	●枝豆の薄皮を剥く作業に苦戦している子どもがいたが、できたときの達成感は大きかったようだった。また、指先が器用な子どもとそうではない子どもの個人差が大きかったので、遊びの中で手指を動かすゲームを取り入れたい。 ●調理の後半は、ほとんどが保育者の作業になったが、子どもたちは興味津々で見学していた。特にフードプロセッサーを初めて見た子どもは、「何これ？」「どうなるの？」と身を乗り出して見ていた。今後の調理保育でも、できるだけさまざまな調理器具を取り入れたい。		

応用ポイント

●近所の農産物直売所や商店に枝豆を買いに行くことでも、地域との交流につながります。
また、調理担当者が用意した枝豆を調理室に受け取りに行くだけでも、いつも調理してくれている人への感謝の気持ちにつながることが期待できます。

●枝豆を茹でるところから活動に取り入れることもできます。また、みんなで枝豆を茹でて食べるだけでも、季節の恵みを感じられるでしょう。

テーマ別食育計画

夏野菜を収穫して調理する

自分たちで育てた野菜を収穫、調理したり、または調理過程の一部を手伝ったりする経験を通して、食べ物への興味、自然や生命を大切に思う気持ち、食べ物や調理する人への感謝の気持ちは育まれていきます。また、栽培活動を通して、野菜や果物などには旬があることを知り、季節感を味わうことができます。

ときには栽培していた野菜が思うように育たず、失敗してしまうこともあります。子どもたちだけでなく、担当した職員なども残念な気持ちになるでしょう。しかし、そこは前向きに考え、次の活動につながるように、「何が原因だったのかな」「次は失敗しないようにするためには、どうすればいいのかな」などと子どもたちと共に考え、意見を出し合いましょう。

野菜などの栽培は、大きな畑がなくてもプランターなどでもできますが、それでも難しい環境もあります。そういう場合でも、例えば、調理する前の旬の食材の土の匂いを含めた匂いを嗅いだり、近所の畑を見学したりすることなど、子どもたちがどのような経験ができるかを職員間で意見を出し合い考えましょう。

栽培活動のポイント

◎ 何を育てるかを決めるときには

栽培活動を行いたい時期、収穫後に何をするか、自園の環境に合っているかなどを考慮して、何を栽培するかを決めます。いくつか候補を挙げ、そこから子どもたちが選択するのもよいでしょう。また、ピーマンやニンジンなど、多くの子どもが食べるのを苦手とする野菜を育てることで、苦手の克服につながることもあるかもしれません。

◎ 栽培に詳しい人に聞いてみる

栽培方法を書籍やインターネットで調べることももちろん大事ですが、栽培を経験したことがある園の職員や在園児の保護者、地域の農家の方にお話を聞いてみることも大切です。

農家の方に協力を仰げることになれば、子どもたちとの交流の時間を設けられるようにお願いしてみましょう。

◎ 子どもたちが自ら世話したくなるように

植え付けや収穫のときだけでなく、栽培期間中も関心を持てるように働きかけましょう。植物を観察することの楽しさや世話をすることの大切さなどを日常的に体験できるように環境を整えます。そして、子どもたちが主体的に栽培活動を行えるようにしましょう。

◎ さまざまな活動につなげる

育てた野菜は、収穫後、みんなで調理して食べることができるほか、食べられない部分を使ってスタンプにして遊んだりできます。また栽培中に、折り紙でその野菜を折ったり、絵を描いたりして、さまざまな活動につなげるようにしましょう。食や遊びにつなげることで、子どもたちの好奇心が高まることが期待できます。

調理保育 → P.66
野菜スタンプ → P.74

ある日の食育実践計画・評価【作成例】

実施年月日	20××年7月×日		
対象・人数	さくら組（5歳児）・20名		
実施場所	さくら組 保育室	**担当者名**	保育士：栄養育子　調理員：食育彩美
主な活動	育てた夏野菜を収穫し、ピザを作って味わう。		
ねらい	夏野菜の収穫、調理を行い、食べることで、食べ物への感謝の気持ちを育む。		

時刻	活動内容	環境構成	留意点
10:10	●葉や茎などを観察しながら、ピーマンを収穫する。 ●収穫したピーマンを観察する。 ●他のクラスで収穫したトマト、ナスをもらい、観察する。	●葉や茎の形状や実のなり方に興味を持ってもらえるように声掛けを行う。 ●他のクラスで収穫した野菜にも興味を持ってもらえるように声掛けを行う。	●収穫時期を迎えていないピーマンを収穫してしまわないように伝える。
10:30	●三角巾、エプロン、マスクをつける。 ●手を洗い、消毒する。 ●調理で使うテーブルの上を拭き、消毒する。 ●材料を取りに行く。 ●ピザの作り方と注意点を聞く。	●当日の持ち物を1週間前までに伝えておく。 ●材料・調理器具は、前日までに用意しておき、調理器具は当日の朝、保育室に準備しておく。 ●ピザの作り方と注意点については、イラストで説明する。	●トイレに行くときには、衛生面からエプロン・マスク・三角巾をはずすように伝える。 ●キッチンバサミ・包丁の準備は保育者が行う。 ●作り方と注意点については、前日までに一度説明をして理解を深めてもらい、当日に再度確認を行う。
10:50	●ピーマン、トマト、ナスを洗う。 ●保育者と一緒に野菜を切る。 ●オーブントースターのトレーの上に餃子の皮をのせ、トマトソースを塗り、野菜とピザ用チーズをのせる。 ●保育者がオーブントースターに入れる様子を見学する。	●野菜を切る手本を見せる。 ●野菜を切るのは、全員が体験できるように班ごとに順番で行う。 ●オーブントースターは予熱をしておき、約5分焼き、様子を見て加熱時間の調整をする。	●包丁（2本）の管理に留意し、子どもが切るときは必ず立ち会い、援助する。 ●友達と工夫したり、協力したりし、充実感をもってやり遂げることができように配慮する。 ●オーブントースターは予熱のときから熱いということを伝え、子どもが近づきすぎないよう、オーブントースターのそばに保育者が常駐する。また、配線に気をつける。
11:40	●後片付けを行う。 ●給食の準備をする。	●作り終わった子どもから後片付けを行うように促す。	
12:00	●給食のときに、作ったピザを味わい、感想を伝え合う。	●ピザが冷めてしまった場合は、温めなおす。	●野菜嫌いの子どもにも、「みんなで作ったピザはおいしいね」などと声掛けをして、おいしく食べてもらうように工夫する。
家庭との連携	●1週間前までに当日の持ち物（三角巾、エプロン、マスク、タオル）を伝える。　●当日は爪を短く切りそろえておくように伝える。 ●おたよりで夏野菜の収穫・調理の様子を報告する。　●個人情報に注意した上で、活動の様子を収めた写真をお迎えスペースに掲示する。 ●家庭でも食事作りに参加する機会を増やすように促す。		
記録	●当日欠席の2名には、後日、野菜を収穫してもらい、家庭でも同様にピザを作る体験ができるよう説明することにした。 ●トマトがまだ収穫できる段階ではなかったので、前日にスーパーで購入した物を使った。来年はこのことを踏まえて、栽培・調理の時期を検討しなければならない。 ●野菜が「甘い」と表現した子がいて味覚の幅が広がったようだ。 ●野菜嫌いな子どもも自ら進んで食べていた。みんな口々に「おいしい」と感想を述べていた。		
評価・反省	●ナスの実がお店に並んでいるものよりもかなり小さいのを見て、「肥料がすくなかったのかな」と考えたり、「農家の人は上手に育てられてすごいね」と感謝の気持ちが芽生えていたようだった。 ●栽培期間中はクラス全員が愛着を持って世話をし、その成長を喜んでいた。関連する図鑑を見る子どもも多く、自然の不思議さに興味を持つきっかけとなったと思う。		

ひとことメモ

●安全面に配慮し、キッチンバサミや包丁などは保育者等が準備したり、取り扱いましょう。

応用ポイント

●乳アレルギー児がいる場合、塩・コショウ・ケチャップのみの味付けでも美味しく香ばしく食べられます。

●親子クッキングでピザを作る場合には、生地を手作りすることもできます。焼く前の生地を触る体験で、さらに食材や調理への関心が高まることでしょう。

テーマ別食育計画 農業体験をする

農林漁業に関する体験活動によって、子どもたちが生産現場に対する関心を深め、自然の恩恵や食に関わる人々の活動の重要性について気づくことが期待できます。国は、そのような「子どもを中心とした農林漁業体験活動」を促進するため、情報提供の強化、受入体制の整備等を進める施策に取り組み、地方公共団体等はその推進に努めています。

自園に畑や提携農園がない場合でも、地域の農家に交渉したり、または農業体験を受け入れている農家に依頼するという方法もあります。

種や苗を植え、草取り、水やりなどの世話をし、収穫し、食べることまで1年を通して経験することは、より一層、食べ物への感謝の気持ちを抱くことにつながるでしょう。

P.115では、「田んぼアート米栽培」の活動（福島県鏡石町）を紹介しています。

農業体験の準備

服装・持ち物について、事前に農業体験受入施設と打合せを行い、十分な準備を行う必要があります。

服装・持ち物の例

◎汚れても構わない長袖・長ズボン
直射日光、虫さされなどから肌を守るため、夏でも長袖を準備しましょう。

◎帽子　熱中症の予防や虫よけ、転倒時の安全などのために必要です。

◎軍手（手袋）　怪我やかぶれを予防します。

◎長靴または運動靴　汚れても構わない靴を用意します。

◎タオル　顔・体の汗や汚れを拭きます。

◎水筒　熱中症予防のため、のどが乾く前の水分補給が重要です。

◎雨がっぱ、防寒着など　天候の急な変化に備えましょう。

◎救急セット
医薬品や応急手当用品のほかに、虫よけスプレー（保護者の許可が必要）などの虫対策も大切です。

農業体験当日の確認事項

日常と異なる環境の中で思わぬ怪我をしたり、体調不良になることを予防するためにも、一つ一つの確認を怠らないようにしましょう。

- ✔子どもたちの健康状態（睡眠時間・朝食摂取の有無などを含む）を確認します。
- ✔移動時・体験時にとると危険な行動について説明し、注意を促します。
- ✔ヘビ、ハチ、毒虫による事故は生命を脅かす重大事故につながります。危険な動植物の種類を確認し、遭遇したときにどうすればよいかを伝えておきます。

また、予防とともに事故発生時の対応体制を確認しておく必要があります。

農林漁業体験とは

農林漁業者等の指導のもとで行う「土づくり・種まき・収穫」といった作業の体験プログラムが該当します。体験メニューには、農作物の栽培（米作り、野菜作り等）、牧場作業（乳しぼり、えさやり等）や漁業体験（地引網、のり養殖の作業等）等があります。また、併せて「調理・加工・味わう」といった食体験を行ったり、事前・事後学習を行うことで理解を深める取組もあります。

これらの体験は農山漁村の活性化、都市との交流、環境保全の観点からも重要な意味を持っており、また、食への感謝や地産地消の大切さを伝えることができます。

※参考文献：「食育実践ガイドブック」（平成28年3月発行　農林水産省）

地域の生産者との交流から生まれる「地産地消」

「地産地消」とは、国内の地域で生産された農林水産物をその生産された地域内において消費する取組のことです。その主なメリットとしては、①「生産者」と「消費者」の結びつきの強化、②地域の活性化、③流通コストの削減が挙げられています。また、「第3次食育推進基本計画」では「学校給食における地場産物等を使用する割合を増やす 。（令和2年度までに30％以上）」という目標が掲げられています。

地域の生産者と接する機会を作ることは、その地域のことや地場産物への関心を高め、また、食べ物や生産者への感謝の気持ちにつながるでしょう。さらに、食の循環を意識するきっかけとなることも期待できます。

ある日の食育実践計画・評価【作成例】

実施年月日	20××年5月×日		
対象・人数	さくら組（5歳児）・20名		
実施場所	地域の農園	**担当者名**	保育士：栄養育子
主な活動	地域の農園で野菜の種まき・苗の植え付けを体験する。		
ねらい	地域の農業と生産者に関心を持つ。		

時刻	活動内容	環境構成	留意点
前日まで	●活動内容を聞き、イメージを膨らませる。	●当日の服装・持ち物を1週間前までに伝えておく。 ●去年の活動の写真や農園の写真を使って、活動内容を説明する。	
9:30	●園庭に集合する。 ●農園まで歩く際の注意点を聞く。 ●持ち物（軍手、水筒、タオル、ティッシュなど）の確認をする。	●農園までの道と注意点を地図と写真を使って説明する。	●出発前、水分補給を行う。 ●出発前、点呼をとる。 ●全員がきちんと帽子を被っているかを確認する。
9:45	●整列して、出発する。		●交通安全に留意する。
10:00	●農園に到着する。 ●挨拶をする。 ●農園の方から種のまき方、苗の植え付け方の説明を聞く。（とうもろこし、かぼちゃ、さつまいも） ●種をまく。苗を植える。 ●雑草を抜いたり、生育を阻害するような石を土から除いたりする。	●目に入った景色で「〇〇山だね」「雲はどんな形？」など、周辺環境へ関心を持てるようにする。 ●農園の方から説明を受けるために並ぶよう促す。	●到着後、点呼をとる。 ●農作業中も、園外であるという意識を忘れず安全面に留意する。 ●熱中症に気を付け、適宜、水分補給を行う。 ●土の感触や虫や植物に興味を持てるように、保育者自身も楽しみながら関わる。
11:00	●靴をはたき大きな泥を落とす。 ●手をきれいに洗う。 ●農園の方を囲み、種植えの感想、初めて知ったことなどを伝えあう。 ●農園の方にお礼を伝える。	●子どもたちを手洗い場に誘導する。 ●発見や体験したことを言葉で伝えあう環境を作る。 ●農園の方に感想を伝える場面を設ける。	●農園の方に対して感謝の気持ちを表現しやすい環境を作る。 ●忘れ物がないか、確認をするように促す。
11:25	●整列して、園に戻る。		●出発前、点呼をとる。 ●交通安全に留意する。
11:40	●園に到着する。きれいに石鹸で手を洗う。		●到着後、点呼をとる。
翌日	●農園の方にお礼の絵手紙を書く。（後日、絵手紙を持参してお礼を伝える。）	●紙やペン・色鉛筆・クレヨンなどを用意する。	●一人一人の発達過程に合わせて、お礼の伝え方（絵またはお手紙）を工夫する。

家庭との連携	●1週間前までに当日の服装（帽子、汚れても構わない長袖・長ズボン・運動靴）と持ち物（軍手、水筒、タオル、ティッシュ、雨がっぱ）を伝える。 ●当日の健康状態を確認する。　●おたよりで農業体験の様子を報告する。
記録	●農園の方に教えてもらいながら、とうもろこしの種まき、かぼちゃ、さつまいもの苗の植え付けを行った後、他の野菜の畑（ビニールハウス内）を見学させてもらった。そのため、園に到着するのが10分程度遅れた。 ●農園までの道では、「車が来てるよ」と声を掛け合い、安全面に気を付けようとする態度が見られた。
評価・反省	●子どもたちは積極的に活動し、農園の方に「このくらいでいいですか？」と質問している姿も見られた。活動後も、農園の方に「これが野菜になるんだね。すごいね。」などと話しかけていた。農園の方との交流を通して、農業に親しみを持てたと思う。 ●農園の方へのお礼は、子どもたちの自主性を尊重して、紙に書くことは自由にしたところ、文字に興味を持つ子が増えた。「ありがとう」の文字を一緒に練習した。 ●子どもたちは「次はいつ農園に行くの？」と野菜の成長を楽しみに待っており、また、農園の方にも会いたがっている様子である。

テーマ別
食育計画

さつまいも掘り

さつまいも掘りは多くの園で実施されている行事ですが、単発の行事として終わらせるのではなく、さつまいもを掘る前に畑を観察したり、絵本を読んだりして子どもの関心を高めるところから、収穫後にみんなで食べるところまで、生産から消費までの食べ物の循環を意識した計画を立てて取り組みましょう。

絵本や図鑑などでさつまいもについて親しみを持つように工夫をしても、中にはあまり興味を示さない子どももいるでしょうが、無理強いせず、一人一人が主体的に行える活動内容を考えて、環境構成を見直しましょう。

さつまいも掘りの際には、一人で掘り出すことが難しい場合もありますが、すぐに手を出さずに見守ることを心がけましょう。自分で掘ることができたという達成感を味わい、子どもの自信や肯定感は育まれていきます。収穫後のさつまいもの大きさや形を子ども同士で見比べて、「大きいね」「くじらの形ににてるね」など、子ども自身が表現できるように関わりましょう。

さつまいも掘りの前に読みたい本

おおきなおおきな おいも

市村 久子　原案
赤羽 末吉　作・絵
福音館書店

いもほり遠足を楽しみに待つ子どもたちのファンタジー。

あらすじ

楽しみにしていたいもほり遠足の日、雨が降って延期になってしまいました。残念がる子どもたちは大きな紙におおいもを描きはじめます。紙をつなげてつなげて、おいもの絵はどんどん大きくなります。大きなおいもは、ヘリコプターで幼稚園に運びます。プールに浮かべて船にしたり、かいじゅうにみたてて遊びます。たくさん遊んだあとは、天ぷら、焼きいも、大学いも、たくさん作っておいもパーティ！ 大きなおいもをめぐる子どもたちの空想がつまった絵童話です。

読んであげるなら　**4才**から
自分で読むなら　**小学低学年**から

ばばばあちゃんの やきいもたいかい

さとう わきこ　作
福音館書店

子どもたちに大人気の「ばばばあちゃんシリーズ」のやきいものお話です。

あらすじ

秋も深まったある日、子どもたちと落ち葉を集め、たき火をはじめたばばばあちゃんのお目当てはもちろん、やきいもです。でも、子どもたちに誘われて、サツマイモだけじゃあなく、ジャガイモやらサトイモやら、たき火のなかにいれはじめました。それどころか、ミカンや、カキや、お菓子までも……。さあ、どんなやきいもパーティになりますか。

読んであげるなら　**4才**から
自分で読むなら　**小学低学年**から

ある日の食育実践計画・評価【作成例】

実施年月日	20××年10月×日		
対象・人数	すみれ組(3歳児)、ひまわり組(4歳児)、さくら組(5歳児)・58名		
実施場所	保育園併設のさつまいも畑	担当者名	保育士:栄養育子　調理員:食育彩美
主な活動	さつまいも掘りをする。		
ねらい	身近な自然に好奇心を持ってかかわる。自分より年下または年上の子どもと交流しながら収穫の喜びを味わう。		

時刻	活動内容	環境構成	留意点
前日まで	●さつまいもの世話をしながら、育つ様子を観察する。 ●さつまいもが登場する絵本や図鑑を読む。	●当日の服装・持ち物を1週間前までに伝えておく。 ●さつまいもに関心を持てるように、絵本や図鑑を用意する。	●絵本や図鑑は無理強いせず、読みたいと思ったときに読んでもらう。 ●絵本や図鑑は、子どもの目に触れやすい場に置き、落ちついて見ることができる環境を作る。
9:40	●準備をする。(帽子・軍手・長靴)	●スコップなどを準備する。	●全員がきちんと帽子を被っているかを確認する。
9:50	●畑へ行く。		
10:00	●説明を聞く。 ●葉や茎などを観察しながら、さつまいもを掘り、収穫する。 ●収穫したさつまいもを観察する。 ●子ども同士で収穫したさつまいもを観察し、大きさや形、色を比べる。	●年上の子どもが年下の子どもをサポートしやすくなるよう必要に応じて声掛けを行う。 ●葉やつるの形状や実り方に興味を持ってもらえるように声掛けを行う。	●異年齢の子ども同士がかかわり合えるように働きかける。 ●後日、ふかし芋にしてもらい、みんなで食べることを伝える。
10:45	●後片付けをする。 ●靴や服についた泥を落とす。	●使ったスコップなどを片づけるように声をかける。	●忘れ物がないか、確認をするように促す。
後日	●調理室でふかし芋にしてもらい、食べる。	●さつまいも掘りの感想やふかし芋の味が話題になるように働きかける。	●ふかし芋はよく噛んでから食べないと、喉に詰まってしまうことを説明し、水分とともに少量をゆっくり食べるように伝える。
家庭との連携	●1週間前までに当日の服装(帽子、汚れても構わない長袖・長ズボン・長靴)と持ち物(軍手、タオル)を伝える。 ●おたよりでさつまいも堀りの様子を報告する。 ●家庭でさつまいもを食べる際に、さつまいも掘りのことを話題にしてもらうよう促す。 ●さつまいもを使った料理を家庭でも作ってもらえるように、レシピを配布する。		
記録	●当日欠席の3名には、活動の様子を伝え、収穫したさつまいもをお土産にして渡した。 ●すみれ組の収穫に時間がかかり、予定の時間内に終わらなかった。		
評価・反省	●年下の子どもに「大丈夫?手伝ってあげるよ」と話しかけている子どもの姿が多く見られた。中には「自分でやりたい」と思っている子どもの分も手伝っている場合もあったため、次回はそれに配慮した援助を行いたい。 ●「花壇の土とは少し違うよね」「砂場の砂とは全然違うね」とおしゃべりしながら畑の土の感触を楽しむことができた。 ●土の中から出てきたミミズに嫌がる子どもはおらず、みんな興味津々だった。一人一人が畑に愛着を持っているように思える。		

応用ポイント

●さつまいも掘りの後、焼きいも会やスイートポテトなどの調理保育につなげることもできます。
●調理で残ったさつまいもの端の断面に絵を彫り、スタンプにして遊ぶこともできます。(絵は保育者が彫ります。)
●さつまいものツルでリースを作ることもできます。定番のクリスマスやお正月のリースもよいですが、戸外遊びで拾ったどんぐり・まつぼっくりなどを飾って秋のリースを作るのもよいでしょう。

テーマ別食育計画　野菜スタンプで遊ぶ

野菜スタンプは、保育所等でも定番の遊び。いろいろな種類の野菜を用意し、さまざまな色の絵の具を用意するだけで、子どもたちの製作意欲が高まるでしょう。また、生の野菜の匂いを嗅ぎ、手触りを楽しむことで、ますます野菜への興味が沸くことでしょう。

◆ 使用する野菜はテーマを決めて選ぶ ◆

多くの野菜が一年中手に入るようになっていますので、断面の面白い野菜をたくさん集め、例えばトウモロコシやチンゲン菜などをお花に見立てたりしても楽しいのですが、旬の野菜を集めて使うことで、季節感を味わうことも大切です。

◆ 野菜を通していろいろな人と交流を図る ◆

スタンプは、園内で育てた野菜を使うのはもちろんですが、調理室で調理のときに使用しない端っこの部分をもらったり、近所の農家の方に規格外で商品にならない野菜をもらいに行ったりして、野菜を通して身近な人と交流を図ることもできます。

◆ 野菜当てゲームを楽しむ ◆

スタンプをして遊ぶだけでなく、あらかじめ野菜スタンプを押したカードを用意し、それを見せて「これは何の野菜でしょう?」と問うクイズを楽しむことでも、野菜に親んでもらうことができるでしょう。

野菜スタンプ遊びのポイント

◎ 断面がまっすぐになるように切ると、はっきりと模様が現れます。

◎ 市販のスタンプ台を使うほかに、絵の具を筆で野菜の切り口に塗って押していくこともできます。また、水溶き絵の具でスポンジ(または布など)を浸し、スタンプ台を作って使うこともできます。

◎ 野菜の切り口に、まんべんなくスタンプインクまたは絵の具を塗りましょう。

◎ 絵の具などを塗った後、紙などにやさしく押しつけてから、ゆっくりはがします。

◎ 水分が多いとにじんでしまい、きれいに押せないことがあります。押す前に、野菜の切り口を乾燥させたり、キッチンペーパーなどで水分を拭き取ったりしましょう。また絵の具を使用する場合には、水を加えすぎないようにしましょう。

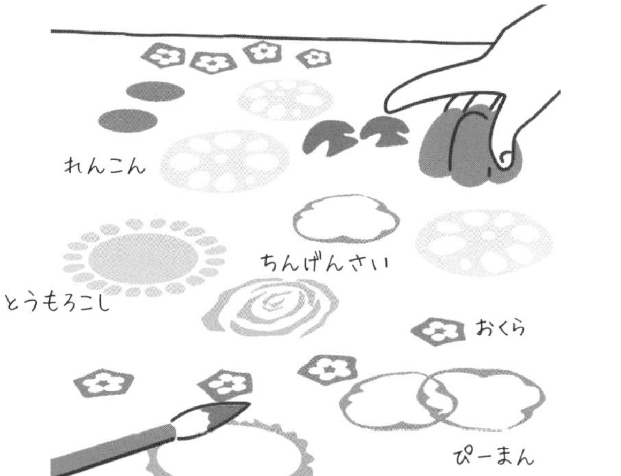

野菜スタンプ遊びの前に読みたい本

やさいでぺったん

よしだ きみまろ 作
福音館書店

タマネギやニンジンのきれはしなど、野菜のきれはしを利用して、ぺったんぺったんと押して遊びます。形や色のおもしろさを巧みに構成した、楽しいスタンプ遊び絵本。

読んであげるなら　**4才**から
自分で読むなら　**小学低学年**から

ある日の食育実践計画・評価【作成例】

実施年月日	20××年8月×日		
対象・人数	すみれ組（3歳児）・18名		
実施場所	すみれ組 保育室	**担当者名**	保育士：健康保子　調理員：食育彩美
主な活動	夏野菜のスタンプで絵手紙を作る。		
ねらい	旬の野菜を遊びに取り入れて、季節感を味わう。地域の生産者と交流を深める。		

時刻	活動内容	環境構成	留意点
前日	●地域の農家の方に商品にならない夏野菜（トウモロコシ・ゴーヤなど）をもらいに行く。	●農家で栽培している夏野菜の様子を見るように促す。	●子どもたちが農家の方と交流しやすくなるようにする。 ●お店に並ばない野菜もあるということを伝える。
9:00		●絵の具・画用紙・筆・パレット・スポンジ・新聞紙・手拭きを用意する。	
10:00	●夏野菜の話を聞く。	●野菜や果物など食べ物には旬があることと、どんな野菜が夏に旬を迎えるかを伝える。（紙芝居を使用）	
10:15	●調理室に給食で使用する夏野菜（ピーマン・オクラ）の端っこの部分をもらいに行く。農家でもらってきたトウモロコシ・ゴーヤを切ってもらう。 ●スモックを着る。	●スタンプを押しやすいような形に野菜を切る。（調理員）	●夏野菜の捨てる部分を使うということを伝える。
10:35	●野菜の断面を観察する。	●野菜を子どもたちに配る。	●夏が旬の野菜だということを伝える。 ●野菜の色、形、香り、手触りなどに興味を持てるように働きかける。
10:40	●野菜スタンプを押す。	●テーブルごとに道具を配る。画用紙は一人1枚ずつ配る。 ●押し方の手本を見せる。	●子どもたちの主体的な活動を見守りながら、一人一人が自分の使いたい色の絵の具や野菜を使用できているかを見て回る。 ●必要に応じて、手を拭いたり、洗ったりするよう促す。
10:55	●農家の方、調理員にお礼の絵手紙を野菜スタンプで作成する。	●絵手紙用の画用紙を配布する。 ●パレット内の絵の具を足す。 ●手拭きを洗う。	●一人一人が自分のペースで行えるよう急かさないようにする。
11:20	●後片付けをする。	●使ったものを片付けるように声をかける。	
翌日	●調理員にお礼の絵手紙を渡す。	●野菜スタンプで使用した夏野菜が、給食で出たことについて思い出せるように話をする。	●子どもたちが調理員に関心を抱けるように声掛けを行う。
後日	●農家の方にお礼の絵手紙を渡しに行く。	●子どもたちと農家の方との交流を促す。	●子どもたちが農家の方に、感謝の気持ちを伝えられるように見守る。
家庭との連携	●おたよりで野菜スタンプの様子を伝える。●廊下に野菜スタンプの作品を掲示する。 ●家庭の食事でも、夏の野菜・果物を取り入れてもらうように促す。（レシピを配布する。）		
記録	●農家の方から、廃棄予定のトウモロコシ、ゴーヤを3本ずつ譲ってもらった。 ●調理室から、ピーマンとオクラのヘタの部分をもらった。 ●子どもたちは、畑の夏野菜を興味深く見ていた。 ●「これはオクラだよね？」と野菜の名前を確認しながらスタンプを押す子どもが多かった。		
評価・反省	●農家の方との会話を楽しんでいる子どもが多く、また、畑の野菜に興味を持ち、「こんなふうにできるんだ。すごいね。」と言っている子どももいた。 ●調理員とも親しく給食の話ができ、調理室の中にも興味津々の子どもが多かった。今後も調理員との交流の機会を増やしたい。 ●活動後の給食では、ピーマンとオクラについて話題にしている子どもが多く、興味を持ってもらえたことがわかった。		

ひとことメモ

●野菜スタンプでは、農家で廃棄予定の野菜、または調理のときに捨てる部分などを使用するようにしましょう。

「もったいない」から始める食品ロス削減

食品ロスとは、食べられるのに捨てられてしまう食品のことで、日本の食品ロス量年間612万トン※のうち、家庭系食品ロス284万トン※の主な発生要因は、食べ残し、手つかずの食品、皮の剥きすぎなどです。大量の食品ロスは、様々な問題を引き起こします。例えば、ごみ処理には多額のコストがかかるほか、環境への負荷がかかります。

園での食事や活動においても、「食べられるのに捨ててしまうのはもったいない」ということを子どもたちに伝えることは大事なことです。食品ロスが発生しないよう配慮した計画を立てましょう。

※「平成29年度推計」（農林水産省・環境省）

テーマ別食育計画　バイキング給食を楽しむ

バイキング給食は、子どもがお皿を手に配膳台へ行き、食べたい料理と量を自分で決めて盛り付けたり、もしくは保育者などに伝えて盛り付けてもらう食事形式です。

「バイキング」といっても、自分の好きな物ばかりを選んで食べるわけではありません。栄養バランスと自分の食べる適量、そしておいしそうな盛り付けを考えながら、お皿に取っていくのです。また、次に取る友達のことも考えて取っていかなければなりません。

栄養バランスを考えて料理を選ぶためには、三色食品群の分類を用いることが多いです。バイキング給食当日は、子どもたちがわかりやすいように、料理に三色（赤・黄・緑）のプレートを付けたり、三色の色画用紙の上に料理の皿を置いたり、工夫するのもよいでしょう。

自分の食べる適量がわかってきたら、通常の給食のときにも盛り付けをしてくれる保育者や当番の友達に伝えられるように、また家庭でも保護者に伝えられるように促していきましょう。

バイキング給食のポイント

◎ 過度な干渉は控える

子どもが自ら料理を選び、思うとおりに盛り付けを行っている間、気になることがあるかもしれませんが、過度な干渉は控え、子どもの思いを尊重し、見守ります。ただし、趣旨がわかっていない様子の場合には、子どもの自主性を妨げないように配慮しながら、助言をしましょう。

◎ 戸惑う子どものために盛り付けの見本を

「自分で選んでいいですよ」と言われても、戸惑ってしまう子どももいますし、盛り付け方や適量がわからない子どももいます。料理を選ぶ前に、盛り付けの見本を確認できるように用意しておきましょう。

◎ 食物アレルギーのある子どもも一緒に

食物アレルギーのある子どもがいる場合、絶対に事故を起こさないよう細心の注意を払わなければなりません。可能であれば、全メニューを食物アレルギーのある子どもも一緒に楽しめる内容にしましょう。

卵・乳・小麦不使用のレシピ → P.119・120

ある日の食育実践計画・評価【作成例】

実施年月日	20××年8月×日		
対象・人数	ひまわり組（4歳児）、さくら組（5歳児）・40名		
実施場所	2階 ホール	**担当者名**	保育士：栄養育子　調理員：食育彩美
主な活動	バイキング給食をみんなで楽しむ。		
ねらい	栄養バランスや自分の適量を考え、食べたい料理を選ぶ。		

時刻	活動内容	環境構成	留意点
11:00	●ホールに集合する。	●当日の朝、ホール内に配膳台、テーブル・椅子を設置しておく。	
11:05	●食べ物のはたらき（三色食品群）を確認する。 ●三色食品群のクイズを楽しむ。 ●ペープサートを楽しみながら、バイキング給食での料理の取り方や注意点を知る。 ●バイキング給食の手順の説明とメニューの紹介を聞く。 ●トイレを済ませ、手洗い・消毒をする。 ●食事の準備をする。 三色食品群 ➡ P.18〜21	●前週に三色食品群の説明をしておく。 ●〈クイズ〉食べ物のカードを用意し、子どもたちにその食べ物が赤・黄・緑のどれかを答えさせる。 ●〈ペープサート〉バイキングで『欲張りゾウ君』が好きな料理を全部取ってしまったせいで、『ペコペコねずみ君』の食べたい物がなくなってしまうお話をする。 ●配膳台・テーブルを拭き、消毒する。 ●調理室から料理を運び、配膳台の上に、子どもに見やすいように並べる。 ●各料理が三色食品群のどのグループかがわかるように、赤・黄・緑のプレートで示す。 ●料理の選び方、分量がわかるように、見本を展示しておく。	●前週から三色食品群のポスターを保育室に掲示し、給食の前にみんなで見るよう促す。 ●食べ物のはたらきだけでなく、その食べ物の味や旬などについても触れる。 ●「ゾウ君は、どうすればよかったのかな？」など子どもに問いかけ、考えるように促す。 ●安全面・衛生面に細心の注意を払って準備を行う。
11:35	●ひまわり組、さくら組の順に、配膳台の前に並び、料理を盛り付けていく。 ●ひまわり組は、保育者または調理員に自分が食べたい料理とその分量を伝え、盛り付けてもらう。さくら組は自分で盛り付ける。	●保育者・調理員は交代で、配膳台の後ろに立ち、ひまわり組の子どもに希望を聞いて、器に盛り付け、渡す。 ●必要に応じて三色からバランスよく選ぶよう促す。また、食べきれる量について助言する。	●列が長くならないように、班ごとに配膳台に並ぶように誘導する。 ●基本的には過度な干渉はせず、見守る。 ●こぼした食品を踏んで転ぶなどが無いようこまめに床を拭く。
11:50	●組ごとに「いただきます」の挨拶をして、食べ始める。	●どうしてこの料理を選んだのかを話題にするよう促す。	
12:20	●組ごとに「ごちそうさま」をする。 ●後片付けをする。	●ホール内の後片付けをする。	
家庭との連携	●おたよりでバイキング給食の様子を報告する。●家庭の食事でも、それぞれの料理が赤・黄・緑のどれにあたるのかを話題にしてもらう。 ●家庭の食事でも、自分の食べたい量・食べきれる量を話し合って盛り付ける量を決め、残さず食べられるようにしてもらう。		
記録	●ほとんどの子どもが三色食品群のクイズに積極的に参加しており、特にさくら組の子どもたちは、それぞれの料理の色を正しく答えることができていた。ペープサートでも、ほとんどの子どもが、呼びかけられたときに積極的に発言をしていた。 ●バイキング開始時刻が10分遅れてしまい、その結果として「ごちそうさま」も10分遅れてしまった。 ●三色食品群を示す色のプレートの一部が、バイキング中に違う位置に動かされているものがあった（2か所）。次回はきちんと固定しなければならない。		
評価・反省	●ほとんどの子どもが、自分なりに三色の料理をバランスよく取ろうと工夫していた。また、料理を残している子どもは一人もいなかった。 ●一部の子どもは、盛り付ける料理に偏りがあったので、声掛けを行った。話を聞いたら、三色食品群の分類は理解していた。今後は三色のバランスについても伝えていきたい。		

応用ポイント

●普段から給食当番の子どもが料理を盛り付けている場合は、保育者等ではなく、子どもが盛り付けることもできます。

●時間に幅を持たせて食事するカフェテリア形式の給食もあります。例えば、「11:00〜13:00の間に給食を食べようね」とします。特に保育所の子どもたちは登園時間・降園時間が異なり、一人一人の生活リズムが違います。時間に幅を持たせることにより、それぞれのお腹が空くリズムに合わせた食事ができます。

テーマ別
食育計画

もちつきを体験する

もちつきは、日本の大切な伝統行事です。もちつきを体験し、つきたてのもちに触れることで、子どもたちがこの行事に親しみを持ち、文化の伝え手となれるよう計画を立てましょう。もち米からもちになるまでの過程を見たり、杵《きね》や臼《うす》に触れたりすることで、子どもたちの好奇心はより一層高まることでしょう。子ども全員が順番にもちつきを体験できるようにし、もちをつく番ではないときでも、ときどき、もち米からもちになる途中の状態を見せてあげるようにしましょう。

もちつきは楽しい体験ですが、一方でたくさんの危険が潜んでいます。実施前には、職員間できちんと予防策を話し合い、安全面、衛生面に十分配慮して行わなければなりません。

もちつきで注意すべきポイント

◎ 杵で怪我をしないようにする

子どもにとってはとても重い杵。事前に、杵が重いこと、誤った使い方をすると怪我をするかもしれないことをきちんと伝え、子どもに持たせるときには、必ず保育者が補助します。

◎ 熱いもちで、やけどしないようにする

もち米やつきたてのもちを触る経験は貴重ですが、とても熱い場合もあるので、子どもに触らせる前に必ず確認をしなければなりません。

◎ もちを喉に詰まらせないようにする

自分たちでついたもちを楽しく食べているとき、喉に詰まらせて、窒息につながることもあります。「いただきます」の前に「よく噛んで食べましょう」と注意を促し、試食中も子どもたちをよく観察し、適宜声をかけましょう。

◎ 食中毒（ノロウイルス）を起こさないようにする

もちつきは手に触れる工程が多いため、もちに菌やウイルスがつきやすく、注意が必要です。過去にも幼稚園・保育所のもちつきイベントでノロウイルスを原因とする食中毒が発生しています。食中毒を起こさないように、エプロン・マスク・三角巾をする、活動前やトイレ後の手洗いを徹底する、合いの手に使う手水は頻繁に交換するなど、衛生管理の徹底が求められます。もちを入れる容器の洗浄も丁寧に行う等、器具類も途中段階でも十分な洗浄、消毒を行いながら使うことも大切です。体調の悪い子どもや手指に傷のある子どもなどについては、状況を確認し、体験の仕方を検討しましょう。衛生面への配慮から、「もちつき用のもち」とは別に、みんなで食べるもち（市販のものやもちつき機でついたもの）を用意するという方法もあります。

ある日の食育実践計画・評価【作成例】

実施年月日	20××年1月×日		
対象・人数	すみれ組（3歳児）、ひまわり組（4歳児）、さくら組（5歳児）・58名		
実施場所	園庭・2階ホール	**担当者名**	保育士：栄養育子　　調理員：食育彩美
主な活動	もちつきを体験し、つきたてのもちに触れ、食べる。		
ねらい	もちつきを通して、日本の食の伝統行事に親しみを持つ。		

時刻	活動内容	環境構成	留意点
09:30		●園庭でもちつきの準備（杵《きね》や臼《うす》等）をする。 ●ホールにテーブル・椅子を設置する。 ●調理室でもち米を蒸す。	●前日までに杵・臼等を用意する。借りてきた臼は、十分洗浄し、日光照射や、消毒薬等で丁寧に衛生管理をしておく。 ●前日にもち米の下準備をしておく。 ●子どもたちの体調確認を行う。
10:10	●エプロン、マスク、三角巾をつける。	●エプロン等を着ける前に、トイレへ行くように促す。	●子どもたちが衛生面の意識を持てるように働きかける。
10:25	●園庭に集合する。 ●もちつきについて説明を聞く。 ●手を洗い、消毒する。 ●蒸されたもち米を見て、触って、匂いを嗅ぐ。	●もち米からもちになるということと、もちつきのやり方をパネルシアターで説明する。 ●蒸したもち米を少し取り、3クラスの担任に渡して、子どもたちに見せる。	●杵や臼は重いこと、もち米が熱いことを伝え、怪我がないように注意する。
10:40	●順番にもちつきを行う。 ●もち米からもちになるまでの様子を見る。 ●出来上がったもちを見る。	●はじめに、担当保育者がもちつきの手本を見せる。 ●全員がもちつきを体験できるよう順番を決めておき、誘導する。	●「よいしょ」「はい」とみんなで掛け声をかけることで、順番待ちの時間も楽しく過ごし、応援する気持ちを芽生えさせる。 ●子どもが杵を持つときは、必ず保育者が補助する。 ●手水は頻繁に交換する。
11:10	●ホールに移動する。 ●手洗い、消毒をして、食事の準備をする。	●もちの試食の準備をする。	
11:35	●もちのちぎり方、丸め方、味付けの仕方の説明を聞く。 ●もちをちぎって丸め、醤油またはきな粉をつける。	●もちのちぎり方、丸め方、味付けの仕方を実際にやって見せ、説明する。 ●もち、醤油、きな粉と食具を子どもたちに配る。	●自分なりにもちを成形・味つけすることによって、満足感や達成感を味わえるようにする。
11:55	●みんなで「いただきます」の挨拶をしてからもちを食べる。 ●友達や保育者と感想を伝え合う。	●もちつきの感想やお正月にもちを食べたかなどを話題にするよう促す。	●もちはよく噛んでから食べないと、喉に詰まってしまうことを説明し、水分とともに少量をゆっくり食べるように伝える。 ●もちを喉に詰まらせそうな子どもはいないか注意深く観察し、適宜やさしく声をかける。
12:20	●組ごとに「ごちそうさま」をする。 ●後片付けをする。	●ホール・園庭の後片付けをする。	
家庭との連携	●1週間前までに当日の持ち物（三角巾、エプロン、マスク、タオル）を伝える。　●当日は爪を短く切りそろえておくように伝える。 ●おたよりでもちつきの様子を報告する。　●家庭でもちを食べる際には、もちつきのことを話題にしてもらう。 ●家庭でも、日本の伝統行事に触れる機会を作ってもらう。		
記録	●当日欠席だった子ども（3名）のために、後日段ボールと白いクッション等で、杵・臼・もちを作って遊ぶことになった。 ●昨年はもちつきの順番待ちの間、遊具で遊びたがる子どもがいたが、今年は全員で「よいしょ」「はい」と掛け声をかけることで、関心を持ち続けることができ、また掛け声自体を楽しんでいた。 ●自分の順番ではないときにも、そのときのもちの様子に興味を持つ子が多かった。		
評価・反省	●活動後、もちつきや正月に飾った鏡もち、家庭で食べた雑煮について話題にする姿が見られ、日本のもちの文化に関心を持つことができたと思う。 ●複数の保護者から「子どもと一緒にもちつきをしてみたい」という意見があったので、来年は保護者の参加も視野に入れて計画を立てる。		

ひとことメモ

●もちつきをしたもちは職員等が食べ、子どもたちはパックもちを喫食する等、衛生面に配慮する園もあります。

応用ポイント

●年末に実施すれば、鏡もちにして飾り、年始には鏡開きを行うことができます。

●地域の高齢者等を招待したり、近所の小学校と合同で実施したりして、地域との交流を図ることもできます。

テーマ別 食育計画　食育かるたを作る

食育かるたは、保育者たちが作成したもので遊んでも楽しいですが、子どもたちが友達と協力しながら作成するところから参加すれば、より主体的に楽しむ姿が期待できます。

かるたの題材には、食習慣や栄養の知識、食事マナー、行事食、地場産物、郷土料理に加え、収穫活動に協力してもらった地元の農家の方など地域の人々のことを取り入れてもよいでしょう。近年失われつつある日本の食文化・地域の食文化を製作や遊びに取り入れることで、「食文化の継承」につながるよう工夫することもとても大切です。

「食文化の継承」につながる食育活動

「第3次食育推進基本計画」では、伝統食材をはじめとした地域の食材を生かした郷土料理や伝統料理等、地域や家庭で受け継がれてきた料理や味、箸使い等の食べ方・作法を受け継ぎ、地域や次世代へ伝えている国民を増やすことも目標としています。

近年の核家族化や地域のつながりの希薄化、食の多様化などにより、20歳代・30歳代の保護者世代も食文化を十分受け継いでいないことから、子どもたちだけでなく、家庭へも情報を発信し、「食文化の継承」につながる食育活動を進めていくことが望ましいと言えます。

うわじまし食育かるた

愛媛県宇和島市は、「宇和島市総合計画」において、「食育の推進」を最重点プログラムと位置づけ食育の推進に取り組んできました。その一環として生まれたのが、幼児を対象とした「うわじまし食育かるた」です。食の大切さ・宇和島の恵み(地場産物)・郷土料理・食文化・健康をテーマに子どもたちが遊びながら楽しく学ぶ教材となっています。

「あっ」と おどろく

三間保育園　三間保育園

「うしおに」と「みかん」は宇和島《うわじま》の文化《ぶんか》と恵《めぐ》みの一《ひと》つです。「うしおに」も驚《おどろ》くほどの甘《あま》いみかんを、1日《にち》2つ程度《ていど》を目安《めやす》に食《た》べましょう。

け んこうは
はやねはやおき
あさごはん

みゆき保育園　甘崎保育園

生活《せいかつ》リズムを整《ととの》えるには、「早寝《はやね》・早起《はやお》き」そしてしっかりと朝食《ちょうしょく》をとることが必要《ひつよう》です。
十分《じゅうぶん》な眠《ねむ》りは、「心《こころ》の安定《あんてい》」「ホルモンの分泌《ぶんぴつ》」に重要《じゅうよう》です。

よ うきたね
たいめし ふくめん
たべさいや

美徳保育園　美徳保育園

「鯛《たい》めし」は伊予水軍《いよすいぐん》の根拠地《こんきょち》日振島《ひぶりじま》に残《のこ》る郷土料理《きょうどりょうり》で、「ひゅうが飯《めし》」とも言《い》います。ひゅうがとは日振島《ひぶりじま》がなまってそう呼《よ》ぶようになったと言《い》われます。

い りこでだしとる
おいしいみそしる

戸島保育所　戸島保育所

いりこでとった天然《てんねん》だしは、魚《さかな》のうま味《み》がたっぷりで、食材《しょくざい》の味《あじ》を生《い》かします。また、だしのうま味《み》は、食塩《しょくえん》のとり過《す》ぎを防《ふせ》ぎます。

※実際のかるたは、カラーです。

宇和島市「うわじまし食育かるた」　https://www.city.uwajima.ehime.jp/site/hoikunet/syokuikukaruta.html

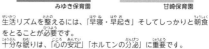

ある日の食育実践計画・評価【作成例】

実施年月日	20××年1月×日		
対象・人数	さくら組（5歳児）・20名		
実施場所	さくら組 保育室	**担当者名**	保育士：栄養育子
主な活動	食育かるたを作って遊ぶ。		
ねらい	食育かるた作りと遊びを通して、日本や地域の食文化や自分の健康に対する関心を持つ。		

時刻	**活動内容**	**環境構成**	**留意点**
前日	●食育かるたの説明を聞く。 ●グループに分かれて、かるたの読み札の文を考える。	●食育かるたの題材にする行事食・地場産物・郷土料理の写真や、食事マナー・三色食品群のポスターなどを用意する。 ●グループごとに担当する文字を割り振る。 ●前日までに、見本（絵札・読み札）・札用の厚めの紙・ペン・色鉛筆・クレヨンを用意する。	●読み札の例文をいくつか挙げながら、わかりやすく説明する。 ●グループの子ども同士で話し合えるよう見守る。 ●なかなか意見が出ないグループには、助言する。
10:00	●食育かるたの作り方を聞く。	●見本を子どもたちに見せる。	●見本は見せるが、子どもたちが自分なりに自由に表現できるよう留意する。
10:10	●グループに分かれて、役割分担を行う。 ＊誰が文字を書くか。 ＊どの絵札を担当するか。	●子どもたちが落ち着いて話し合える環境を整える。	●話し合いに入れていない子どもがいないか留意し、基本的には見守るが、必要に応じて、一人一人が話し合いに参加できるよう声をかける。
10:20	●食育かるたを作る。	●見本・札用の厚めの紙・ペン・色鉛筆・クレヨンをグループごとに配る。 ●食育かるたの題材にするものの写真やポスターは自由に見られるようにしておく。	●読み札に合った絵札を描くよう促す。 ●同じグループの友達と「食育かるたを作る」という共通の目的を実現させる喜びを味わえるように配慮する。
11:30	●後片付けをする。	●使ったものを片付けるように声をかける。	●一人一人が自分のペースで行えるよう急かさないようにする。 ●友達と協力して片付けられるよう見守る。
翌日	●食育かるたで遊ぶ。	●子どもたちが描いた食育かるたをコピーして、グループごとに遊べるようにする。 ●食育かるたのコピーを廊下に掲示する。掲示の仕方は、子どもたちと一緒に考える。	●食育かるたのルールを説明してから始める。 ●他のグループが作った食育かるたにも興味を持ってもらえるように働きかける。
家庭との連携	●おたよりで食育かるた作りと遊んだときの様子を伝える。 ●郷土料理のレシピと地場産物を使った料理のレシピを配布し、地域の食文化に興味を持てるように働きかける。		
記録	●当日欠席した2名には、翌日登園してから担当することになった札を作ってもらった。 ●自分の意見をなかなか伝えられていない子どもが数名いて、子どもたちだけで話し合うのはまだ難しい様子だった。 ●時間通りに作り終わらなかった子どももいたため、午後の自由遊びの時間にも作り続けた。		
評価・反省	●友達同士で自分の覚えた郷土料理や地場産物などの食に関する知識を話題にすることで、より関心が高まったように見えた。 ●食育かるたを廊下に掲示したことで、子どもたちが読み札を声に出して読むようになり、声に出すことによってより一層、食に対する親しみがわいているようである。		

応用ポイント

●「食育かるた」以外に、「食育すごろく」を利用しても、遊びながら食への関心を高めることができるでしょう。 いばらきの食育すごろく ➡ P.113

食を通した保護者への支援①

おたより

「食育だより」や「給食だより」といった保護者に向けた「おたより」は、食に関する情報提供を行うのに欠かせないツールです。定期的に「おたより」を配布し、適切な情報発信を行うことで、家庭での食育に対する関心を高めていくことに繋げましょう。

おたよりの役割

食に関する取組を伝える。

- 食育計画
- その月の食に関する取組
- 保育所で配慮していること
- 保育者を中心とした全職員（栄養士・調理員等を含む）の思い　など

子どもたちの様子を報告する。

- 食事の様子
- 食育活動の様子　など

食や栄養に関する知識を伝える。

- 乳幼児期の「食」の大切さ
- 行事食の由来
- 旬の食材とその栄養
- 日本やその地域の食文化　など

家庭でもできることの情報提供を行う。

- 給食や調理保育で作った料理のレシピ
- 調理方法　など

おたより作成の Point

＊食育計画に基づいた内容を考える。

おたよりも食育計画の一部だということを念頭に置き、作成することが大切です。

＊読みやすい文字サイズ・文字量・レイアウトにする。見出しをつける。

文字が小さすぎたり、びっしりと詰まっていたりすると、「読みたい」という気持ちになりづらいかもしれません。また、レイアウトがすっきりしていないと、「読みづらい」という印象を与えてしまいます。おたよりで伝えたいことがたくさんあるかもしれませんが、読みやすさも重視しながら、内容を選びます。なお、見出しをつけると、ひと目で内容がわかりやすくなります。

＊イラストや飾り罫（ケイ）などを使って、親しみやすく柔らかい印象にする。

本文の内容に関連するイラストを載せ、興味を持ってもらうとよいでしょう。

＊食や栄養に関する知識は、多くの保護者に関心を持ってもらえるような内容にする。

知識に関する内容は難しくなりがちなので、そうならないように考えます。ただし、誰もが知っているような内容だと読んでもらえないかもしれません。保護者にとって新しい発見があるような内容になるよう工夫しましょう。

また、季節に関する情報にすると、より興味を持ってもらえることでしょう。

＊子どもの様子を伝えるときには、個人情報の取扱いに注意する。

食事や食育活動のときの雰囲気が伝わるよう、子どもの様子を具体的に伝えたり、写真を掲載したりすることはとても大切ですが、個人情報の取扱いには十分注意しましょう。

おたより case1　大和市公立保育園　食育だより（ぱくぱくだより）

おいしく
ぱくぱくだより

令和元年６月
No.72
ほいく課
管理栄養士

❤保育園での食育❤
〜「食べること」は「生きること」〜

保育園では食育年間計画にそって、**「食育」**を実施しています。

「食育」とは、様々な経験を通じて、**「食」**に関する知識と自分に適したバランスのよい**「食」**を選択する力を身につけ、健全な食生活を送ることができる力を育むことです。食べることは生涯にわたって必要なため、子どもはもちろん、大人になってからも**「食育」**は重要です。

日々の食生活を考えるとともに、他の人と一緒に料理や食事をしたり
季節の料理や地域の伝統料理を味わうなど、**「食」**について、改めて考

❤保育園での「食育年間計画」❤

月	テーマ	ねらい	働き
4	食べ物を大切にしよう	感謝の気持ちを持って食事を味わう	・い に！
5	手洗い上手になろう	石けんで手を洗い、気持ちよく食事ができる習慣を身につける	・手 ・気
6	よく噛んで食べよう	よく噛んで食べ、進んで歯磨きしようとする	・噛 ・食
7	朝ごはんで元気いっぱい	朝ごはんを食べ、健康な生活リズムを身につける	・朝
8	上手に食べよう大好きおやつ	好きな食べ物をおいしく食べる	・お ・お
9	みんなで楽しく食べよう	楽しく食事をするために、必要なきまりに気づき、守ろうとする	・食
10	食べ物の仲間と働き	食べ物の働きを知り、バランスよく食べようとする	・バ とを
11	残さず食べよう	自然の恵みと働くことの大切さを知り、感謝の気持ちを持って、食事をする	・食 って
12	なんでも食べて風邪予防	自分の健康に関心を持ち、必要な食品をとろうとする	・風 つい
1	薄味でおいしさ発見	薄味の大切さを知り、自分の健康に関心を持つ	・ど る
2	うんちを出していい気持ち	毎日排便するなど、健康な生活リズムを身につける	・う ため
3	体の中のひみつ	食べ物の消化・吸収を知り、自分の健康に関心を持つ	・食 まれ

❤「食べること」は「生きること」❤

「食べること」は**「生きる」**ために必要で欠かすことができません。

私たちが考えたり、体を動かせるのも、毎日、食べ物から栄養を取り入れているからです。

成長期はもちろんですが、大人になってからも健康で活き活きと過ごしていくためには、子どもの頃から、望ましい食習慣を身に付けておくことがとても大切です。

❤みんなで食べるとおいしいね！「保育園の給食」❤

保育園の給食は子ども達が心身共に成長し、健やかに毎日を過ごせるように考えて作られています。みんなで食べる給食は栄養価が高く、おいしいだけでなく、食べ物の知識やマナーなど、様々なことを学ぶ**「食育」**となります。そこで、保育園の給食について紹介します。

①主食・主菜・副菜・汁物を組み合わせています

・色々な種類の食材を使用し、調理方法を工夫して、バランスよく組み合わせています。

副菜
野菜がいっぱい！
体の調子を整えます。

主菜
肉・魚・卵・大豆製品で、体を作ります。

主食
ご飯・パン・麺類で、熱や力の源です。

汁
具を多くすると副菜にもなります。

国産

②毎月、２回ずつ同じ献立が出ます

・２週間を１サイクルとしています。初めて食べたり、食べ慣れていない献立も回数を重ねることにより慣れて、よく食べるようになります。

③手作りで素材を生かした本物の味です

・カレーやシチューのルー、ふりかけ、ドレッシングも手作りです。

・だしはかつお節や煮干し、昆布でとり、化学調味料は使用していません。

・おやつは炊き込みご飯やケーキ、クッキー、蒸しパンなどで、添加物が入っていない素朴な手作りです。

④新鮮で安全な食材を使用しています

・野菜や果物は国内産です。

・地元の生産者の方々と協力し、地場産の野菜を多く使用するように心がけています。

⑤季節の食材や行事食を取り入れています

・旬の食材を使用するようにしています。

・七夕、クリスマス、ひな祭りなど、季節や行事にあわせた行事食を作ります。

・行事食を通じて季節を感じ、伝統料理に触れることができます。

⑥衛生面に気をつけています

・野菜はしっかりと洗浄し、加熱殺菌しています。

・給食室の清掃や調理器具類の洗浄、消毒を徹底し、安全に調理するようにしています。

保育園には「給食のサンプルケース」があります。今日の給食とおやつの展示をしています。お子さんとメニューをチェックしてみてください。

※実際のおたよりは、カラーです。

情報が盛りだくさんですが、可愛らしいイラストが入っていますので、明るく親しみやすい印象になっています。

見出しがあることで内容を捉えやすくなります。

園での今後の取組がよくわかります。

園の給食に関する情報がよくわかります。
※「②毎月、2回ずつ同じ献立が出ます」については、P88の「大和市公立保育園 献立表」をあわせてご覧ください。

具体的な支援（ここでは「給食のサンプルケース」）について知らせています。

大和市公立保育園「食育だより（ぱくぱくだより）」
http://www.city.yamato.lg.jp/web/content/000149180.pdf

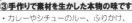

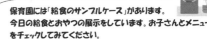

おたより case2　北見市立保育園　給食だより

令和2年6月　北見市立保育園

給食だより

6月は「食育月間」
毎月１９日は「食育の日」です！

「食育基本法」が成立したのが、平成１７年６月。６月は就職や進学などで生活や環境が変わった方も生活が落ち着き、**健全な食生活**の実践をはじめやすい月として、６月が「食育月間」と決められました！
１９日は、「育」１「い」９「く」から、毎月１９日が「食育の日」になったそうです。
「食育」は**「家族みんなが健康に過ごす」**ための合言葉ですね。

～よく噛んで食べる～
だ液（つば）がたくさんでるので、消化がよくなります。
口の中を衛生的に保つことにもつながりますね。
「白米」をよく噛んでいるとだんだん「甘く」感じてきますので、やってみてください！

～就寝前は、水かお茶に～
寝ている間に食べ物を消化すると「眠りの質」が悪くなります。
朝食が食べられない一因にもなります。また、就寝中はだ液が少なくなるので、虫歯の一因となります。

～甘いものは、量をきめて～
甘いジュースやお菓子をたくさん食べる習慣は、「虫歯」の一因になりますね。また、「苦味」を感じる野菜嫌いや「酸味」などを嫌う一因になります。
甘いもののとりすぎは、腸が荒れてしまうので、アレルギーのコントロールを悪くしてしまうこともあります。

家庭でも取り入れたい食に関する知識が伝えられています。

６月４日は「虫歯予防デー」
健全な食生活は「虫歯の予防」にもなりますね！

可愛らしい飾り罫（ケイ）によって、柔らかい印象を受けます。

【保育園の給食】

ブロッコリーは、ビタミンC・カロテンが多いので、免疫力をあげる働きがあります。食物繊維も多いので、便秘予防や噛む食材としてもいいですね！

栄養に関する知識が伝えられています。

ごはん
さんまとごぼうの煮物
ゆでたまごとブロッコリーのサラダ
白菜とあげのみそ汁
りんご

【今月の一品】

～ゆでたまごとブロッコリーのサラダ～

材　料（大人3人分）

ゆでたまご	1個
ブロッコリー	1/2株
マヨネーズ	大さじ1.5杯
塩・コショウ	お好みで

作り方
① ゆでたまごは、１ｃｍ角に切ります。
② ブロッコリーは、小房に分けて塩の入ったお湯で茹でます。
　茹で上がったら、水で冷やし水分を切ります。
④ ①のゆでたまごと②のブロッコリーをマヨネーズで和えます。
　お好みで塩・コショウをいれます。

保育園で人気のサラダです！

＊コーンやきゅうりを入れてもよいでしょう。マカロニやチーズを入れても美味しいです。
＊大人には、からしを入れても美味しいので、ぜひ作ってみてください。

園で人気の給食のレシピが載っています。また、家庭で作るときに使えるアレンジ方法も載っています。

※実際のおたよりは、カラーです。

北見市立保育園「給食だより」
https://www.city.kitami.lg.jp/docs/2016070500089/files/202006tayori.pdf

献立表

子どもの食事は、家庭での食事と園での食事をあわせて「1日の食事」となります。そのため、園での食事の情報を具体的に示す「献立表」は、保護者への食に関する情報提供の中でもとても重要なものです。

献立表の役割

- 園での食事内容（給食・おやつ）を伝える。
- 園の食事で使用した食材を伝える。
- 家庭での食事の参考にできる。（主菜と副菜の組み合わせ・旬の食材など）

献立表作成の point

＊食育計画に基づいて献立表に掲載する項目を考えましょう。

1ヶ月の献立を全て載せるだけでもかなりの文字量になります。限られたスペースの中で、献立以外に何を掲載すべきかを調理員（栄養士）、保育者等で意見を出し合い決めましょう。

例えば、毎日の給食で三色食品群の分類について子どもたちと話題にするのであれば、献立表に三色食品群を示すとよいでしょう。園での食事を家庭でも参考にしてもらうためには、食材の分量（目安量）を示すとよいです。

＊細かく掲載する場合は、記号を使うなどの工夫が必要です。

食材の分量、アレルギー表記、三色食品群の分類等、細かく情報を掲載する場合は、文字が多くなって読みづらくならないように、記号等を使ったりして工夫しましょう。

＊余白がある場合は、食に関する知識や情報を入れるとよいでしょう。

「献立表」だからといって献立のみを掲載するのではなく、その献立に関連した情報、または季節の情報や園での食に関する取組について掲載してもよいです。余白が生まれた場合はそこを生かし、情報を入れるとよいでしょう。

＊ひらがなにすると、子どもも見ることが期待できます。

大人向けに作成するのであれば漢字の方が読みやすいのですが、ひらがなで作成すると、子どもも興味を持って見てくれることが期待できます。ただし、その分、文字数が多くなりますので、情報が入りきらないということがないように注意が必要です。

＊関連するイラストを数か所に入れて、親しみやすい表にしましょう。

文字だけの表だと堅苦しい印象を与えてしまいます。食べ物や子ども、その季節に関連するイラストを数か所に入れることによって、親しみやすい印象を与える表にしましょう。

献立表 case1　高槻市立保育所　給食献立表

令和２年４月　高槻市立保育所給食献立表

高槻市　子ども未来部　保育幼稚園総務課

	1(水)	2・9(木)	3・17(金)	4・18(土)	6・20(月)	7・21(火)	8・22(水)	10・24(金)
10時	●牛乳● ■ソフトせん　2枚	●牛乳● ■ミレービスケット・ノンフライ　2枚	●牛乳● ■ふわふわチップ　3g	●牛乳● ■たまねぎのあられ　2個	●牛乳● ■お子様せんべい　1枚	●牛乳● ■ルヴァン・プライム　1枚	●牛乳● ■ソフトせん　2枚	●牛乳● ■ふわふわチップ　3g
昼	ごはん(しそふりかけ) 肉うどん 煮びたし	ごはん 鶏肉のたつた揚げ ひたし みそ汁	カレーライス いそ煮	ごはん 肉とちんげん菜のいため物 みそ汁	山形パン スパゲティミートソース すまし汁	ごはん 白身魚のみそマヨ焼 ひたし すまし汁	ごはん さつま汁 カレービーフン	ごはん 煮魚 含め煮 みそ汁
3時	●牛乳● ホットケーキ	●牛乳● ▲みかん缶詰　40・32g ■ぱりんこ(しお味)　1・1袋	▲アップルジュース　200・100ml プレーン蒸しパン	●牛乳● ▲パイン缶詰低糖　6・4個 ■畑のクラッカー　10・8g	●牛乳● ベークドポテト	●牛乳● ▲りんごゼリー ■ミニ野菜スティック　1・1/2袋	●牛乳● ジャムサンド	●牛乳● かぼちゃドーナツ
昼と3時（手作りおやつの時）の材料と量	■米　40.00 水　60.00 ゆかり(国産赤しそ)　0.50 ■干しうどん　30.00 ●牛肉　20.00 ▲人参　10.00 ▲玉ねぎ　15.00 ▲ねぎ　2.00 しょうゆ(淡)　4.00 しょうゆ(濃)　3.00 水　180.00 だし昆布　0.30 けずりぶし　5.50 ●ベーコン　5.00 ▲はくさい　40.00 ▲人参　10.00 ▲小松菜　10.00 ■砂糖　0.24 しょうゆ(濃)　1.40 だし汁　15.00 — 手作りおやつ — ■ケーキミックス粉　30.00 ■メープルシロップ　5.00 ■キャノーラ油　1.00	■米　60.00 水　90.00 ●鶏もも肉　60.00 しょうゆ(濃)　2.50 酒　1.20 ■かたくり粉　7.20 ■なたね揚げ油　6.00 ▲きゃべつ　40.00 ▲ちんげん菜　10.00 ▲ホールコーン(冷)　5.00 しょうゆ(濃)　2.30 だし汁　1.80 ▲大根　20.00 ▲玉ねぎ　15.00 ▲ねぎ　2.00 ●みそ　7.50 水　180.00 けずりぶし　5.50	■米　60.00 水　90.00 ●牛肉　20.00 ▲人参　20.00 ▲玉ねぎ　35.00 ■じゃが芋　35.00 ■キャノーラ油　0.50 水　150.00 カレールウ　18.00 塩　少々 ●ひじき　3.50 ▲人参　10.00 ▲れんこん　10.00 ▲干しいたけ　0.50 ■キャノーラ油　1.20 ■砂糖　2.00 しょうゆ(濃)　1.70 水　22.00 けずりぶし　0.70 ▲小松菜　10.00 — 手作りおやつ — ■小麦粉　20.00 ベーキングパウダー　1.60 ■砂糖　7.20 塩　0.10 水　20.00 ■キャノーラ油　4.00 ホイルケース　1枚	■米　60.00 水　90.00 ●豚肉　25.00 しょうゆ(濃)　1.00 酒　1.00 ▲玉ねぎ　25.00 ▲人参　15.00 ▲ちんげん菜　50.00 ■キャノーラ油　1.00 ■砂糖　1.70 しょうゆ(濃)　3.00 ■さつま芋　35.00 ●わかめ　0.50 ●みそ　6.50 水　180.00 けずりぶし　5.50	■山形ハニーロール● ■スパゲティ　25.00 ●牛挽肉　25.00 ▲人参　20.00 ▲玉ねぎ　25.00 ■キャノーラ油　2.00 ■上新粉　2.40 だし汁　24.00 しょうゆ(濃)　2.40 トマトケチャップ　8.50 ウスターソース　4.50 ■砂糖　0.24 ▲グリンピース(冷)　2.00 ▲大根　20.00 ▲ちんげん菜　5.00 しょうゆ(淡)　5.50 水　180.00 けずりぶし　5.50 — 手作りおやつ — ■細切りポテト(冷)　40.00 塩　少々	■米　60.00 水　90.00 ●カラスガレイ・冷50g　1・1切 ■マヨドレ　3.50 本みりん　1.50 ●みそ　1.50 ■砂糖　1.00 ■キャノーラ油　適量 ●焼豚　5.00 ▲はくさい　50.00 ▲人参　10.00 しょうゆ(濃)　1.20 だし汁　0.66 ■焼ふ(野菜入り)　3.00 ▲玉ねぎ　10.00 ▲みつば　2.00 しょうゆ(淡)　5.50 水　180.00 けずりぶし　5.50	■米　60.00 水　90.00 ■さつま芋　30.00 ●豚肉　20.00 ▲大根　20.00 ▲人参　10.00 ▲ねぎ　2.00 ●みそ　7.50 水　180.00 けずりぶし　5.50 ■ビーフン　12.00 ●ロースハム　5.00 ▲きゃべつ　13.00 ▲玉ねぎ　10.00 ▲人参　5.00 ■キャノーラ油　1.00 酒　0.60 しょうゆ(濃)　1.50 ウスターソース　1.30 カレー粉　0.20 熱湯　1.50 塩　少々 — 手作りおやつ — ■食パン●(10枚切)　1・1枚 ■いちごジャム　10.00	■米　60.00 水　90.00 ●カラスガレイ・冷60g　1・1切 ■砂糖　1.40 しょうゆ(濃)　2.80 水　17.00 ■じゃが芋　50.00 ▲人参　15.00 ▲三度豆　5.00 ■砂糖　1.80 しょうゆ(淡)　1.10 しょうゆ(濃)　0.70 水　40.00 だし昆布　0.20 けずりぶし　1.50 ▲小松菜　15.00 ▲えのきたけ　5.00 ●みそ　7.50 水　180.00 だし昆布　少々 けずりぶし　5.50 — 手作りおやつ — ▲かぼちゃ(冷)　18.00 ■ケーキミックス粉　24.00 水　適量 ■砂糖　1.20 ■なたね揚げ油　4.20

(施設での一人当たりの栄養量)

	0～2歳児		3～5歳児	
	目標	平均	目標	平均
エネルギー　Kcal	490	531	580	589
たんぱく質　g	15.9～24.5	18.9	18.8～29.0	20.1
脂質　g	10.9～16.3	15.7	12.8～19.3	15.9
カルシウム　mg	220	295	260	273
鉄　mg	2.2	1.9	2.4	2.5
ビタミンA　μgRAE	200	198	220	214
ビタミンB1　mg	0.25	0.25	0.31	0.29
ビタミンB2　mg	0.29	0.39	0.35	0.38
ビタミンC　mg	17	28	18	33
食塩相当量　g	1.5未満	1.9	1.8未満	2.2
食物繊維　g	3.6	2.9	4.3	3.6

１０時は０～２歳児だけです。
材料の分量は３～５歳児分で、０～２歳児は３～５歳児の約８０％です。
材料の分量の単位は「ｇ」です。

１０時と３時の牛乳は、
・１０時・・・０～２歳児１００ml
・　３時・・・３～５歳児１７０ml・０～２歳児１００mlです。
３時のヨーグルト・ゼリーは、３～５歳児・０～２歳児とも１個です。

昼の主食は
・パンの量・・・３～５歳児５０ｇ・０～２歳児４０ｇ
（ただし麺類の時は量を減らしています）

【食品名の印について】
食品名の左側についている印は、
■・・・・熱や力となるもの
●・・・・血や肉となるもの
▲・・・・体の調子をととのえるもの　です。

アレルギー表示のため、卵・乳を含む食品の
右側に印をつけています。
卵を含む食品・・・・○
乳を含む食品・・・・●
卵・乳を含む食品・・・・◎

栄養量の情報があります。

余白に季節に関するイラストが入っているので親しみやすい印象を受けます。

昼食とおやつの一人分の材料と量が全て掲載されています。水も含んでいるので、家庭での調理の際に、参考にできます。

食材の働き（三色食品群）やアレルギー表示について印が設定されていて、わかりやすいです。

http://www.city.takatsuki.osaka.jp/　（※高槻市トップページより「保育所給食献立表」で検索してください。）

わかりやすい献立名で、ひと目でどのような料理かわかります。

	11(土)	13・27(月)	14・28(火)	15(水)	16(木)	23・30(木)	25(土)
10時	●牛乳● ■たまねぎのあられ 2個	●牛乳● ■お子様せんべい 1枚	●牛乳● ■ルヴァン・プライム 1枚	●牛乳● ■ソフトせん 2枚	●牛乳● ■ミレービスケット・ノンフライ 2枚	●牛乳● ■ミレービスケット・ノンフライ 2枚	●牛乳● ■たまねぎのあられ 2個
昼	ごはん(しそふりかけ) 肉うどん 煮びたし	ロールパン あんかけうどん 肉じゃが	ごはん 魚の天ぷら ひたし みそ汁	ごはん すき焼風煮 みそ汁	チキンライス ビーフンのあえもの 豆腐のスープ	ごはん 野菜入り麻婆豆腐 みそ汁 ヨーグルト	ごはん すき焼風煮 みそ汁
3時	●牛乳● ▲デコポン缶詰 2・2個 ■畑のクラッカー 10・8g	●牛乳● カレードリア	●牛乳● ▲清見オレンジ ■ミニ野菜スティック 1・1/2袋	●牛乳● いちごのパンケーキ	●牛乳● ▲りんご ■ぱりんこ(しお味) 1・1袋	●牛乳● ▲りんご ■ぱりんこ(しお味) 1・1袋	●牛乳● ▲デコポン缶詰 2・2個 ■畑のクラッカー 10・8g
昼と3時（手作りおやつの時）の材料と量	■米 40.00 水 60.00 ゆかり(国産赤しそ) 0.50 ■干しうどん 30.00 ●牛肉 20.00 ▲人参 10.00 ▲玉ねぎ 15.00 ▲ねぎ 2.00 しょうゆ(淡) 4.00 しょうゆ(濃) 3.00 水 180.00 だし昆布 0.30 けずりぶし 5.50 ●ベーコン 5.00 ▲はくさい 40.00 ▲人参 10.00 ▲小松菜 10.00 ■砂糖 0.24 しょうゆ(濃) 1.40 だし汁 15.00	■ロールパン● ■干しうどん 30.00 ●鶏もも肉 15.00 ▲人参 10.00 ▲ほうれん草 5.00 しょうゆ(淡) 4.00 しょうゆ(濃) 3.00 水 180.00 だし昆布 0.30 けずりぶし 5.50 ■かたくり粉 2.20 水 4.40 ●牛肉 15.00 ■じゃが芋 60.00 ▲玉ねぎ 15.00 ■砂糖 3.00 しょうゆ(淡) 1.50 しょうゆ(濃) 2.00 だし汁 30.00 — 手作りおやつ — ■米 16.00 水 24.00 ●ベーコン 3.00 ▲玉ねぎ 15.00 ▲ホールコーン(冷) 5.00 ■キャノーラ油 0.10 水 30.00 カレールウ 3.00 ■米パン粉 1.00 ホイルケース 1枚	■米 60.00 水 90.00 ●カラスガレイ・冷50g 1・1切 塩 0.15 ■小麦粉 7.00 水 適量 ■なたね揚げ油 5.00 ▲きゃべつ 40.00 ▲人参 10.00 しょうゆ(濃) 2.30 だし汁 1.80 ▲玉ねぎ 20.00 ▲ちんげん菜 10.00 ●みそ 7.50 水 180.00 けずりぶし 5.50	■米 60.00 水 90.00 ●牛肉 20.00 ■焼ふ 1.50 糸こんにゃく 10.00 ▲はくさい 20.00 ▲小松菜 20.00 ▲人参 10.00 ▲玉ねぎ 20.00 ▲長ねぎ 5.00 ■キャノーラ油 1.50 ■砂糖 3.60 しょうゆ(濃) 5.40 ■じゃが芋 30.00 ●わかめ 0.50 ●みそ 6.50 水 180.00 けずりぶし 5.50 — 手作りおやつ — ■ケーキミックス粉 30.00 ▲いちご 15.00 水 適量 ■キャノーラ油 1.00	■米 55.00 水 82.50 ●鶏もも肉 15.00 ▲人参 15.00 ▲玉ねぎ 20.00 ■キャノーラ油 1.10 塩 0.20 トマトケチャップ 8.40 ウスターソース 1.60 ▲むきえんどう 3.00 ■ビーフン 12.00 ▲きゅうり 20.00 ▲人参 10.00 ●焼豚 5.00 ▲干しいたけ 1.00 ■砂糖 0.50 しょうゆ(濃) 0.50 水 4.00 ■砂糖 0.86 しょうゆ(濃) 3.00 米酢 0.86 ●豆腐(冷) 30.00 ▲はくさい 20.00 ▲ねぎ 2.00 しょうゆ(淡) 5.50 水 180.00 けずりぶし 5.50	■米 60.00 水 90.00 ●豆腐(冷) 50.00 ●豚挽肉 20.00 ▲玉ねぎ 30.00 ▲人参 10.00 ▲にら 5.00 ■キャノーラ油 1.30 だし汁 23.00 ●みそ 4.40 しょうゆ(濃) 1.40 ■砂糖 0.50 酒 2.40 ■かたくり粉 1.50 水 3.00 ▲はくさい 20.00 ●わかめ 0.50 ●みそ 6.50 水 180.00 けずりぶし 5.50 ●ブルーンヨーグルト50g● 1・1個	■米 60.00 水 90.00 ●牛肉 20.00 ■焼ふ 1.50 糸こんにゃく 10.00 ▲はくさい 20.00 ▲小松菜 20.00 ▲人参 10.00 ▲玉ねぎ 20.00 ▲長ねぎ 5.00 ■キャノーラ油 1.50 ■砂糖 3.60 しょうゆ(濃) 5.40 ■じゃが芋 30.00 ●わかめ 0.50 ●みそ 6.50 水 180.00 けずりぶし 5.50

★献立の材料は、天候などにより、やむを得ず変更することがありますので、ご了承ください。

★離乳の完了（12〜18か月頃）は、0〜2歳児食を必要に応じて「細かく切る、煮る」などをしています。

3時に使用している果物の量は
「3〜5歳児・0〜2歳児」
りんご　1／4個・1／6個
清見オレンジ　1／2個・1／3個

＊ヨーグルトの時など、組み合わせにより、量が異なることもあります。

3時使用の菓子は、3〜5歳児量・0〜2歳児　量の順です。

保育所給食では

米は、特別栽培米又は 同等品を使用しています。

◆コロッケ・グラタン・蒸しパン等手作りし、加工品はなるべく使用しないようにしています。

◇ハム・ベーコン・焼豚等は食品添加物（保存料・酸化防止剤・発色剤・着色料等）を含まない無添加のものを選んでいます。

◆だし・スープは、だし昆布・けずりぶし・ポークブイヨン等を使用しています。

◇食物アレルギーの児童も同じものが食べられるように食品を選択しています。

◆抵抗力の低い0〜5歳児が対象なので食中毒多発期は食中毒の危険が高くなる食品（挽肉等）・和え物等を避けています。

場合によっては変更になるということが明記されています。

園での食事に関する方針が示されています。

4月は、新入所児が多く、また職員が入れ替わる時期なので、そのことに配慮した献立になっています。「子どもたちが食べやすい料理にする」、「アレルギー対応を考え、複雑な除去や代替を減らすため、乳・卵については入っていることが明確な食材だけを使用する（牛乳、パン、ヨーグルトなど）」、「調理が煩雑にならないようにする」などの工夫がされています。

献立表 case2　大和市公立保育園　給食献立表（離乳食用）

余白に季節に関するイラストが入っているので親しみやすい印象を受けます。

2週間を1サイクルとして、毎月2回ずつ同じ献立となっています。初めて食べたり、食べ慣れていない献立も回数を重ねることにより慣れて、よく食べるようになります。このことは、P83の「大和市公立保育園　食育だより（ぱくぱくだより）」で紹介されています。

保育園離乳食予定献立表　（０歳児）

令和2年6月分

大和市立保育園　No. 1

日／曜	9～11か月頃（適宜きざむ）		7～8か月頃（適宜つぶす）	
	11:00	15:00	11:00	15:00
1・15／月	固がゆ ポークチャップ刻み かぼちゃチップス刻み すまし汁（チンゲン菜・小町麩）	プレーンヨーグルト 乳児用菓子 ミルク	おかゆ ささみの煮つぶし 玉葱・人参・ピーマンの煮つぶし かぼちゃの薄味煮つぶし すまし汁(汁のみ) チンゲン菜のペースト	ミルク 
2・16／火	固がゆ 白身魚のマヨネーズ焼き刻み 三色お浸し刻み みそ汁(キャベツ・長ねぎ)	パインケーキ 又は乳児用菓子 ミルク	おかゆ 白身魚の薄味煮つぶし 玉葱の煮つぶし ほうれん草のペースト 人参の茹でつぶし みそ汁(汁のみ) キャベツの薄味煮つぶし	ミルク
3・17／水	パン コロッケ刻み アスパラトマトサラダ刻み キャベツスープ （ベーコン・キャベツ・玉葱）	わかめご飯 又はおじや ミルク 	パンがゆ 麩のクタクタ煮 じゃが芋・玉葱・人参の アスパラの茹でつ トマトの茹でつぶ きゅうりのすりお 野菜スープ（汁の キャベツ・玉葱の茹	ミルク
4・18／木	固がゆ 豆腐のつくね焼き刻み ひじきの煮物刻み すまし汁（小松菜・しめじ）	シンプル麩ラスク 又は乳児用菓子 ミルク	おかゆ 豆腐・玉葱の煮つ ひじきのすりつぶ 人参の煮つぶし すまし汁（汁のみ 小松菜のペースト	
5・19／金	固がゆ オランダ煮刻み ブロッコリーの磯かけ刻み みそ汁（わかめ・わけぎ） 	和風スパゲティ刻み 又はおじや ミルク	おかゆ ささみの煮つぶし じゃが芋・玉葱の 人参の煮つぶし ブロッコリーのペ みそ汁（汁のみ） わかめの煮つぶし	
6・20／土	焼きそば刻み トマト刻み	乳児用菓子 ミルク	おかゆ キャベツの煮つぶ 人参の煮つぶし トマトの茹でつぶ	
8・22／月	固がゆ クリームシチュー刻み 野菜のピクルス刻み	乳児用菓子 メロン刻み ミルク 	おかゆ 麩のクタクタ煮 じゃが芋・玉葱・人 キャベツの煮つぶ きゅうりのすりお 人参の煮つぶし	
9・23／火	固がゆ いり豆腐刻み 人参・さやいんげんのきんぴら刻み（ごぼう抜き） みそ汁(小松菜・油揚げ)	かぼちゃケーキ 又は乳児用菓子 ミルク	おかゆ 豆腐の薄味煮つぶ 玉葱・人参の煮つ 人参の薄味煮つぶ みそ汁(汁のみ) 小松菜のペースト	
10・24／水	パン ハンバーグ刻み キャベツサラダ刻み わかめスープ（しめじ・長ねぎ）	みかんの寒天ゼリー 又は乳児用菓子 ミルク	パンがゆ ささみの煮つぶし 玉葱の薄味煮つぶ トマトの茹でつぶ キャベツの煮つぶ きゅうりのすりお わかめスープ（汁 わかめの煮つぶし	

保育園離乳食予定献立表　（０歳児）

令和2年6月分

大和市立保育園　No. 2

日／曜	9～11か月頃（適宜きざむ）		7～8か月頃（適宜つぶす）	
	11:00	15:00	11:00	15:00
11・25／木	固がゆ 鰺の唐揚げ刻み 納豆和え刻み すまし汁（わけぎ・豆腐）	煮込みきつねうどん ミルク	おかゆ 白身魚の薄味煮つぶし 納豆ゆでつぶし ほうれん草のペースト すまし汁（汁のみ） 豆腐の煮つぶし	ミルク 
12・26／金	固がゆ ビビンバ刻み とうもろこし刻み チンゲン菜のスープ	パン又はおじや ミルク	おかゆ ささみの煮つぶし 人参の薄味煮つぶし ほうれん草のペースト 野菜スープ（汁のみ） チンゲン菜・玉葱のペースト	ミルク
13・27／土	固がゆ 肉じゃが刻み みそ汁（長ねぎ・麩） ベビーチーズ	乳児用菓子 ミルク 	おかゆ 麩のクタクタ煮 じゃが芋・玉葱・人参の煮つぶし みそ汁(汁のみ) ベビーチーズ	ミルク
29／月	固がゆ 筑前煮刻み （ごぼう・れんこん抜き） 手作りふりかけ みそ汁（小松菜・しめじ） メロン刻み	レーズンクッキー 又は乳児用菓子 ミルク	おかゆ 麩のクタクタ煮 人参・じゃが芋の煮つぶし 手作りふりかけ（ごますりつぶし） みそ汁(汁のみ) 小松菜ペースト	ミルク
30／火	固がゆ タンドリーチキン刻み 和風サラダ刻み 呉汁 	じゃがバター刻み 又は乳児用菓子 ミルク	おかゆ ささみの煮つぶし 玉葱の薄味煮つぶし キャベツの茹でつぶし トマト茹でつぶし きゅうりすりおろし 呉汁（汁のみ） 人参・玉葱の煮つぶし	ミルク

＊個人の状況に合わせて使用する食材が変わることがあります。
＊保育園の行事、材料の都合などにより献立を変更する場合もあります。

5～6か月の離乳食について
7～8か月の献立内容にならい、形態をペースト状にするなどして食べやすくしてあります。但し、使用食材は離乳食家庭連絡表に準じています。

◆6月4日は、『虫歯予防デー』です。

健康な歯を作るためには、『歯の清潔を保つ』『よく噛んで食べる』習慣を習得する事が非常に大切です。この習慣を身に着ける為には、周囲の協力が必要不可欠です。

◆『歯の清潔を保つには』
- 乳歯が生えてきたら、食後に歯磨きをする習慣をつけましょう。
  ⇒小さな頃から、歯ブラシで歯を清潔に保つ習慣を身につける事で、歯磨きを嫌がらなくなります。
- 食事や間食の時間を決め、だらだら食べはやめましょう。
  ⇒だらだら食べは、肥満や虫歯の原因になるので注意する。
- 電解質飲料や果汁を水分補給として与えるのは控えましょう。
  ⇒電解質飲料や果汁には糖分が含まれているので、与え過ぎは母乳・ミルク・離乳食嫌い、乳児虫歯の原因になります。

◆『よく噛んで食べる』ためのポイント
- 1歳半頃までが、咀嚼能力を獲得する為に重要な時期です。
  ⇒周囲の者がお手本となり、「かみかみ、ゴックン」と声掛けしながら、噛むトレーニングをしましょう。
- 味付けは、濃くしない。　・やわらかい物ばかり食べない。
- 食べている時に「早く」とせかさない。

◆保育園では次のような工夫をしています
- 食事の時間を決めてリズムを整え、規則的にお昼の給食と、間食を食べています。
- 乳児期は味覚が育つ大事な時期。味付けは薄めを基本とし、素材の味を生かしています。
- 月齢だけでなく、個々の乳児の発育に合わせて離乳食を進めています。
- 自分で楽しみながら食べられるよう、発達に合わせ、食材・料理によって柔らかさや大きさを調整したり、手で持てる形状やスプーンにのりやすい形状にするなどしています。
- 保育士は一緒に食べながら、言葉かけや表情を工夫したり、ちょっとした介助を行う事により楽しい食事の雰囲気を作り、子供達の食欲を誘っています。家庭でも楽しい雰囲気の中での食事を心がけましょう。

※実際の献立表は、カラーです。

場合によっては変更になるということが明記されています。

食に関する知識・情報が掲載されています。

園での食事における工夫が紹介されています。

大和市公立保育園「給食献立表（離乳食用）」
http://www.city.yamato.lg.jp/web/content/000160668.pdf

献立表 case3　大和市公立保育園　給食献立表（普通食用）

ひらがなで記されているので、子どもも読むことができます。

令和2年6月分　　保育園給食献立表　　大和市立保育園　　No. 1

日／曜	献立名	材料名 熱や力になるもの	血や肉や骨になるもの	体の調子を整えるもの	おやつ 午後／午前	栄養価 未満児 以上児
1・15／月	ごはん（むぎいり） ぽーくちゃっぷ かぼちゃちっぷす すましじる（ちんげんさい・ふ）	精白米／ビタヴァレー／米サラダ油／小町ふ／バニラウエハースCa	豚肩ロース／かつお節（だし用）／カップヨーグルト	玉葱／ピーマン／人参／かぼちゃ／チンゲン菜	ぎゅうにゅう せんべい おちゃ かぷよーぐると かるしうむうえはーす	エネルギー 453 446 kcal たんぱく質 17.2 16.6 g 脂質 14.7 12.7 g 食塩相当量 0.9 1.1 g
2・16／火	ごはん（むぎいり） しろみざかなの まよねーずやき さんしょくおひたし みそしる（きゃべつ・ねぎ）	精白米／ビタヴァレー／エッグケア／米サラダ油／小麦粉／上白糖／バター	メルルーサ／かつお節／白みそ／煮干し（だし用）／牛乳／たまご	玉葱／パセリ／ほうれん草／えのきたけ／人参／キャベツ／長ねぎ／パイン缶	おちゃ とまと ぎゅうにゅう ぱいんけーき	エネルギー 503 635 kcal たんぱく質 17.8 23.1 g 脂質 17.9 23.6 g 食塩相当量 1.5 1.9 g
3・17／水	しょくぱん ころっけ あすぱらとまとさらだ きゃべつすーぷ	食パン（6枚切り）／じゃがいも／小麦粉／パン粉／米サラダ油／エッグケア／精白米／いりごま（白）	豚ひき肉（上）／ベーコン／わかめのご飯素	玉葱／人参／アスパラガス／きゅうり／トマト／キャベツ	おちゃ べびーちーず おちゃ わかめ	エネルギー 491 558 kcal たんぱく質 14.1 14.4 g 脂質 20.1 20.1 g
4・18／木	ごはん（むぎいり） とうふのつくねやき ひじきのにもの すましじる（こまつな・しめじ）	精白米／ビタヴァレー／パン粉／米サラダ油／上白糖／小町ふ	押し豆腐／鶏モモひき肉／白みそ／干ひじき（ステンレス釜、乾）／油揚げ／かつお節（だし用）／牛乳	玉葱／人参／さやえんどう（絹さや）／小松菜／しめじ	おちゃ びすけ ぎゅう しんぶ	
5・19／金	ごはん（むぎいり） おらんだに ぶろっこりーのいそかけ みそしる（わかめ・わけぎ）	精白米／ビタヴァレー／かたくり粉／米サラダ油／じゃがいも／上白糖／ごま油／スパゲッティー（ハーフ）	鶏モモ（皮なし）／きざみのり／干わかめ／白みそ／煮干し（だし用）／ベーコン／焼きのり	しょうが／玉葱／人参／ピーマン／たけのこ缶／ブロッコリー／わけぎ／しめじ	おちゃ きなこ おちゃ わふう	
6・20／土	やきそば とまと ぎゅうにゅう	蒸し中華めん（焼きそば用／米サラダ油／せんべい	豚ひき肉（上）／あおのり／牛乳	キャベツ／人参／もやし／トマト	おちゃ べびー ぎゅう ま かしな	
8・22／月	ごはん（むぎいり） かれーしちゅー （なすずっきーにいり） やさいのぴくるす ぎゅうにゅう	精白米／ビタヴァレー／じゃがいも／小麦粉／バター／米サラダ油／上白糖／せんべい	豚モモ／スキムミルク／ 牛乳	玉葱／人参／なす／ズッキーニ／にんにく／グリンピース（冷凍）／キャベツ／きゅうり／メロン	おちゃ べびー おちゃ せん めろん	
9・23／火	ごはん（むぎいり） いりどうふ きんぴらごぼう みそしる	精白米／ビタヴァレー／上白糖／米サラダ油／ごま油／小麦粉／バター	木綿豆腐／豚ひき肉（上）／油揚げ／白みそ／煮干し（だし用）／牛乳／たまご／スキムミルク	玉葱／人参／干し椎茸／ごぼう／さやいんげん／小松菜／かぼちゃ	おちゃ とまと ぎゅう かぼち	
10・24／水	ろーるぱん はんばーぐ きゃべつさらだ わかめすーぷ（しめじ・ねぎ）	ロールパン35（卵なし）／パン粉／米サラダ油／上白糖	豚ひき肉（上）／干わかめ／かつお節（だし用）／ 牛乳／粉寒天	玉葱／にんにく／トマト／きゅうり／キャベツ／長ねぎ／しめじ／みかん缶	おちゃ きなこ ぎゅう みかん	
11・25／木	ごはん（むぎいり） あじのからあげ なっとうあえ すましじる（わけぎ・とうふ）	精白米／ビタヴァレー／かたくり粉／米サラダ油／ うどん（ゆで）／上白糖	あじ／糸引納豆／絹ごし豆腐／かつお節（だし用）／干わかめ／油揚げ／ かつお節／だし昆布	ほうれん草／もやし／わけぎ／人参／長ねぎ	ぎゅう せん おちゃ ひやし	

6/4は虫歯予防デー

6月は食育月間

令和2年6月分　　保育園給食献立表　　大和市立保育園　　No. 2

日／曜	献立名	材料名 熱や力になるもの	血や肉や骨になるもの	体の調子を整えるもの	おやつ 午後／午前	栄養価 未満児 以上児
12・26／金	ごはん（むぎいり） びびんば とうもろこし ちんげんさいのすーぷ	精白米／ビタヴァレー／上白糖／いりごま（白）／ごま油／食パン（6枚切り）／エッグケア	豚肩／赤みそ／ベーコン／牛乳／あおのり	しょうが／にんにく／もやし／ほうれん草／人参／とうもろこし／チンゲン菜／玉葱	ぎゅうにゅう びすけっと ぎゅうにゅう ぱんせんべい	エネルギー 551 572 kcal たんぱく質 23.4 24.9 g 脂質 19.1 19.0 g 食塩相当量 1.6 1.8 g
13・27／土	ごはん（むぎいり） にくじゃが みそしる（ねぎ・ふ） べびーちーず	精白米／ビタヴァレー／じゃがいも／上白糖／米サラダ油／小町ふ／せんべい	豚肩小間／白みそ／煮干し（だし用）／ベビーチーズCa+Fe／牛乳	玉葱／人参／長ねぎ	おちゃ よーぐると ぎゅうにゅう またはよーぐると かしなど	エネルギー 468 512 kcal たんぱく質 18.3 18.4 g 脂質 14.1 13.8 g 食塩相当量 1.9 2.1 g
29／月	ごはん（むぎいり） ちくぜんに てづくりふりかけ みそしる（こまつな・しめじ） めろん	精白米／ビタヴァレー／じゃがいも／上白糖／米サラダ油／いりごま（白）／小麦粉／バター	鶏モモ（皮なし）／かつお節／あおのり／白みそ／煮干し（だし用）／牛乳／たまご	しょうが／たけのこ缶／人参／れんこん／ごぼう／さやいんげん／小松菜／しめじ／ メロン／レーズン	おちゃ べびーちーず ぎゅうにゅう れーずんくっきー	エネルギー 503 583 kcal たんぱく質 17.8 19.8 g 脂質 16.0 16.0 g 食塩相当量 1.8 1.6 g
30／火	ごはん（むぎいり） たんどりーちきん わふうさらだ ごじる	精白米／ビタヴァレー／米サラダ油／上白糖／ごま油／じゃがいも／バター	鶏モモ（皮なし）／プレーンヨーグルト／大豆水煮レトルト／赤みそ／白みそ／煮干し（だし用）／牛乳	にんにく／玉葱／キャベツ／きゅうり／トマト／エリンギ／人参／長ねぎ	ぎゅうにゅう せんべい ぎゅうにゅう じゃがばたー	エネルギー 471 509 kcal たんぱく質 20.3 21.9 g 脂質 15.7 15.7 g 食塩相当量 1.3 1.6 g

月の平均栄養価	エネルギー	タンパク質	脂質	カルシウム	鉄	食塩相当量
3歳未満児	482kcal	18.6g	16.8g	286mg	2.5mg	1.6g
3歳以上児	546kcal	20.6g	18.0g	239mg	2.4mg	1.8g

6がつ

◆梅雨は、食中毒が多く発生する時期です。

梅雨は、5月下旬から7月下旬までの間で、一年でもっとも雨がたくさん降る季節です。
この時期は、湿度でジメジメして食中毒を起こす細菌が大繁殖します。
食べ物の中に食中毒の細菌が増えても、味やにおいは変わらない為、下記の点を気を付けましょう。

食中毒予防の3原則

①菌をつけない
手には、見えない雑菌がついています。きちんと手洗いをする事で食材に菌が付く事を防ぎます。

②菌を増やさない
菌は高温多湿な状況の中で、急激に増殖します。適切な温度管理をする事で、菌の増殖を防ぎます。ただし、冷蔵庫内でも緩やかに増殖は進んでいるので、早めに食べきる事を心がけて下さい。

③菌をやっつける
多くの細菌やウィルスは加熱によって死滅します。
調理の際には、肉・魚・卵だけでなく、野菜もしっかりと加熱して食べると安心です。

◆6月4日は、『虫歯予防デー』です。

健康な歯を保つためには、食後の歯磨きや甘いものを控えることが大切ですが『よく噛むこと』もとても大切です。しっかり噛んで、好き嫌いなく何でも食べて元気な身体を作りましょう。

◆『よく噛む』とこんないい事が!!
・唾液がたくさん出て虫歯を防ぎます。
・歯や歯茎が強くなります。
・顎が発達し、歯並びもよくなります。
・脳や味覚が発達します。
・満腹感が出やすく、肥満を防ぎます。
・消化がしやすくなります。

◆よく噛むためのポイント
・噛み応えのある物を選ぶ。
・やわらかい物ばかり食べない。
・食べている時に「早く」とせかさない。
・味付けは、濃くしない。

◆よく噛むために、具体的に下記のような工夫をしてみましょう。
・食材や料理に合わせて、大きめに切る。子供が持ちやすい形に切る。
⇒大きめに切る事で、自然と噛む回数が増えます。
⇒普段、薄切りにしていた野菜を野菜スティックにするだけで、子供は自分で持ってかじり取って食べます。
・噛み応えのある食材を選ぶ
⇒よく噛まないと食べられない食材を選ぶ事で、自然と噛む回数が増えます。一口30回を目安に、よく噛んで食べましょう。
・「かみかみ、ゴックン」と声掛けしながら、お手本を見せてあげて下さい。
上手にできた時には、「上手に出来たね」と褒めてあげましょう。
⇒子供は周囲の大人を真似するのが大好きです。大人の真似をしながら、よく噛む事を学習し習得していきます。
⇒楽しい雰囲気を作り、子供のやる気を引き出しましょう。

食に関する知識・情報が掲載されています。季節やその時期に関連した内容となっています。

※実際の献立表は、カラーです。

大和市公立保育園「給食献立表（普通食用）」
http://www.city.yamato.lg.jp/web/content/000160667.pdf

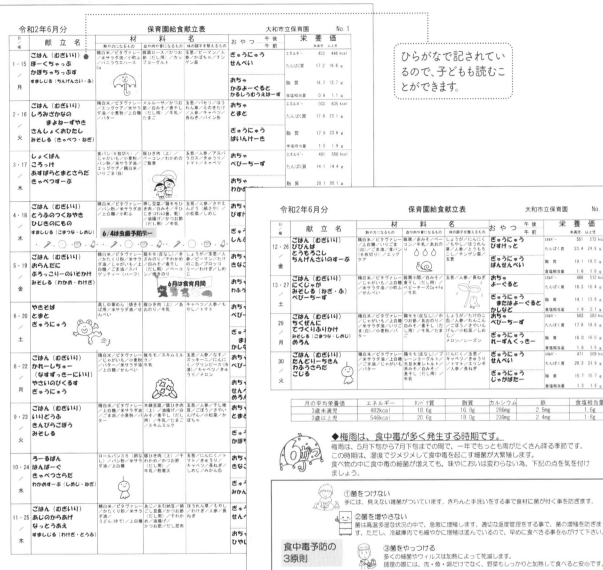

食を通した保護者への支援③

食を通した保護者への支援の具体的な取組には、献立表、おたよりのほかにも、送迎時や連絡帳でのやり取り、食事のサンプル展示、食事・おやつの時間を含めた保育参観・保育参加、給食試食会、親子クッキング、ホームページ・ブログなどがあります。各園の実情に合わせた取組を行い、家庭との連携をより深めていくことに繋げましょう。

食事のサンプル展示

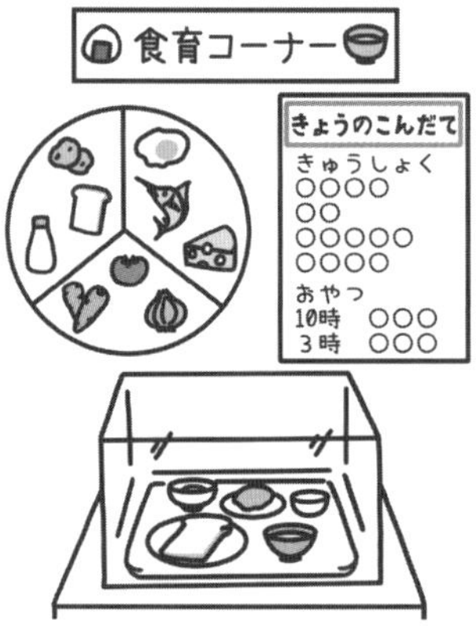

その日の給食・おやつのサンプルを玄関や調理室前などに展示すると、保護者と子ども、または保護者と職員（保育者・栄養士・調理員）が食事について話すきっかけになります。サンプルとともに、使用した食材の三色食品群の分類を示した掲示ができると、より理解が深まるでしょう。また、実物を見ることによって、保護者は量や盛り付けを参考にすることができます。「調理のポイント」を示すと、家庭での調理に役立ててもらうことができるでしょう。

園によってはサンプル展示をするのに十分なスペースが取れないこともありますが、その場合はわかりやすく当日の献立を掲示するのもよいでしょう。

送迎時や連絡帳でのやり取り

毎日の送迎時や連絡帳でのやり取り等によって、園での子どもの食事の様子や食育活動での様子を伝え、また、家庭での状況を伺い、情報の共有を図りましょう。連絡帳では、子どもの様子を記入し合うことで情報交換をすることができますが、送迎時の対面での会話も大切にしましょう。やり取りを通じて保護者の疑問や不安を把握し、保育者と栄養士、調理員で連携しながら、助言をしていきます。

連絡帳のPoint

- 園での子どもの姿が目に浮かぶようになるべく具体的に書きましょう。「完食しました」よりも「野菜スープを『先生、これおいしいね』と言いながら、完食しました。」とした方が、食事風景が保護者に伝わり、安心感を与えることができるでしょう。
- 保護者を不安にさせるような表現はすべきではありません。例えば「今日はご飯を半分も残してしまいました。」よりも「今日はお友達とのおしゃべりに夢中で、集中力が続かずに、ご飯を半分残してしまいました。」と理由を書いた方が保護者に不安を与えません。
- 保護者からの質問や相談、また不安な気持ちが書かれている場合には、それに対して必ず的確な返事をする必要があります。場合によっては連絡帳だけでなく、送迎時に直接お話するようにしましょう。
- 連絡帳に家庭の様子を書いてくれない保護者には、連絡帳で情報交換をする意義を伝えるようにしましょう。何を書けばいいのかわからない保護者もいらっしゃるので、「書き方の例」を示してもよいでしょう。ただし、無理強いはせず、なかなか書いてもらえない場合は、その分対面でのコミュニケーションを大事にするなど工夫をしましょう。

ホームページ・ブログ

スマートフォンの普及により、園での子どもの食事の様子や食に関する取組とその意味、または毎日の給食やおやつ等をホームページやブログ等で手軽に紹介できるようになってきました。

ホームページ等において、さまざまな情報を発信するということは、忙しい保護者が情報を受け取りやすくなることが期待できますし、それに加えて、一般に公開した内容については、園を利用している家庭以外の子育て家庭等も参考にすることができます。地域の子育て家庭への支援も保育所の大事な役割ですので、ホームページ等で情報発信する際には、その点を意識することも大切です。

ただし、子どもの写真や情報等を掲載する際には、個人情報の取扱いに十分注意する必要があります。

親子クッキング

保護者参加型の食に関する行事の実施は、保護者が子どもと共に食を楽しむきっかけになることが期待できます。特に親子クッキングで経験したことは、家庭での食事準備のお手伝いに取り入れてもらいやすくなります。

また、保護者と一緒に行うということで、子どもだけの調理保育よりも少し難しい調理方法（包丁を使うなど）にも挑戦すると、子どもの活動の幅が広がります。

加えて、保護者同士の交流が生まれると、家庭における食育実践が広がることも期待できるので、その点にも留意した計画を立てましょう。

地域の子育て家庭への支援

「児童福祉法」第48条の4において、地域の子育て家庭に対する支援については、保育所の努力義務として規定されていますが、食育に関しても、保育所が地域の子育て家庭への発信拠点の一つとなることが期待されています。

保健所や保健センターなどと連携し、園の調理室等を活用した食に関する相談・講習会などを行ったり、また、食に関する行事に招待したりすることで、地域の子育て家庭への支援を行うことが求められています。

お弁当の日

先生、どんなお弁当を用意したらいいですか？

土曜日や運動会・遠足等の行事の際に「家からお弁当持参」とすることがあります。保護者から「どのようなお弁当を用意したらいいでしょうか？」と聞かれることもあると思いますが、お弁当もまた食育のひとつです。おいしさはもちろんのこと、栄養バランスや食べやすさ、彩り、そして安全面・衛生面への配慮などいろいろな要素を考えてお弁当を詰めてもらう必要があります。

お弁当の栄養バランス

お弁当を詰める際、弁当箱の表面積比を**主食3：主菜1：副菜2**にするとバランスよく栄養が摂れます。保護者の方には、イラストなどでわかりやすく示すとよいでしょう。

子どもが食べやすいお弁当とは

子どものその日の食欲や外気温なども考えて、食べたいと思える食材を使ったお弁当であることが大切です。また、お弁当箱の大きさなどにも配慮してもらうことが望まれます。ドレッシングのようなものにはとろみをつけたり、乾燥しやすい食材は油などと上手に絡ませたりした調理法にするなどひと工夫すると、さらに美味しく食べられます。

誤嚥の予防・衛生管理に必要なことを伝える

年齢によって配慮すべき内容は変わりますが、食べ物の誤嚥、窒息事故の予防は欠かせません。ミニトマトなどは上手に噛むことが難しいですし、魚の骨は喉に刺さってしまう可能性がありますので、注意する必要があります。そのほかのものも細かく刻むなど調理の工夫をしてもらうよう伝え、子どもたちが安心して食べられるようにしましょう。

また、お弁当を用意する際、使用する食材や調理器具を衛生的に管理する、手洗いを徹底する、加熱したものは冷ましてから詰めるなど、衛生管理に必要なことを丁寧に伝える必要があります。

園の考えをまとめて、共通認識をもつ

誤嚥予防や衛生管理に関する事項については、園の考えをまとめて共通認識を持つ必要がありますが、それに加えて、「手づかみ食べをする子どもは手づかみしやすい大きさにする」「爪楊枝やピックなど危険を伴うものは使わない」など園独自の弁当持参に関する決まりごとを文章で分かりやすくまとめておくと良いでしょう。

保護者が子どもの喜ぶ顔を想像しながらお弁当作りができるように

安全面を考えるあまり、お弁当を作るということが保護者の精神的な負担になってしまうかもしれませんが、本来、自分のことを思って作られた心のこもったお弁当は、子どもたちにとって特別な食事となります。保護者にとっては、一見大変かもしれませんが、手作りのお弁当によって子どもは親子の絆を感じることができるということを伝え、子どもの喜ぶ顔を想像しながらお弁当作りに取り組んでもらえるようにしましょう。

特別な配慮が必要な子どもへの対応

「保育所保育指針」では、体調不良、食物アレルギー、障害のある子どもなど、一人一人の子どもの心身の状態等に応じ、嘱託医、かかりつけ医等の指示や協力の下に適切に対応すること、栄養士が配置されている場合は、専門性を生かした対応を図ることと示されています。また、必要に応じて医療機関や児童発達支援センター等の専門職の指示や協力を受けることが望まれます。

体調不良の子どもへの対応

食材の選択や調理形態を工夫した食事の提供、水分補給を基本に

体調不良の子どもへの食事に関しては、保護者と相談の上、必要に応じて看護師、嘱託医、かかりつけ医の指導、指示を受けて対応します。症状の悪化防止のために、一人一人の子どもの心身の状態と保育所の提供体制に応じた食材の選択や調理形態を工夫した食事の提供、脱水予防のための水分補給を基本として対応しましょう。そして、提供した食事等を記録し、保護者に伝えましょう。

食物アレルギーのある子どもへの対応 ➡ P.93～

保育所における食物アレルギー対応は、完全除去を基本として保育所全体で組織的に行います。詳しくは、P93からの「学校・保育所などにおける食物アレルギー対応」をご確認ください。

障害のある子どもへの対応

児童発達支援センター等や医療機関の専門職による指導の下、障害の状況に応じた援助を

障害のある子どもに対して、他の子どもと異なる食事を提供する場合、障害の状況を把握し、それに応じた食事の提供を行います。例えば、咀嚼《そしゃく》や嚥下《えんげ》の摂食機能に障害がある場合は、大きさ、固さ、温度、粘性、飲み込みやすさなどの調理形態に配慮します。

食事の際、介助の必要な場合には、児童発達支援センター等や医療機関の専門職による指導、指示を受けて、一人一人の子どもの心身の状態に応じた配慮が必要になります。障害の状況に応じて、テーブル、椅子、食器、食具を工夫し、食べやすい姿勢になっているかを確認しながら、適切な援助を行います。誤嚥《ごえん》などの事故の防止にも留意しつつ、子どもの食べようとする意欲を大切にしながら対応しましょう。

さらに、他の子どもや保護者が、障害のある子どもの食生活について理解できるような配慮が求められます。

発達障害

口腔機能の問題、異食、むら食い、食感における過敏性や食物嗜好の制限等の摂食障害が認められることが多いです。日々の食生活を知り、偏食や発達障害の特性に合わせた安心感のある環境づくりや、改善に向けて家族と連携しつつ進めることが大切です。過度のこだわりやプレッシャーによる過緊張を持つ子どもには、おだやかな食環境構成が不可欠です。

自閉症スペクトラム障害等は、想像力の障害や、感覚のアンバランスさ等から偏食や拒食になりやすい傾向にあります。偏食傾向にある子どもは、生活習慣病に繋がるリスクもあります。子どもの心身の状況に合わせた細やかな対応をとることで改善が期待できる場合が少なくありません。例えば、食品が混ざった料理はイメージがわきにくく、不安を覚えて食べられないことがあります。そのような場合は、絵カードやフードモデル等を使って確認することで、安心して喫食できる場合があります。

聴覚障害

言葉を介した食品等の模倣が難しく、視覚的側面からの支援が必要です。

咀嚼を通して刺激を得にくいことが、食欲に影響を与える場合があります。コミュニケーションが受動的になりやすいため、能動的に食事に関われるような支援が必要です。

視覚障害

幼少期から先天性による視覚経験が少ない、あるいは無いため、提供される料理の匂いを感じ取ったり、触ったり、クッキング体験をすることによって、食材や料理名の認識に繋がるような働きかけが大切です。配膳も、料理の位置や種類が分かりやすくなるような工夫をしたり、食器と食品との色のコントラストが明確になるような盛りつけの工夫が求められます。

学校・保育所などにおける食物アレルギー対応

ポイント

○保育所（厚生労働省）、学校（文部科学省）には食物アレルギーを含めたアレルギー疾患に対する取り組みを示したガイドラインが発行されています。
○ガイドラインでは、医師の診断に基づく生活管理指導表に倣《なら》い、食物アレルギーであってもできる限り給食対応することが求められています。
○ガイドラインでは、緊急時の対処（エピペン®を含む）について、全職員が理解し適切に対応できることが求められています。

食物アレルギーに対応した給食

食物アレルギーに対応した給食は下に挙げるようにいくつかの種類があり、対象者のアレルギーの状況や、給食調理の体制などを考慮して、どの対応を行うか個々に選択します。全ての対応において、メニューごとの原材料を記載したわかりやすい詳細な献立表を作成し配布して、誤食事故を防止するよう工夫しましょう。

対応の種類

● 献立表対応

メニューごとの原材料を全て献立表に記載し、保護者に事前に伝えます。保護者は、その情報に基づいてメニューの中から取り除いて食べるもの、または食べるメニューと食べないメニューを決め、それを園児・児童生徒らに指示します。

献立表だけの対応であると、最終的な判断は保護者や子どもたちに委ねられてしまうので、本来は献立表提示だけの対応は不十分であり、除去食や代替食と組み合わせることが望ましい対応です。

● 弁当対応

給食を全く食べず全て弁当を自宅から持参する「完全弁当対応」と、食べられない一部のメニュー（主食や果物など）の代わりに部分的に自宅から弁当を持参する「一部弁当対応」があります。除去食、代替食をされていても、時には一部弁当が必要な場合もあります。

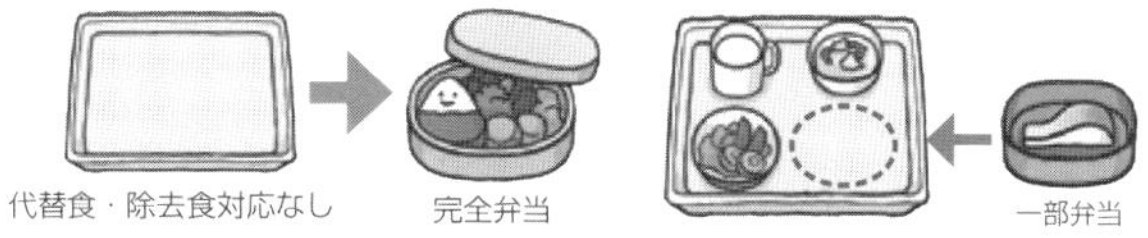

● 除去食

広義の除去食は単品の牛乳や果物を除いて提供する給食を含みますが、本来の除去食は調理の過程で特定の原材料を加えない、または除いた給食を提供することを指します。安全性を最優先に考えると、給食対応の基本と考えられます。

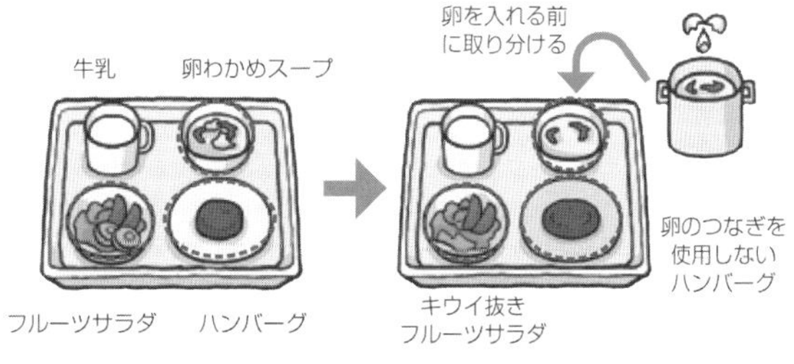

● 代替食

除去した食材に対して、代わりの食材を加えたり、調理法を変えたりして完全な献立（栄養価を調整されたもの）を提供することをいいます。栄養価を考慮されずに代替提供される給食は、厳密には代替食とはいいません。代替食の調理には事前の準備と人手や調理環境が必要となるため、理想的な給食対応ではありますが、実際にごく一部の調理場でしか実現できません。

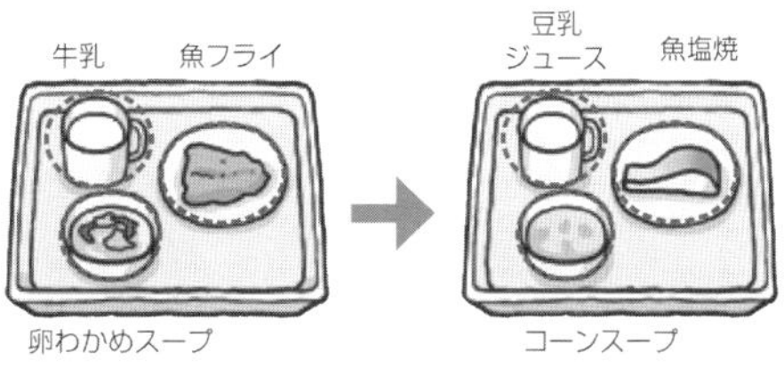

出典：環境再生保全機構 ERCA（エルカ）「ぜん息予防のためのよくわかる食物アレルギー対応ガイドブック2014」を加工して作成
https://www.erca.go.jp/yobou/pamphlet/form/00/pdf/archives_24514.pdf
厚生労働省「保育所におけるアレルギー対応ガイドライン(2019年改訂版)」に合わせて改編しています。(下線部分)

献立作成時に配慮すること

給食提供において優先されることは、栄養価の充足ではなく安全性の高さです。このため、以下のような観点で給食の献立作成を考えると良いでしょう。

❶ 皆が共通献立で食べられるよう、頻度の多い鶏卵や牛乳を調理に含まないメニューを増やす工夫をする
❷ 学童期以降に特に増えてくる食材（甲殻類、キウイなど）をできるだけ使用しない
❸ 重症症状を呈しやすい食材をできるだけ使用しない（そば、ピーナッツなど）

アレルギーに対応しやすい基本献立

鶏卵・牛乳を使わない メニューを増やす	地元の野菜や肉・魚など地産地消を生かした自然の食材から調理する
鶏卵・牛乳を使わない 調理方法を選ぶ	フライの衣、唐揚げ、ハンバーグのつなぎ
鶏卵・牛乳を使わない 加工食品を選ぶ	かまぼこ、ちくわ、カレー、肉団子、冷凍フライ、パンなど
鶏卵・牛乳が複数のメニューに 重複しないように献立を作成する	一日の調理で対応パターンを減らすことができる
そば、ピーナッツは 加工食品も含めて使用しない	アーモンドなど他のナッツ類は必ずしも排除しなくてよい
原因食物を複数含むメニューは 対応パターンを単純化する	「八宝菜」など多種対応が必要な場合、できれば全種対応のパターン１つに絞る

調理・配膳時の注意点

調理・配膳時は混入（コンタミネーション）が比較的発生しやすいタイミングです。以下に示す管理を最大限に行えるように整備しましょう。

1.　原材料（加工食品）の選定と管理

納入業者から詳細な原料配合表を取り寄せ、納品ごとに確認します。業者の都合で普段と異なる商品が納入されたり、同じ商品でも原材料が変更されたりする場合があるので、毎回確認が必要です。

アレルギー用に特別な調味料などを使用する場合には、保管方法や賞味期限切れに注意します。

2.　調理施設・器具

調理施設にアレルギー食調理用の専用スペースを設けることが理想的です。専用調理場が難しくても、床にラインを引いた専用コーナー、もしくは一時的に調理場の一角を専用スペースとして運用することでも構いません。

専用の調理器具が備えてあることが理想的ですが、多くの調理器具や食器は洗剤で丁寧に手洗いすることで混入のリスクは減り、共用使用可能です。

3.　人員配置・調理手順

一般調理からの混入を最小限にできる配置や調理作業工程を考え、専用スペースで作業する調理員や栄養士は限定するとよいでしょう。また専用スペースに出入りするときは手や調理着にアレルゲンの付着がないか気をつけ、またそうした混入を避けるためにも、アレルギー対応食を調理する調理員の意識を高く保つ努力も大切です。

4.　指差し声出し確認

繰り返し確認作業は必要であり、業務を始める前に、全体の調理からの取り分けの手順、使用する調味料などの確認を複数で行い、ホワイトボードなどに明記しておきます。食札や作業手順書を必ず手元に置いて作業します。配膳後、調理担当者以外の調理員か栄養士と一緒に食札と手順書を確認して、作業工程に間違いがなかったか指差し呼称しながら確認作業を行います。その場で本人専用の袋やコンテナに入れて、教室まで配膳します。

出典：環境再生保全機構 ERCA（エルカ）「ぜん息予防のためのよくわかる食物アレルギー対応ガイドブック2014」
https://www.erca.go.jp/yobou/pamphlet/form/00/pdf/archives_24514.pdf

保育所給食

保育所給食における食物アレルギーへの対応は、アレルギー疾患生活管理指導表に基づいて行うことが基本です。保育所給食のアレルギー対応には、特にほかの集団給食とは異なる以下のような特徴があります。

❶ 給食食数は少ないが、食種や提供回数が多い。
❷ 対象年齢幅が広く、事故予防管理や栄養管理がより重要である。
❸ 経過中に食べられるようになりやすい。
❹ 経過中に新規の発症がある。
❺ まだ食べた経験がない食品数が多い。

保育所で"初めて食べる"ことを避ける

保育園児、特に0～1歳児は明確なアレルギーの既往がなくてもまだ摂取していない食品について保育所では摂取しないように医師から指示が出ることがあります。保育所における新規の発症を未然に防ぐためにも、保育所で"初めて食べる"ことを避けるとよいでしょう。

また、新規発症の危険性の高い食物を献立から避け、栄養摂取量に大きく影響しないならば、鶏卵、牛乳などの主要原因食物をできるだけ献立に利用しない取り組みが勧められます。

食物アレルギーの診断がされていない子どもでも、保育所において初めて発症することもあるので、その可能性も踏まえて、体制を整備しておきましょう。

安全を最優先にした完全除去による対応

食物アレルギー対応においては安全性の高い給食提供が求められるため、完全除去による対応が基本です。対応は単純化し、アレルギーの原因となる食品について、「完全除去」か「解除」の両極で対応を進めます。

ただし完全除去を行う場合には、栄養面の配慮を可能な限り行うことも求められます。

除去していたものを解除する場合は、医師の指示に基づき、保護者と保育所の間で書面申請をもって対応することが必要です。

保育所におけるアレルギー対応

保育所におけるアレルギー疾患生活管理指導表

保育所において、給食の提供は保育の中でも非常に大きなウエートを占めています。そのため、各所では給食や食育に力をいれており、自所の調理室で調理して給食を提供していることが少なくありません。

保育所での対応決定には、医師の診断に基づいた対応が必須です。「保育所におけるアレルギー対応ガイドライン(2019年改訂版)」(厚生労働省)において、生活管理指導表の位置付けが明確になり、フォーマットが変更されたことによって、保育所におけるアレルギー対応がより具体的に実施できるようになりました。除去の根拠を併記しながら原因アレルゲンを単純化して示す「保育所におけるアレルギー疾患生活管理指導表」は集団におけるアレルゲン除去食について必要十分な情報をわかりやすく示しています。

出典：環境再生保全機構 ERCA（エルカ）「ぜん息予防のためのよくわかる食物アレルギー対応ガイドブック2014」を加工して作成
https://www.erca.go.jp/yobou/pamphlet/form/00/pdf/archives_24514.pdf
厚生労働省「保育所におけるアレルギー対応ガイドライン(2019年改訂版)」に合わせて改編しています。(下線部分)

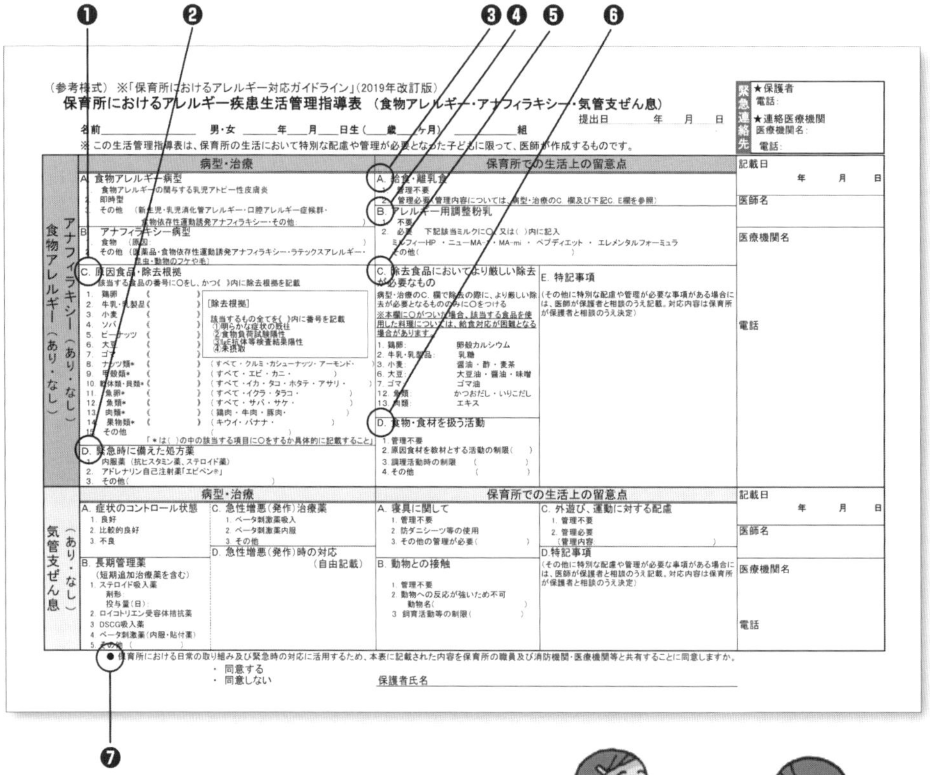

記載事項のポイント

[病型・治療]

❶ 原因食品・除去根拠

保育所には乳児が在籍する場合があるため、未摂取の食品の除去が必要だと医師に判断されることがあり、その場合には「④未摂取」が選択されます。

❷ 緊急時に備えた処方薬

原則、医師が子どもの症状に合わせた薬を処方し、保護者にどのような症状が現れたらどの薬を使うのかを示します。なお、保育所におけるエピペン®管理は、園児が一人で自己注射することは実際上困難であるため、保育所職員による介助が必要です。保育所では事前にエピペン®の管理方法や、誤食時の対応を保護者とよく打ち合わせておく必要があります。

[保育所での生活上の注意点]

❸ 給食・離乳食

改訂前の「保護者と相談し決定」という選択肢がなくなり、代わりに「管理必要」になりました。

保育所は幼稚園や学校と異なり、食物アレルギー対応も手厚く行われてきた歴史があり、その対応の主体が代替食であることも少なくありません。しかし、対応の基本は安全を最優先にした除去食対応であり、環境が整った調理場において代替食を進めるべきと考えます。保育所の給食は保育の中でも栄養面からだけでなく食育の観点からも重要であり、きちんとした代替食が提供されていることが多いのは望ましいことです。

❹ アレルギー用調製粉乳

乳児では粉乳が主たるエネルギー・栄養源であるので、牛乳アレルギーであった場合には具体的なアレルギー用ミルク名を挙げて記載します。離乳完了後にも主要なカルシウム源として保育所でも飲用し料理中にも使用することが望ましいです。

❺ 除去食品においてより厳しい除去が必要なもの

ここに挙げられている食品はアレルゲンタンパク質の含有量が少ないか、発酵などによりアレルゲン性が幾分低下しているために、該当食品に対するアレルギーがあってもよほど重症でなければ多くの場合に摂取可能なものが列記されています。除去を必要とする場合には、「病型・治療」欄の「C.原因食品・除去根拠」の記載とは別に、本欄に記載が必要です。

❻ 食物・食材を扱う活動

乳児および幼児早期は何でも口に入れる傾向があるため、給食以外の活動の中でも注意が必要です。例えば小麦粉やゼラチンの粘土、豆まき用のピーナッツ、卵を割らせる経験など様々なことが行われるので、本欄に記載の内容にならい、対応内容は保育所が保護者と個別に相談のうえ、決定します。

❼ 確認欄

関係機関との連携を土台として、保育所内外を問わず、情報共有の必要性に基づく「確認欄」が新設されました。

出典：環境再生保全機構 ERCA（エルカ）「ぜん息予防のためのよくわかる食物アレルギー対応ガイドブック2014」を加工して作成
https://www.erca.go.jp/yobou/pamphlet/form/00/pdf/archives_24514.pdf
厚生労働省「保育所におけるアレルギー対応ガイドライン(2019年改訂版)」に合わせて改編しています。(下線部分)

保育所で給食対応を行うためのポイント

1. 必要最小限の除去を通して望ましい食習慣を確立する

"偏食をなくすこと" "よく噛んで食べること" "規則正しい食事を楽しくいただくこと" は食物アレルギー児にとっても大切です。乳幼児期は味覚や食習慣が形成される大切な時期です。必要最小限の除去の中で、新鮮な旬の野菜や、丁寧にだしをとった薄味の煮物、よく噛んで食べる肉料理などを食べさせましょう。こうした手作りの料理はアレルゲンを含まないことが多く、除去食対応もしやすくなります。

2. おやつの提供

おやつはアレルゲンとなりやすい鶏卵・牛乳・小麦を含むものが多いため、誤食事故が起きやすいものです。特に、行事に伴うおやつは担任以外の先生が配ることもあり、注意が必要です。本人のお誕生日など特別な行事のときには、クラス全員が同じおやつや行事食を食べられるように、配慮したいものです。

3. 除去の解除

初めて食べる食材や、除去していた食品の解除を進める場合は、家庭で繰り返し食べて安全性が確認されてから給食に導入することが原則です。しかし、解除が進む過程では、本人が食べたがらないこともしばしばあります。その理由として、①味に慣れない（嫌い）、②過去の症状に対する気持ちのトラウマ、③本当は軽いアレルギー症状（のどの違和感、軽い腹痛や吐き気）を感じている、などが考えられます。本人の気持ちと保護者の意向をくみ取って、しばらく給食では除去したり、食べ方や調理法を工夫します。

4. 誤食や誤飲

誤食事故の原因は、調理場の中ばかりではありません。隣の子が牛乳をこぼした、ほかの子のものを食べた、食べ物で汚れた手で触った、目をこすった、机や床の食べこぼしなど、多くの注意が必要です。しかし原因食物に接触してしまうことは、管理対象が年端のいかない子どもであるので、完全には予防しきれないのが事実でしょう。一般的に、原因食物の接触では、接触部位の皮膚・粘膜症状が出現するものの、アナフィラキシー症状が誘発されることは極めて重篤なごく一部の患児に限られます。

食器やトレーの区別、給食時の座席の配置や、入園当初に保護者に教室の様子を見てもらって、不可避の接触事故には保護者に理解を求めると良いでしょう。もちろん、誤食はこの限りではありません。

5. 母親への助言や援助

広範囲にわたる除去指導や、誤った考え方に基づく除去指導を受け、必要最小限が実現できていない保護者や「食べさせるのが怖い」と思って、離乳食や除去食の解除をなかなか進められない保護者がいます。保育所や学校では、こうした保護者に対して正しい食物アレルギーの考え方や、園児・児童生徒らが給食で食べている様子を伝えていきましょう。

また、病院の受診の有無を確認し、長期間受診していないようであれば、受診を促すようにしましょう。こうした保護者のためにも、生活管理指導表を医師の指示に基づいて運用し、定期的に提出してもらうことが大事なのです。

出典：環境再生保全機構 ERCA（エルカ）「ぜん息予防のためのよくわかる食物アレルギー対応ガイドブック2014」
https://www.erca.go.jp/yobou/pamphlet/form/00/pdf/archives_24514.pdf

学校・保育所生活における配慮

食物アレルギーで配慮が必要なのは、給食の時間だけではありません。
行事など様々な活動では保護者と綿密な打ち合わせや医療事情の把握が必要です。

1. アレルゲンにはできるだけ触れないようにする

食物アレルギーのある子どもは、触れただけで症状が出てしまうことは少なくありません。通常は触れた皮膚や粘膜の軽い症状でおさまりますが、できるだけ触れないようにする配慮は必要でしょう。

- 座席の配置（担任や保育士が管理しやすい座席、程度が重ければ机を少し離すなど）
- 食事中はもちろん、食後もしばらくは注意して見守ると良い
- 給食当番の役割分担への配慮や後片付け、掃除当番でアレルゲンに触れない工夫

2. 日常活動での配慮

- 調理実習では、アレルゲンとなる食物を扱わないメニューを考慮する。重症児の場合には、前の授業の調理内容も注意を要することもある
- 小麦粘土、牛乳パックを使った工作、パン食い競走、植物栽培、豆まきなど

3. 特別活動・地域活動

- 宿泊先との確認や地域の医療事情事情を事前に把握する。重症児の場合には、搬送先病院の選定や管轄する消防機関と連携を取っておくのも良い
- 工場見学、体験学習（そば打ち体験、乳搾りなど）
- 遠足のおやつ（友だち同士による交換）

4. クラスの子どもたちの理解

- 心の授業や食育の授業の時間を利用して、食物アレルギーのために食べられないものがあることを説明する。保護者や患者会などが作成した絵本や紙芝居なども利用できる

出典：環境再生保全機構 ERCA（エルカ）「ぜん息予防のためのよく分かる食物アレルギー対応ガイドブック2014」を加工して作成
https://www.erca.go.jp/yobou/pamphlet/form/00/pdf/archives_24514.pdf

特別な配慮を要する“ぜん息の子ども”

気管支ぜん息の子どもの保育所での生活において特別な配慮や管理が必要な事項がある場合には、生活管理指導表に含めて、医師が保護者と相談し、診断・指示した内容を付随的に記載することが可能です。当該記載がある場合の保育所における具体的な対応については、保育所の職員が保護者と相談して決定し、決定した内容については記録に残し、子どものアレルギー対応に係る実施計画書等に反映していきます。

小児の気管支ぜん息は、発作性にゼーゼー、ヒューヒューといった喘鳴（ぜんめい）を伴う呼吸困難を繰り返す疾患であり、呼吸困難は自然ないし治療により軽快、治癒しますが、ごく稀には死に至ることもあります。ぜん息と診断されるのは、3歳児で 8.5％との報告※があります（※「アレルギー疾患に関する3歳児全都調査（平成26年度）」（東京都健康安全研究センター））。

気管支ぜん息症状の予防には、アレルゲンを減らすための環境整備が極めて重要です。そのため、保育所での生活環境は、室内清掃だけでなく、特に寝具の使用に関して留意する必要があります。また、保護者との連携により、気管支ぜん息の治療状況を把握し、運動等の保育所生活について、事前に相談する必要があります。

保護者支援等に役立つ情報のひとつとしてぜん息・慢性閉塞性肺疾患（COPD）の無料相談ダイヤル等があります。**環境再生保全機構**では、大気汚染の影響などによる健康被害を予防するため、ぜん息等の発症や悪化の防止、早期の健康回復を図るための事業が行われています。

独立行政法人 環境再生保全機構(ERCA)ぜん息・COPD電話相談室 大気環境・ぜん息などの情報館 **検索**
0120−598014 【受付】月〜土（日祝を除く） 10:00−17:00

園での食における衛生管理

保育所では、安全性の高い食事を提供するために、食材・調理食品の衛生管理、保管時や調理後の温度管理の徹底、施設・設備の衛生面への留意と保守点検、検査、保存食の管理を行い、衛生管理体制を確立させます。児童福祉施設等では、「大量調理施設衛生管理マニュアル」（厚生労働省）に基づいた衛生管理体制を徹底することとされていますので、保育所においても、それに従い、安全・安心な食事を提供することが基本です。乳幼児を対象としていますので、食事介助にあたる保育者についても調理従事者に準じた衛生管理・健康管理への配慮が求められています。

調理が終了した食品は速やかに提供できるようにします。

- 調理後の食品は、調理終了後から2時間以内に喫食します。
- 調理後直ちに提供される食品以外の食品は食中毒菌の増殖を抑制するために、10℃以下又は65℃以上で管理します。

監査・巡回などで確認される主な点検事項

- ☑ 給食関係職員の検便は、毎月全員に実施されているか。
- ☑ 給食関係の新規採用職員は、検便結果確認後に給食関係業務に従事させているか。
- ☑ 感染症対応マニュアルが整備され、感染症対策が適切に行われているか。
- ☑ 食中毒対応マニュアルが整備され、食中毒対策が適切に行われているか。

調理室・調乳室の点検事項

〔調理室〕

- ☑ 給食材料の保管等食品倉庫の衛生管理は適切か。
- ☑ 食器類の衛生管理に努めているか。
- ☑ 調理員の休憩室、専用トイレ、手洗い設備は適切か。
- ☑ 調理業務従事者以外の者が立ち入っていないか。
- ☑ 保存食は、適切に保存されているか。

〔調乳室〕

- ☑ 調乳に必要のないものを置いていないか。
- ☑ 調乳するときの手順書は定位置にあるか。
- ☑ 調乳するときは調乳専用エプロンに取り替えているか。
- ☑ 調乳前の手洗い時、専用手拭きを使用しているか。

調理従事者の点検事項（出勤時）

- ☑ 下痢・嘔吐・発熱等の症状はないか。
- ☑ 手指や顔面などの化膿創はないか。
- ☑ エプロン・三角巾・マスクなどは清潔なものを身につけたか。
- ☑ 整髪処理（毛髪が三角巾などからはみ出ていない等）は適切か。
- ☑ 調理場専用の履物を使っているか。
- ☑ 指周りの処理（爪切り・指輪・マニキュアの除去等）は適切か。
- ☑ 泡石鹸による手洗い及びアルコール消毒はできたか。
- ☑ トイレは調理室専用便所を使用したか。

食育と衛生面への意識

食育計画の作成においても、衛生面に配慮した内容が求められます。子ども自身が衛生的に配慮された食事であることを認識し、食事の場面でも衛生的に注意が必要であること、自分でも気を付けられるようになることを目指します。特に、調理保育を行う場合は、衛生面、安全面に十分に留意します。食中毒を防ぐために、食中毒菌を「付けない」「増やさない」「やっつける」という3原則があります。毎日の食事や調理保育の際に、この3原則を子どもたちに伝えていくことなどで、衛生面への意識を高めていくことが大切です。

食中毒予防の3原則　食中毒菌を「付けない」「増やさない」「やっつける」

①付けない

- 調理前、生肉や生魚などに触れる前後、調理の途中でトイレに行ったとき、そして食事前には、手を必ず洗います。
- 生肉用、生魚用、野菜用というように調理器具を分けたり、または、生食用の食材を先に取り扱ったりします。

②増やさない

- 細菌の増殖は10℃以下でゆっくりになるので、生鮮食品などをすぐに食べない場合は、できるだけ早く冷蔵・冷凍保存します。

③やっつける

- 多くの細菌は加熱によって死滅します。（75℃以上で1分以上加熱することが目安）

※ウイルスの場合は、「持ち込まない」「広げない」ことが重要です。

参考文献：「保育所における食事の提供ガイドライン」（平成24年3月 厚生労働省）
『調理保育における衛生管理の留意点』については、P66を参考にしてください。

災害への食の備え

「保育所保育指針」（平成30年2月 厚生労働省）では、保育所における災害への備えに関する節が新たに設けられました。もしものときに備えて、園は「非常災害時対応マニュアル」の作成を求められているのと同時に、平時より非常食の備蓄（献立例を含む）が必要です。

備蓄する食品を選ぶ際のポイント

- 常温で長期間保存できるもの
- 水が不要なもの
- 食器・食具が不要なもの
- 加熱調理が不要なもの
- 個包装でそのまま配布できるもの
- 食べ慣れたもの

※粉ミルク・液体ミルク（アレルギー児用のミルクを含む）、離乳食、食物アレルギー対応食は平時から数日分余分に園に置いておくようにします。

※誤食を防止するために摂取可能な食品の有無を明らかに周知することが大切です。

主な非常食

水（長期保存水）
アルファ化米　レトルトご飯
レトルト食品　缶詰
乾パン　長期保存可能な菓子

ライフライン（電気・ガス・水道など）が遮断されたときの必須アイテム

水
カセットコンロ、カセットボンベ、カセットコンロで使用するなべなどの調理器具
使い捨て食器（紙皿・割り箸）
ラップ

使った分を買い足して備蓄する「ローリングストック法」

「ローリングストック法」とは、保存性のよい食材や加工品等を日頃から少し多めに買っておき、賞味期限を考えて古いものから消費し、消費した分だけ新しく買い足すことで、常に一定量の食料を備えておく方法です。この方法の良い点は、常に新しい食品を備蓄できることです。それに加えて、普段食べているものを災害時の食事でも摂ることができます。

園でローリングストックしやすい主な食品

無洗米
スパゲッティ
缶詰（ツナ缶、コーン缶、ホールトマト缶、果物缶など）
乾物（干ひじき、高野豆腐など）
菓子（ビスケット、スナック菓子、ゼリーなど）
粉ミルク・液体ミルク

災害に備えて、「非常食」と「日常食品」の両方を備蓄しましょう。

非常食 ……………………主に災害時に消費するもの
日常食品 …………………普段から消費し、災害時にも消費するもの（ローリングストック）

Q. 食料の備蓄は何日分必要ですか？

A. これまでは3日分の備蓄があれば十分だと言われていましたが、南海トラフ巨大地震対策では「1週間以上」の備蓄が推奨されています。園やその地域の実情に合わせて検討し、決めるようにしましょう。

Q. 食物アレルギーのある子どもへの対応はどうしますか？

A. 災害時には、普通食とアレルギー対応食とに分けて提供することが大変である可能性も考えられます。担当職員が不在であることも予想されます。誤食事故予防のためには、食物アレルギー児も食べられる食事を全員に提供することが最善の方法です。

普通食とアレルギー対応食とに分けて提供する場合、誰でも対応できるように、アレルギーの情報や緊急連絡先を記したワッペン等を利用しましょう。

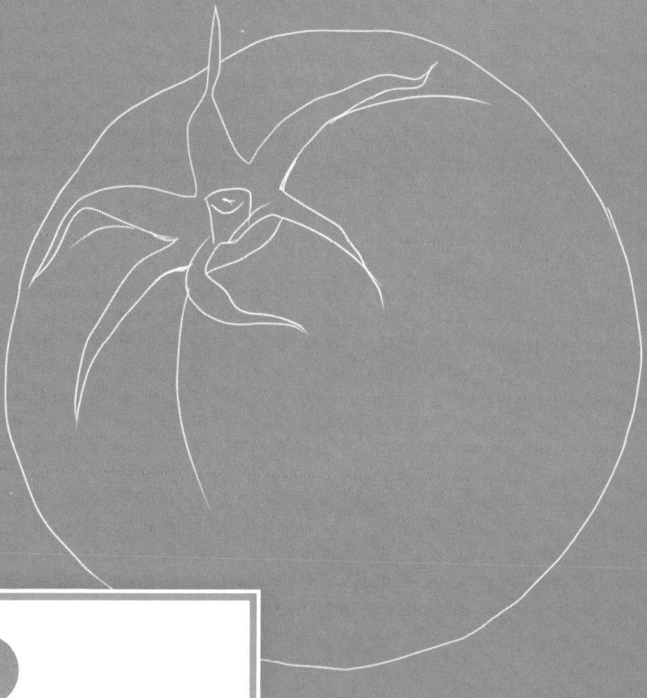

Part 3

より良い食育のために

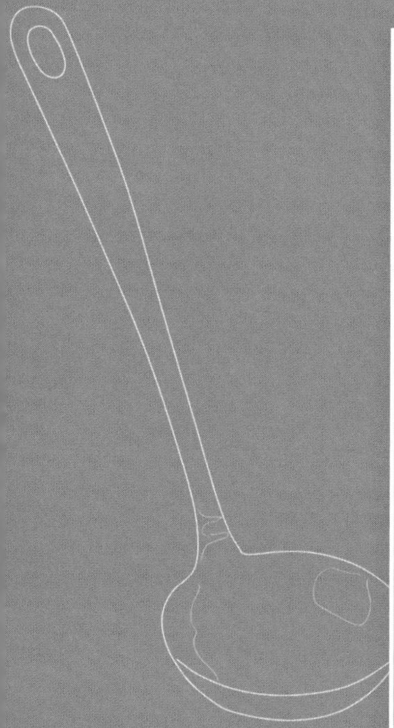

地域における食育計画（愛媛県宇和島市）

最近では、地域の現状・特色を踏まえた「食育計画」が多くの自治体から出されています。保育所等で食育計画を作成する際、地域の食の課題や実情を正しく知るうえで、大事な参考となるものです。

現代は「飽食の時代」と言われる一方、「相対的貧困」の問題にも向き合っていかなければなりません。また、保育の現場では、好き嫌いの多い子や噛めない子、飲み込めない子、食事に対して意欲の乏しい子等、「食に対する悩みを抱えた子」に対する細やかな対応が求められています。また「朝食の欠食等」の食習慣の乱れも、子どもの健全な成長に影響を及ぼします。

食べることは生きるための基本であり、子どもの健やかな発達に欠かせません。子どもたちが生活の長い時間を過ごす保育所等において、全職員、保護者、地域の人たちが連携をとり、発育・発達の段階に応じた豊かな食の体験を積み重ねることは、子ども一人一人の「食を営む力」を育む上で、欠かせないことであります。

そして、食べ物や料理は、体を育てるだけでなく「心」を満たすものでもあります。「いのちを大切にする心」「人間的な信頼関係の確立」「地域の文化や郷土を大切にする心」「生産者への感謝の気持ち」等を食事の中で育むことで、身体的、精神的、社会的健康に充実し「食べることの楽しさ、大切さを感じる子どもに育てる」ことを目標に、保育所等での取組をすすめていきたい…、このような沢山の思いを食育計画に含めていきたいものです。

愛媛県宇和島市の**『食育計画うわじま』**には、子どもたちの様々な「食」の問題に対応し、「心身ともに健康な子ども」を育てるために、必要な考え方のヒントになる事柄や、職員が話し合いをもち、園全体の連携をとりながら計画的に食育を行っていくための重要事項が独自の視点で盛り込まれています。保護者や保育者等が関心をもち、根気強く愛情をもって子どもたちと共に育ちあう食育でありたいと願う要素を沢山感じ取ることができます。

地域の食をめぐる現状と課題を知り、これまでの取組を評価し、見直しを重ねながら、自治体の示す食育計画を参考にして、よりよい食育計画に役立てていきましょう。

食育計画うわじま

～保育園・認定こども園ですすめる食育～

目　　次

宇和島市「食育計画うわじま～保育園・認定こども園ですすめる食育～」より抜粋
https://www.city.uwajima.ehime.jp/uploaded/attachment/28303.pdf

本書P103～P112において、『食育計画うわじま』の一部を抜粋してご紹介します。詳しくはHPをご覧ください。

第３章　計画の方向性

２　計画の推進体系

≪目的≫　キャッチフレーズ
「まじわう　つながる　うわじまっこ」～　愛情いっぱい　いただきます ～

★ 食育全体目標

①	「早寝・早起き」で朝ごはん！	十分な睡眠と空腹を感じる生活リズムを身に付けましょう
②	バランスよく、よく噛んで食べる！	いろいろなものをよく噛んで、味わって食べましょう 好き嫌いせず食べられるようになりましょう
③	みんなで食事をする！	身近な人と一緒に食べる楽しさを味わいましょう
④	食の恵みを知り、感謝の気持ちを持つ！	「いただきます」「ごちそうさま」のあいさつをしましょう 食べ物を残さず、「もったいない」の心を育みましょう
⑤	食事のマナーを身に付ける！	食具の使い方や行儀作法を身に付けましょう

この計画は、宇和島市子ども・子育て支援事業計画の目標である**「笑顔あふれる子どもたちを支え、育む宇和島」**を目指し、家庭と地域との連携を深め食育を推進します。
また、宇和島市「健康づくり推進計画」、「母子保健計画」、「食育プラン」との整合性を図るものとします。

【年齢別目標】

乳幼児期は、心や体の発達・発育が著しく、人間形成の基礎となる大切な時期です。また、この時期の豊かな食の経験は、「食を営む力」の基礎を培います。

そこで、この計画では、発育・発達過程に関わる主な特徴に応じて年齢別に目標を設定し、子ども達一人ひとりの発達・発育に応じた食育への取組を行います。

年齢	０歳	１歳	２歳児	３歳児	４歳児	５歳児
目標	**◎モグモグ・カミカミゴックンしよう** ○安心できる人と心地よい生活を送る ○離乳食を喜んで食べる	**◎いろいろな味を楽しもう** ○いろいろな食べ物を手づかみで食べる ○生活リズムを身に付ける	**◎自分で食べる意欲を持とう** ○いろいろな食品や調理形態に慣れ、食具を使って何でも食べる	**◎みんなと一緒に楽しく食べよう** ○いっぱい遊んで意欲的に食べる ○食事のマナーを知る	**◎食事と健康(からだ)の関係を知ろう** ○正しい食事のマナーを身に付ける ○いろいろな食べ物を食べる	**◎感謝の気持ちを持とう** ○食の循環に興味を持つ ○赤・黄・緑の栄養素を自分から進んで知ろう
ねらい	授乳や食事を通して、愛着関係を深め、食の喜びを知る	自分で食べることを楽しむ	いろいろな種類の食べ物を味わい食べ物に関心を持つ	食事のマナーを知り、みんなで一緒に食べることを楽しむ	食べ物やからだのことに関心を持つ	食べ物を食べて生きていることを実感し、食に関わる全ての人に感謝の気持ちを持つ

8

宇和島市「食育計画うわじま～保育園・認定こども園ですすめる食育～」より抜粋
https://www.city.uwajima.ehime.jp/uploaded/attachment/28303.pdf

※詳しい内容は下記URLをご確認ください。

3 目標に応じた年齢別取組と支援

目標＼年齢		6か月～	1歳ころ	1歳6か月
①「早寝・早起き」で朝ごはん ・十分な睡眠と空腹を感じる生活リズムを身に付けましょう	取組	**◆十分にお腹を空かせ、食事をおいしく食べる**	・就寝時間を決める ・決まった時間に食事をとる	
	取組	**◆ふれあい遊びを楽しむ** ・よく遊び・よく眠り・乳や食べ物を催促する ・ハイハイを十分楽しむ ・手で触る、感触を楽しむ ・声を上げて嬉しさを表現する	・保育士と一緒に安全なおもちゃ（素材・大きさ）を使って遊ぶ ・保育士と一緒に遊んだり保育士から言葉かけをかけてもらうことで遊びが広がる	
	支援	・十分な睡眠の確保に静かな環境を保つ ・健康カードを確認し、保護者へ子どもの育ちを伝える		・保護者に保育園の食育目標や食事指導 ・健康カードを確認し、保護者へ子ども ・午睡時間を考える ・家庭との連携を密にして睡眠時間を調
	支援	・あいさつを保育士がする ⇒ ・「おいしいね」「おいしかったね」と声をかけ、食事の楽しさを知らせる		
⑤**食事のマナーを身に付ける** ・食具の使い方や行儀作法を身に付けましょう	取組	・食前の手拭き、食後の口拭きや手拭きをしてもらい、気持ち良くなる	・食前の手洗い、食後に口を拭きとってもらう ・コップを使う ・スプーンを持つ ・椅子に座って食べる	・手洗いすることを知らせ習慣付けていく ・汚れに気づき、自分で拭こうとする **◆正しい食具の使い方に慣れる** ・スプーンやフォークを持って食べようとする ・一人でコップが使える
	支援	・食前の手拭き、食後の口拭きや手拭きをする ・椅子に座って食べさせる	・食前の手洗い、食後の口拭きなど ・食卓や椅子の高さを合わせる ・食事前の手洗い、食後の口拭きを習慣付ける ・子ども用の食器に盛り付ける	・食具や食器を使う ・保護者が正しいマナーの見本となる ・食具の使い方を知らせる

9

宇和島市「食育計画うわじま～保育園・認定こども園ですすめる食育～」より抜粋　https://www.city.uwajima.ehime.jp/uploaded/attachment/28303.pdf

2歳	3歳	4歳	5歳
・空腹感を持って目覚める　・毎日朝食をとる　・登園前に排便ができる		◆一日の生活の流れを見通し、生活習慣が身に付く（食事時間約３０分）	・決められた時間に食事ができる
・外遊びや散歩を十分楽しむ ・友だちとのやりとりを通じていろいろな遊びを経験する ・簡単なごっこ遊びを通し、相手を意識し共通の遊びを楽しむ	◆友だちと一緒に簡単なルールのある遊びを楽しむ ◆自分の経験したことや思ったことを話し、友だちに思いを伝える	・友だちと一緒にいろいろなルールを知りルールを守って遊ぶ ・友だちの思いを聞いたり、自分の思いを言葉で表現することで、友だちとのかかわりを深める	・ルールのある遊びを、友達と一緒に楽しむ ・友だちと協力したり思いを一緒にしながら遊びを広げていく ・自分の感じたことを豊かに表現することで、考えたり工夫したりする力を育てる
の考え方を伝える の育ちや「早寝」「早起き」の大切さを伝える 節する		・時間を決めて食べることの大切さを知らせる ・食事量を調節することにより食べる喜び	
・調理をする人と関わり親しみをもたせる	・食育集会などで、調理員の話を聞く ・簡単なお手伝いをさせる	・自分たちのできる範囲で栽培活動を行う ・行事食を提供し、その由来や食材について伝える	・野菜等の栽培や世話、収穫を行う
・給食前の手洗いを一緒にする ◆スムーズにスプーンやフォークから箸へ移行する ・スプーンやフォークを持って食べる ・器に手を添える	◆給食前の手洗いをすすんでする ◆正しく箸を使って食べようとする ・食具を持っていない手で食器をささえる ・食事の挨拶や正しい姿勢を知る	◆箸のマナーと食事マナーを身に付ける ・正しい箸の持ち方を徐々に身に付ける	◆正しい食事の仕方を身に付ける ・必要な決まり事に気付き、守る
・給食前の手洗いがすすんでできるように促す ・手指の発達に合わせ、箸へ移行する時期を見極める	・箸でつかみやすい形を工夫する ・テーブルと椅子の高さを合わせ、正しい姿勢で食べられるように環境を整える ・配膳の仕方や、皿に手を添えたり手に持つことを知らせる ・茶碗や皿に残さずきれいに食べられるよう、一人ひとりに丁寧に声かけする	・食事に必要な習慣を伝えていく ・食器の正しい配置や箸の持ち方に気を付け、マナーについてもう一度見直す	・食事の準備、片づけの手伝いを取り入れる ・基本的なマナー、食事の姿勢、箸の持ち方等、個別に指導する

宇和島市「食育計画うわじま～保育園・認定こども園ですすめる食育～」より抜粋　https://www.city.uwajima.ehime.jp/uploaded/attachment/28303.pdf

5　年齢別具体的な取組

●離乳期　**★モグモグ・カミカミ・ゴックンしよう**

ねらい　授乳や食事を通して、愛着関係を深め、食の喜びを知る

期		1期(5.6カ月)	2期(7.8カ月頃)	3期(9.10.11カ月頃)	4期(12〜15カ月)
目標		・十分にお腹をすかせ、授乳する ・唇を閉じ、飲み込む動きを身に付ける ・スプーンから飲み込むことに慣れる	・十分にお腹をすかせる ・スプーンの食べ物を自分で取り込む ・食べ物を舌と上あごでつぶすことができる	・食べる時間を決める ・前歯を使ってかじりとり、歯ぐきですりつぶすことができる ・いろいろな食材に慣れる ・コップを使う	・自分でかじり取り一口量を覚える ・手づかみ食べをする ・いろいろな食材を食べる
育ちの目安	からだ	・寝返りをする ・腹ばいになって手のひらで上半身を支えたりする ・目と手の協応が始まり見たものに手を伸ばすようになる	・5本の指をモミジのように全部開いて目標となる物に近づけて把握する ·支えなしでお座りできる ・指しゃぶりを始める ・腹ばいからはいはいをし始める ・ふれあい遊びを楽しむ	・つかまり立ちをする ・小さいものを親指と人差し指でつまむ ・つたい歩きを始める	・少しずつ歩けるようになり行動範囲が広がり、2〜3歩歩く ・容器からおもちゃの出し入れができる ・手を左右や上下に動かしたりする（バイバイ等）
	心	・好奇心が芽生える ・相手をされると喜ぶ ・親と他人の区別がつく ・愛着関係が形成される	・何にでも興味を示す ・人見知りをしたり後追いをする ・喃語が盛んにでる	・大人のまねをする ・言葉は話せなくても指さしや表情の変化で自分の気持ちを語るようになる	・自我の芽生えから、駄々をこねる姿が見られる ・喃語も、会話らしい抑揚がつくようになり、次第にいくつかの身近な単語を話すようになる。（片言に）
	口腔	・唇を閉じて飲み込む ・舌の動きが前後する ・唾液がでる	・乳歯が生え始める　・上顎と下顎があわさるようになる ・舌の動きが左右に動く	・前歯が8本そろう	・奥歯（第一臼歯）が生え始める
	食べ方	●口に入った食べ物をえん下（飲込む）反射が出る位置まで送ることを覚えさせる	●口の前の方を使って食べ物を取り込み、舌と上顎でつぶしていく動きを覚える	●舌と上あごでつぶせないものを、歯ぐきでつぶすことを覚える	●口に詰め込みすぎたり、こぼしながら一口量を覚える
連携	保育	・赤ちゃんの舌が床と平行になるように、膝の上に抱いて食べさせる ・下唇をスプーンで刺激し、舌先に食べ物をのせる ・担当の保育士が向かい合わせで、やさしく声かけをして食べさせる ・食後に歯ブラシをあてる	・自ら食べようとする姿勢を保つために、足の裏が床に着くようにする ・平らなスプーンを下唇にのせ、上唇が閉じるのを待つ ・目を見て語りかけ、心を通わせていく	・丸み（くぼみ）のあるスプーンを下唇の上にのせ、上唇が閉じるのを待つ ・軟らかめのものを前歯でかじりとらせる ・心の安定を図る為に、気持ちをくみ取る関わりをする	・手づかみ食べを十分にさせる ・自分で食べようとする気持ちを大切にしあたたかく見守る ・子どもの気持ちを察して言葉に置き換えるなど、自己表現を援助していく ・歯ブラシに慣れる
	給食	食事形態			
		《なめらかにすりつぶした状態》（ゴックン） ややゆるめのペースト状から、徐々に水分をなくしたペースト状へ移行する **・天然だしを使う**	《粗つぶしで、舌でつぶせる固さ》（モグモグ） つぶした食べ物をひとまとめにする動きを覚えはじめる。むせやすいものはとろみをつける	《歯茎でつぶせる固さ》（カミカミ）	《歯茎で噛める固さ。次第に幼児食の形態に近付ける》 自分にあった一口量を噛みとる練習をするため、食べ物の大きさに配慮する
	家庭	●働きかけ・・・（ポイント　**一人ひとりの発達段階に応じ適切な離乳期が送れるよう、家庭と情報を共有し連携を図る**　（連絡ノートの活用）） ・望ましい生活リズムが作られていくよう働きかける　・睡眠時間の調節をする　・離乳食開始より「アレルギー」に配慮して家庭との連絡を確認する ・離乳食を進めるにあたり一貫した進め方ができるように連絡をとる　・天然だしの大切さについて伝える　・食事形態や進め方について伝える　・楽しい雰囲気で食事をすることを伝える			
		・姿勢を保つため椅子に背もたれのある椅子を使う ・子どもの様子を見ながら、1日1回1さじずつ始める ・母乳やミルクは飲みたいだけ与える **・天然だしを使う**	・椅子に座って食べる ・1日2回食で、食事のリズムを付けていく ・いろいろな味や舌ざわりを楽しめるように食品の種類を増やしていく ・食後に歯ブラシをあてる	・床に足を着け椅子とテーブルで食べる ・食事のリズムを大切に、1日3回食に進めていく ・共食を通じて食の楽しい体験を積み重ねる	・歯ぐきで噛める固さ ・1日3回の食事リズムを整える ・手づかみ食べにより、自分で食べる楽しみを増やす
	地域	・保育園が子育て支援の場として、相談の窓口になるなど地域に発信する			
食育活動例		赤ちゃんだよりの配付　・離乳食の展示　・離乳食試食会			

13

宇和島市「食育計画うわじま〜保育園・認定こども園ですすめる食育〜」より抜粋
https://www.city.uwajima.ehime.jp/uploaded/attachment/28303.pdf

●1歳児　★いろいろな味を楽しもう

ねらい　自分で食べることを楽しむ

期		1期(4.5.6月)	2期(7.8.9月)	3期(10.11.12月)	4期(1.2.3月)
目標		・保育園の食事やいろいろな食材に慣れる ・保育士と一緒に喜んで食べる	・手づかみ又はスプーンやフォークで自分から意欲的に食べようとする ・お腹が空き、食事を喜んで食べる	・一人ひとりの子どもの発達にあった食具が使えるようにする ・いろいろなものを食べる経験を通して楽しく食べる	・正しい食具の使い方に慣れる ・保育士と一緒に最後まで自分で食べようとする
育ちの目安	からだ	・一人で歩けるようになり歩くことが楽しくなる	・転ばずに歩けるようになる ・ボールを足の前で蹴ることができ、手に持って相手に投げる	・ズボンやパンツが1人ではけるようになる ・歩行が盛んになり立位から斜めの姿勢がとれる ・貼ってある紙やシール・テープをはがし別の場所に貼り替える	・少しずつ距離を伸ばし、ゆっくりと歩けるようになる ・瓶の蓋をねじって回すなど、指先の細やかな操作が上手になる
	心	・安心できる保育士と過ごし情緒の安定を図る ・要求が通らない時に駄々をこねる姿が見られる	・大人の真似をする ・感情が豊かになる	・話し言葉が増え、対話が芽生えることで保育士を仲立ちとして友達とのつながりができる	・自分でという自我が芽生えてくる ・いろいろなものに自らの手指で触れて感触を確かめることで感受性が育ち、それを表現する言葉が豊かになる
連携	保育	・食前の手洗い、食後の口拭きなど清潔にする習慣を付ける ・椅子に移行し、座って食べる （テーブル・椅子の高さに配慮する） ・コップを使う **・手づかみ食べを十分にさせる** ・歯ブラシに慣れる	・食前・食後のあいさつを保育士と一緒にする ・個人差・月齢差を考えて食べさせる ・一人で食べようとする気持ちを育ててゆく **・「いただきます」「ごちそうさま」のあいさつを知る**	・苦手なものでも少しでも食べたら褒める （無理強いしない）	・自分で食べようとする気持ちを受け止める ・スプーンやフォークの使い方を知らせる ・自分の物と他人の物があることを知らせる
	給食	・食べやすい固さで形のある大きさに切る ・手づかみしやすい形にする ・主食・主菜・副菜のバランスに気を付ける ・だしを中心に薄味で調理する ・菓子、油物は控える	・前歯で噛みちぎることができる固さ、大きさにする（平らで大きくする） ・食べやすい調理方法を心がける ・食具や食器を与える	・噛むことができる大きさや苦手な食材について調理を工夫する ・食欲に合った量や盛り付けに配慮する	・食べる意欲が出る盛付けになるよう工夫する ・温かいものは温かいうちに提供する
	家庭	**●働きかけ・・・(ポイント　一人ひとりの発達過程に応じ適切な成長が送れるよう、家庭と情報を共有し連携を図る（連絡ノートの活用))** ・保育園の食育目標や食事指導の考え方、子どもの育ちを伝える　・歯磨きや仕上げ磨きの大切さを知らせる　・早寝・早起きの大切さを伝える　・家族そろって食事をする大切さを伝える			
		・手づかみ食べをしっかりさせる ・だしをきかせ薄味で調理する ・菓子、油物は控える ・汚れても良い環境を作る ・多くの種類の食品を食べる	・食べやすい調理方法を心がける ・食具や食器を与える ・歯磨きや仕上げ磨きをする	・苦手な食材も繰り返し使い慣れさせる ・おやつの与え方、量、質に配慮する	・自分で食べようとする意欲を受け止める ・食べることが楽しいと思えるような雰囲気作りをする ・保護者が正しいマナーの見本となる
		・大人と一緒に「いただきます」「ごちそうさま」のあいさつをする　・しっかり誉める ・主食・主菜・副菜のバランスに気を付ける(子ども用の食器に盛り付ける)　・身近な人と楽しく会話しながら食事する			
	地域	・保育所が子育て支援の場として、相談の窓口になるなど地域に発信する　・家族以外の人との関わりを持つ　・お祭りなどに参加し雰囲気を味わう			
食育活動の例		・畑の野菜の生長を見る　・野菜の収穫の手伝いをする　・収穫した物を食べたり、絵本などで食べ物への関心を持たせる　・食育だよりの配付　・給食の展示　・レシピの配布　等			

14

宇和島市「食育計画うわじま～保育園・認定こども園ですすめる食育～」より抜粋
https://www.city.uwajima.ehime.jp/uploaded/attachment/28303.pdf

●2歳児　★自分で食べる意欲を持とう

ねらい　いろいろな種類の食べ物を味わい食べ物に関心を持つ

期		1期(4.5.6月)	2期(7.8.9月)	3期(10.11.12月)	4期(1.2.3月)
目標		・家庭的で温かな雰囲気の中、保育園の給食に慣れる。 ・スプーンを使って、自分で食べる	・楽しい雰囲気の中、喜んで食事をする ・食べ物に興味を持ち進んで食べる	・苦手な食品でも少しずつ食べてみようとする ・盛り付けられた量を食べられるようにする	・空腹感を感じ、食べようとする気持ちを持つ ・食事の約束事が分かり、箸を使うことに意欲と関心を持つ ・スムーズにスプーンから箸への移行を行う
育ちの目安	からだ	・転ぶことなく上手に歩く ・腰を落として両足跳びをする ・ひとりで一段ごとに足を揃えながら階段を上がる ・ハサミで一回切りが出来る		・両足でジャンプをして線を飛び越えたり、床に置いてあるフープの中に飛んで入ったり出来る ・バランスをとりながら片足立ちが出来るが、前には進めない 横歩き、後ろ歩き、つま先立ちをする ・階段を足を交互に出して上り、降りるときは足を揃えて降りる。・ハサミで簡単な線を切る	
	心	・「なぜ」「どうして」が多くなり、大人とのやり取りを楽しむ ・気持ちを上手く伝えられず、トラブルになりやすい ・食事の時などの手伝いが好きになり大人の手伝いをしたがる		・「ジブンデ（スル）」といって何でもやりたがるが、反面、気分にムラが出やすい ・自己主張が強くなる ・順序や簡単なルールを理解し始める ・「イメージやつもり」が広がる	
連携	保育	・給食前の手洗いがすすんでできるように促す ・「美味しいね」「かたい？」「あまい？」など言葉と感覚が結びつく言葉かけをする ・メニューや食材について話をする ・調理をする人と関われる場所を作り、親しみを持つ	・食材の名前を話したり、食べたときの音に気付かせ楽しく食事をする ・食べたくなるような言葉かけをする (無理強いはしない) ・「もぐもぐカミカミ」など言葉かけをし、噛むことを促す ・ぶくぶくうがいを習慣づける ・スプーンやフォークなどの持ち方を観察し 正しく持てるように伝える	・絵本やパネルシアターなど教材を使い食べ物の話をする ・食べる量を観察し、偏りに気を付ける ・嫌いなものでも少しずつ食べられるように声掛けする(無理強いはしない)	・活動的な環境の中で空腹の体験する ・自分でやろうとする姿を尊重する ・手指の発達に合わせ、箸へ移行する時期を見極める (上手握り⇒下手握り⇒手首が回る) ・多くの人と一緒に食べる楽しさを体験する(行事食など)
		・「いただきます」「ごちそうさま」のあいさつをする ・歯の大切さを伝え、歯磨きを行う			
	給食	・食べ慣れた献立を取り入れる　・食べやすい調理方法を心がける ・かむことを促すような食品や形態を工夫する (固さ・・奥歯ですりつぶせる、しんなり炒めたもの程度　・大きさ・・小さいもの大きいものなどいろいろ混ぜる) ・主食・主菜・副菜のバランスに気を付ける(子ども用の食器に盛り付ける)　・おやつの与え方、量、質に配慮する ・旬の食材を使う　・行事食などを取り入れ楽しい給食を工夫する　・行事食を保護者に伝える			
	家庭	●働きかけ・・・(ポイント:**健康状態や園での食事内容について、家庭と園が十分に情報を共有する(連絡ノートの活用)**) ・食事の様子など家庭との連携を密にし信頼関係を作っていく　・噛むことの大切さを知らせる　・生活リズムを整える(早寝、早起きを身に付ける・朝ごはんをしっかり食べる) ・子どもだけでは食事をさせない大切さを伝える　・園での食事に関心が持てるよう、食育だよりや献立表・レシピの配布、給食の展示等を行う			
		・色々な食材を食べる ・食べやすい調理方法、献立を工夫する		・苦手な物も繰り返し使い食べさせる ・目を合わせて子どもの話をよく聞き食事を共にする	・箸の持ち方など、しっかり見極める ・楽しい、落ち着いた雰囲気の食卓を作る
		・噛むことのできる食事を提供する　・仕上げ磨きを行う　・主食・主菜・副菜のバランスに気を付ける(子ども用の食器に一人ずつ盛付ける)　・おやつの与え方、量、質に配慮する ・生活リズムをしっかり身に付ける(早寝・早起き・朝ごはん)　・朝ごはんを必ず食べる　・身近な人と一緒に食べる　・だしを中心に薄味で調理する　・簡単な手伝いをさせる ・食事時間を決めてだらだら食いはしない(食事時間は30分以内)			
	地域	・保育園が子育て支援の場として、相談の窓口になるなど地域に発信する　・家族以外の人との関わりを持つ　・お祭りなどに参加し雰囲気を味わう			
食育活動例		・畑の野菜の生長を見る　・野菜の収穫の手伝いをする　・収穫した物を食べたり、絵本などで食べ物への関心を持たせる　・食育だよりの配付　・給食の展示　・レシピの配布　等			

15

宇和島市「食育計画うわじま～保育園・認定こども園ですすめる食育～」より抜粋

https://www.city.uwajima.ehime.jp/uploaded/attachment/28303.pdf

地域における食育計画(愛媛県宇和島市)

Part3

●3歳児　**★みんなと一緒に楽しく食べよう**

ねらい　食事のマナーを知り、みんなで一緒に食べることを楽しむ

期		1期(4.5.6月)	2期(7.8.9月)	3期(10.11.12月)	4期(1.2.3月)
目標		・園の生活に少しずつ慣れ安心して楽しく過ごす ・いろいろな食材があることを知る ・食事のあいさつや正しい姿勢を知る	・友達と楽しい雰囲気の中で食事ができる ・嫌いな物でも少しずつ食べようとする ・食具を持っていない手で食器をささえる	・お腹が空くリズムを育て、みんなで食べる喜びを感じる ・食事の手伝いを楽しんでする ・噛むことの大切さを知り、よく噛んで食べる	・「いただきます。ごちそうさま」のあいさつを進んでする ・いろいろな食べ物に自ら挑戦する ・正しく箸を使って食べる ・食器を持って食べる
育ちの目安	からだ	・固定遊具で遊ぶ　・三輪車がこげる ・乳歯がはえそろう　・はさみが使えるようになる ・箸を正しく使えるようになる　・衣服の着脱が自立する			
育ちの目安	心	・目的をもった行動がとれるようになる　・友達と仲よく遊べる　・自立心が強くなる ・記憶力が発達する　・長い文を話せる			
連携	保育	・お箸の持ち方や正しい姿勢について、教材を使い興味を持たせる ・偏食を把握し量を加減し、無理なく摂取できるようにする ・テーブルと椅子の高さを合わせ、正しい姿勢で食べられるように環境を整える(足置き等利用する)	・いろいろな食材に触れる体験を通し、五感の発達を促す ・食育集会などで、調理員の話を聞く ・三角食べを意識するように、主食とおかずを、交互に食べるよう促す	・友達と十分に体を動かして遊び空腹を感じる ・手伝いができたことの満足感を味わわせることで、食への関心を持たせる ・献立の食材を知らせる ・「カミカミソング」を歌い、噛んで食べることの大切さを知らせる	・いろいろな野菜の栽培に興味を持たせる ・食べることに意欲を持たせる ・食事のマナーを守り、友達と楽しく食べることが嬉しいと感じられるようにする ・一定時間で食べ終わることができるよう促し、残さず食べるリズムを身に付けさせる
連携	保育	・食事のマナーを知らせる（配膳の仕方やお皿に手を添える、手に持つことを知らせる・お茶碗やお皿に残さずきれいに食べられるよう、一人ひとりに丁寧に声掛けする)			
連携	保育	・食後の歯磨きを促す　・給食前の手洗いがすすんでできるようにする ・「いただきます」「ごちそうさま」のあいさつをすすんでする ・正しい箸の持ち方を徐々に身に付けさせる			
連携	給食	・個人差を考慮し量を加減する ・行事の意味を簡単に知らせる	・箸でつかみやすい形を工夫する ・食べやすい調理を心がける	・様々な食材を食べる経験をさせる ・しっかり噛むことのできる献立や食材の固さを心がける	・給食弁当やバイキング給食など食事形態を工夫する
連携	給食	・主食・主菜・副菜のバランスに気を付ける(子ども用の食器に盛り付ける)　・おやつの与え方、量、質に配慮する ・旬の食材を使う　・行事食などを取り入れ楽しい給食を工夫する　・行事食を保護者に伝える			
連携	家庭	●働きかけ・・・**(ポイント::健康状態や園での食事内容について、家庭と園が十分に情報を共有する(連絡ノートの活用))** ・保育園での「食事調査」「体格調査」などの結果を基に、子どもの健康について啓発する ・朝ごはんの大切さを知らせる　・生活リズムを整える　・園での食事に関心が持てるよう、食育だよりや献立表・レシピの配布、給食の展示等を行う ・歯科健診の結果を知らせ、治療を促し歯の大切さを伝える　・仕上げ磨きの励行や虫歯予防のための情報提供を行う　・家族そろって食事をする大切さを伝える			
連携	家庭	・噛むことのできる食事を提供する　・仕上げ磨きをする　・主食・主菜・副菜のバランスに気を付ける(子ども用の食器に一人ずつ盛付ける)　・おやつの与え方、量、質に配慮する ・早寝・早起き・朝ごはんに取り組む　・朝ごはんを必ず食べる　・身近な人と一緒に食べる　・だしを中心に薄味で調理する　・簡単な手伝いをさせる ・食事時間を決めてだらだら食べない(食事時間は30分以内)			
連携	地域	・園外での散歩や交流を通して、地域の方々と交流する ・地場産物や旬の食材を知り、生産者の方々と触れ合う			
食育活動例		・春野菜の収穫　・歯磨き指導を受ける	・夏野菜の栽培と収穫　・スイカ割り ・ウンチの話を聞く	・いもほり　・焼いも	・七草探し　・もちつき　・冬野菜の収穫

16

宇和島市「食育計画うわじま～保育園・認定こども園ですすめる食育～」より抜粋
https://www.city.uwajima.ehime.jp/uploaded/attachment/28303.pdf

●4歳児　★食事と健康(からだ)の関係を知ろう

ねらい　食べ物やからだのことに関心を持つ

期		1期(4.5.6月)	2期(7.8.9月)	3期(10.11.12月)	4期(1.2.3月)
目標		・身体と食べ物の関係に興味を持つ ・一日の生活の流れがわかり、生活習慣が身に付く	・嫌いなものも自分から食べようとする ・体を動かしてお腹の空くリズムを作る	・食に対する「楽しみ」や「意欲」を持つ ・箸のマナーと食事のマナーを身に付ける	・行事食など、「食文化」を体験する ・友達と楽しみながら食事ができる ・さまざまな、生命の大切さに気付く
育ちの目安	からだ	・全身のバランスをとる能力が発達し、体の動きが巧みになる ・「～しながら～する」という異なる2種類以上の行動を同時にとれるようになる ・手先が器用になり、描いたり作ったりできる ・けんけんがどちらの足でもできる			
	心	・男女の遊びが分かれてくる ・嫉妬心、恐怖など感情が複雑化する ・相手の立場、気持ちがわかり始め、ぶつかり合いを重ね、他者と協調していくことを学ぶ ・聞く、見る、触れる、嗅ぐ、味わうなどの五感の働きが豊かになってくる			
連携	保育	・食べ物と体の関係を知らせる ・食事量を調節することで食べる喜びを味わわせる ・食材の名前や特徴を知らせる ・季節の食材や地域の産物を見たり触れたりして興味を持たせる ・時間を決めて30分を目安に食べることの大切さを知らせる	・いろいろな食べ物を食べてみるように働きかける ・十分に体を動かして遊べる環境を整える	・栽培やクッキングなどを体験させる ・食器の正しい配置や箸の持ち方に気を付けて、マナーについてもう一度見直す	・行事と食事の関係を知らせる ・友だちと協力して、食事の準備や片付けができるようにする ・自分の食べられる量に気付かせる
		・食後の歯磨き習慣を身に付けさせる　・給食前の手洗いをすすんでする ・「いただきます」「ごちそうさま」のあいさつの意味を伝える ・正しい箸の持ち方を徐々に身に付けさせていく			
	給食	・食材の3色分けを伝える ・園で栽培した野菜を献立に取り入れる ・子どもと一緒に食事をする機会を多く持つ ・食事に必要な習慣を伝えていく		・いろいろな食品や料理の組み合わせにより、盛り付けを工夫する ・目の前で食事の出来上がりを見せるように工夫する	・行事食を作ることにより、いわれや食材について知らせる
		・主食・主菜・副菜のバランスに気を付ける(子ども用の食器に盛り付ける)　・おやつの与え方、量、質に配慮する ・旬の食材を使う　・行事食などを取入れ楽しい給食を工夫する　・行事食を保護者に伝える			
	家庭	●働きかけ・・・(**ポイント:健康状態や園での食事内容について、家庭と園が十分に情報を共有する(連絡ノートの活用)**) ・保育園での「食事調査」「体格調査」などの結果を基に子どもの健康について啓発する ・朝ごはんの大切さを知らせる　・生活リズムを整える　・歯科健診の結果を知らせ、治療を促し歯の大切さを伝える　・仕上げ磨きの励行や虫歯予防のための情報提供を行う ・家族そろって食事をする大切さを伝える　・食事マナーの大切さを伝える　・園での食事に関心が持てるよう、食育だよりや献立表・レシピの配布、給食の展示等を行う			
		・噛むことのできる食事を提供する　・仕上げ磨きをする　・主食・主菜・副菜のバランスに気を付ける　・おやつの与え方、量、質について教える ・早寝・早起き・朝ごはんに取り組む　・朝ごはんを必ず食べる　・身近な人と一緒に食べる　・だしを中心に薄味で調理する　・簡単な手伝いをさせる ・食事時間を決めてだらだら食べない(食事時間は30分以内)			
	地域	・地域の産物に触れる機会を持ち、興味や関心が持てるようにする ・園外での散歩を通して、地域の人たちと交流をもったり、生産物に触れることで、生まれ育つ土地に愛情をもてるようにする			
食育活動例		・よもぎ摘み　・よもぎ団子作り ・えんどう豆収穫　・夏野菜、芋苗植	・夏野菜の栽培と収穫　・スイカ割り ・親子クッキング	・いもほり　・米の収穫とおにぎり作り ・餅つき　・クリスマスケーキ作り	・七草摘み　・ひなあられ作り ・節分の豆煎り

17

宇和島市「食育計画うわじま～保育園・認定こども園ですすめる食育～」より抜粋

https://www.city.uwajima.ehime.jp/uploaded/attachment/28303.pdf

●5歳児　★感謝の気持ちを持とう

ねらい　食べ物を食べて生きていることを実感し、食に関わる全ての人に感謝の気持ちを持つ

期		1期(4.5.6月)	2期(7.8.9月)	3期(10.11.12月)	4期(1.2.3月)
目標		・正しい食事の仕方を身に付ける ・3つの栄養素と体の関係について理解する	・収穫の喜びや恵みに感謝するとともに、「生命」を感じ、食べ物への興味、関心を広げる	・食に携わるすべての人に感謝の気持ちを持つ ・食事と体の関係を理解しバランスよく食べる	・食事をすることの意味がわかり、「楽しい食体験」を実践する ・郷土への関心を持ったり、さまざまな文化を知る
育ちの目安	からだ	・運動機能が高まり、集団でのスポーツや競争ができるようになる ・ボール、なわとび、鉄棒などの運動器具を上手に使えるようになる ・永久歯へ生え変わりはじめ、「大人の歯が生える」ということを意識して歯への関心が高まる			
育ちの目安	心	・グループでの行動が多くなり、それぞれの役割を持って行動する ・物事を判断する力ができ、自分の意見や考えを人に伝えられるようになる ・マナーの大切さがわかり、守ろうとする　・感謝する気持ちが芽生える			
連携	保育	・食事の準備や片付けの手伝いを取り入れる ・食器の正しい配置、箸の持ち方、マナーについて見直す ・友だちとともに食事をし、一緒に食べる楽しさを味わえるようにする ・3つの栄養素について、食育集会などで知らせる ・おやつの意味を知らせる(量など)	・野菜の世話を通して、収穫の喜びを感じたり生命の大切さに気付かせたりする ・様々な食材に触れる機会を持ち、食の循環や食べ物を無駄にしないことへの意識付けをする	・食材や食事を用意してくれる人への感謝の気持ちを育てる ・自ら調理し食べる体験を行う	・子どもからのアイディアや創意工夫を大切にして食事が楽しくなるような雰囲気を考え、おいしく食べられるように工夫する ・一定の時間内に食べられるように意識させる(30分) ・様々な人と食事を共にする機会を作る ・基本的なマナー食事の姿勢、箸の持ち方等、個別に指導する
連携	保育	・食後の歯磨き習慣を身に付ける ・感謝の気持ちを持って、挨拶をして食べる ・給食前の正しい手洗いの仕方を知り丁寧にする ・正しい箸の持ち方を徐々に身に付ける　→			
連携	給食	・献立表を使って、3つの栄養素を知らせる	・収穫したものを子どもと一緒に調理することで、食材に親しみを持てるようにする	・バイキング給食では、自分の食べられる量をバランスよく選ぶ ・食材の働きを知らせる	・行事食を取り入れ、その意味や食文化を知らせる ・バイキング給食やリクエストメニューなど思い出に残る献立を作成する
連携	給食	・主食・主菜・副菜のバランスに気を付ける ・旬の食材を使う ・園で収穫した食材を取り入れる ・行事食などを取入れ楽しい給食を工夫する ・おやつの与え方、量、質に配慮する ・行事食を保護者に伝える			
連携	家庭	●働きかけ・・・(**ポイント:健康状態や園での食事内容について、家庭と園が十分に情報を共有する(連絡ノートの活用)**) ・保育園での「食事調査」「体格調査」などの結果を基に、子どもの健康について啓発する ・朝ごはんの大切さを知らせる　・生活リズムを整える　・歯科健診の結果を知らせ、治療を促し歯の大切さを伝える　・仕上げ磨きの励行や虫歯予防のための情報提供を行う ・家族そろって食事をする大切さを伝える　・食事マナーの大切さを伝える　・園での食事に関心が持てるよう、食育だよりや献立表・レシピの配布、給食の展示等を行う ・**伝統的な行事や地域活動に親子で参加する**			
連携	家庭	・噛むことのできる食事を提供する　・仕上げ磨きをする　・主食・主菜・副菜のバランスに気を付ける　・おやつの与え方、量、質について教える ・早寝・早起き・朝ごはんに取り組む　・朝ごはんを必ず食べる　・身近な人と一緒に食べる　・だしを中心に薄味で調理する　・簡単な手伝いをさせる ・食事時間を決めてだらだら食べない(食事時間は30分以内)			
連携	地域	・園外での散歩や交流会を通して、地域の方々と交流する　・地場産物や旬の食べ物を知り、生産者の方々と触れ合う			
食育活動例		・さつまいも、夏野菜の苗植え	・ダンボールコンポストを使った堆肥作り ・収穫物を使ってのクッキング (カレーライスの具材切り、ピザトーストなど)	・収穫物を使ってのクッキング (焼き芋など) ・クリスマス会などでのバイキング給食	・食文化に触れる経験(行事食…お正月、節分、ひな祭りなど) ・うどん作り

18

宇和島市「食育計画うわじま～保育園・認定こども園ですすめる食育～」より抜粋
https://www.city.uwajima.ehime.jp/uploaded/attachment/28303.pdf

6　園における取組　　◎ 一人ひとりが食育を意識すると共に、園内での連携を十分に図った取組をしましょう！

目標	園全体の取組	保育士	調理員	管理栄養士
「早寝・早起き」で朝ごはん ・十分な睡眠と空腹を感じる生活リズムを身に付けましょう **バランスよく、よく噛んで食べる** ・いろいろなものをよく噛んで、味わって食べましょう ・好き嫌いせず食べられるようになりましょう **みんなで食事をする** ・身近な人と一緒に食べる楽しさを味わいましょう **食の恵みを知り、感謝の気持ちを持つ** ・「いただきます」「ごちそうさま」のあいさつをしましょう ・食べ物を残さず、「もったいない」の心を育みましょう **食事のマナーを身に付ける** ・食具の使い方や行儀作法を身に付けましょう	・研修会などへ積極的に参加し、職員の資質の向上を図る ・アレルギーなどの食に関する危機管理の体制づくり ・離乳食の提供 ・アレルギー食の提供 ・食生活、生活リズム等に関する保護者への啓発 ・健康カードの活用 ・虫歯予防の普及、啓発 ・展示食の実施 ・試食会の実施 ・レシピの提供 ・食育かるたの活用 ・ダンボールコンポスト（食の循環の取組） ・食育推進事業（地場産物の普及）	・健康カードの確認 毎日の子どもの健康状態を把握し、改善策の検討 ・毎日の食事指導（声かけ等）の実施 ・離乳食、アレルギー等研修会への参加 ・スムーズな離乳食移行を図る （担当保育士・調理員・家庭・管理栄養士連携） ・アレルギー食実施のための連携を図る （担当保育士・調理員・家庭・管理栄養士）	・離乳食、アレルギー等研修会への参加 ・「食の安全」について職員研修を行い、共通認識を持つ ・離乳食の連携 （担当保育士・調理員・家庭） ・給食会議への課題の提案及び対策の検討 （子どもの問題や園の課題など） ・食育集会の計画及び実施 （発信：子ども・保護者）	・離乳食、アレルギー食の研修会等の計画、実施 ・アンケート及び各種調査の実施（乳幼児期の課題の把握） ・課題の検討 ・各種リーフレットの作成及び発信 ・保護者配布用等資料の作成（食育だより、レシピ等） ・共同献立の作成 ・園における保護者への健康教育の実施 ・栄養指導の実施 ・園での食育及び食の循環に関する取組の実施 ・関係機関との連携及び調整 ・給食担当者連絡会の開催

19

宇和島市「食育計画うわじま～保育園・認定こども園ですすめる食育～」より抜粋
https://www.city.uwajima.ehime.jp/uploaded/attachment/28303.pdf

食への関心を高める遊び

いばらきの食育すごろく

茨城県では、2016(平成28)年に「茨城県食育推進計画（第三次）」を策定し、「食育を通じて生涯にわたって健全な心身を培い、豊かな人間性を育む」を基本理念として定め、食育を推進しています（計画期間は、2016(平成28)年度から2020(令和2)年度までの5年間です）。

「いばらきの食育すごろく」では、すごろくを楽しみながら、食についてだけでなく、健康のための生活習慣全体を学ぶことができます。

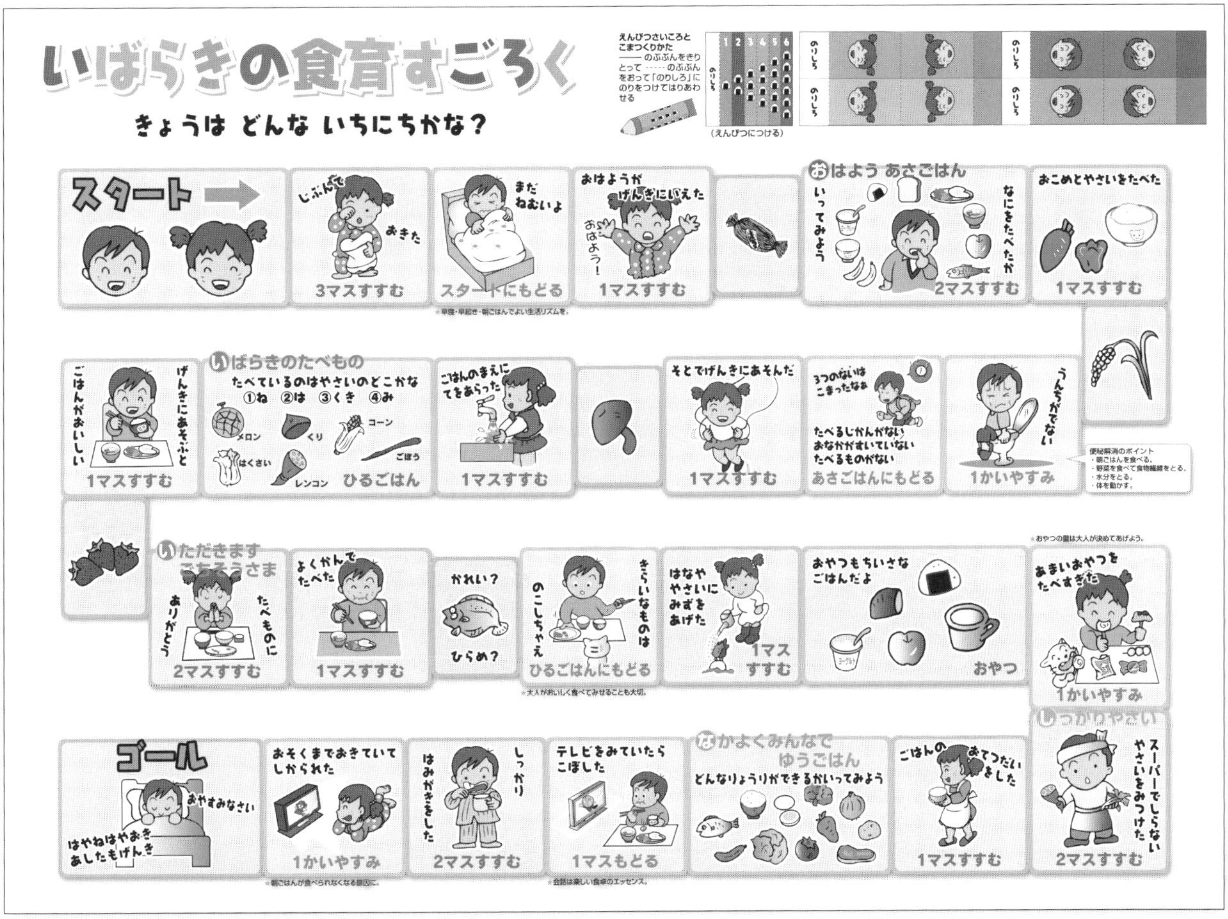

※実際のすごろくは、カラーです。

いばらきの食育・健康づくりホームページ「いばらきの食育すごろく」
http://www.shokuiku.pref.ibaraki.jp/cgi/data/newsdoc/1415962769_1.pdf

食育活動実践のための参考資料

「食育」は、全国各地でさまざまな活動を通して推進されています。

農林水産省を筆頭に、食育活動の事例集をホームページ上で掲載している各地方自治体もあります。こういった情報を上手く活用し、各園の特色を活かしつつ地域に密着した食育活動を展開できるよう努めましょう。

ここでは、食育活動の推進に向け、より効果的で広がりのある食育活動を実践するための参考資料をご紹介します。

食育推進施策（食育白書）（農林水産省）

「食育推進施策（**食育白書**）」は、「食育基本法」第15条の規定に基づいて、食育の推進に関して講じた施策について報告を行うものです。

「令和元年度食育白書」（令和2年6月16日公表）の第2部第2章「学校、保育所等における食育の推進」第4節「就学前の子供に対する食育の推進」内で、保育所・幼稚園・認定こども園それぞれの食育の取組が示されているとともに、豊富に事例が取り扱われています。

右のページ(P115)では、「平成30年度 食育白書」P61に掲載されている食育活動の事例をご紹介します。

食育実践ガイドブック（農林水産省）

「食育実践ガイドブック」は、消費者の現状をより正確に把握するため、10,000人のデータを基に食習慣や食育プログラムへの参加意識などを分析。食育実践モニターの意見や問題点を取りまとめ、課題解決のためのさまざまな提案を行っています。また、事例も多数紹介されているので、食育活動の推進に活用できるツールとなっています。

農林水産省「食育実践ガイドブック」（平成28年3月）
https://www.maff.go.jp/j/syokuiku/torikumi/h27_guide.html

「食育」ってどんないいことがあるの？（農林水産省）

平成29(2017)年度に、第3次食育推進基本計画に掲げられている3つの目標を取り上げ、平成30(2018)年度には、新たに「共食」を追加。それぞれの取組がなぜ大切なのか、取り組むことでどのようなメリットがあるのかをエビデンス（根拠）に基づき整理しています。

農林水産省「『食育』ってどんないいことがあるの？」（令和元年10月）
https://www.maff.go.jp/j/syokuiku/evidence/attach/pdf/index-30.pdf

食育活動表彰 事例集（農林水産省）

平成28(2016)年度から第3次食育推進基本計画がスタートしたことから、農林水産省は「食育活動表彰」を立ち上げ、各活動を通じて食育を推進する優れた取組を表彰しています。受賞者の取組をまとめたこの事例集は、食育活動の一助となるものです。

農林水産省「第4回 食育活動表彰 事例集」（令和2年4月）
https://www.maff.go.jp/j/syokuiku/hyousyo/4th/attach/pdf/result-3.pdf

事例

自然に触れ、多くの気付きや感動を生む食育への取組

福島県鏡石町《かがみいしちょう》立鏡石《かがみいし》幼稚園

田んぼアート米の苗植えの様子

　幼稚園における食育は、食べる喜びや楽しさを味わうとともに、身近な食べ物に親しみながら食べ物への興味や関心をもち、自ら進んで食べようとする気持ちが育つようにすることが大切です。

　本園は、福島県のほぼ中央に位置する鏡石町《かがみいしまち》にあります。周りには、田園地帯や里山などがあり、豊かな自然が残されています。また、地域とのつながりも強く、町内の小・中学校、高等学校、関係施設・機関などとの交流活動や地域行事に、年間を通して参加しています。こうした活動は、幼児が自分たちの住む地域に誇りを持ち、自分たちを支えてくれている地域の人々への感謝の気持ちを育てることにつながっています。

　鏡石町《かがみいしまち》では、平成24（2012）年度から「かがみいし田んぼアート」を実施しています。「かがみいし田んぼアート」は、地域や町外の人々が共に力を合わせて、田植から稲刈りまでの作業を行い描かれているものです。本園では、町の産業課からの声掛けにより、田んぼアートと同じ苗を幼児たちが栽培しました。苗は、赤や白、黄色、緑、茶色、黒などの色があり、幼児たちは楽しみながら田んぼアート米の苗植え体験をしました。苗が生長した7月、幼児たちは町の田んぼアートの見学に行き、園で育てているものと同じ苗が描く田んぼアートに、時間を忘れるほど見入っていました。田んぼアートに使われたお米の一部が、給食で出されたこともあります。給食のときなどに「このお米はだれが育てたのかな」と話し合うなど、身近な食べ物であるお米への関心が高まっている様子でした。また、田んぼアート米栽培のほか、本園では、さつまいも、じゃがいも、バケツ稲、トマトなど、いろいろな作物の栽培活動を行っています。バケツ稲から収穫したお米とさつまいもを使ったさつまいもごはんを食べたり、収穫したトマトを使ったパンケーキづくりを保護者と一緒に体験したりしました。平成30（2018）年度には、園庭にある柿の木から収穫した柿で干し柿づくりにも挑戦しました。初めて食べる干し柿に戸惑っていた幼児たちも、食べてみると「あま～い。」と大喜びでした。自分たちで栽培・収穫し、調理して食べるという食育活動は、たくさんの気付きや感動を生み、幼児一人一人にとってかけがえのない体験となっています。

田んぼアート見学の様子

パンケーキづくりの様子

　こうした活動などを通じて、幼児たちは食に対する興味・関心を深め、食べることの楽しさや大切さを学ぶことができました。また、これらの活動をきっかけに、家庭でも「親子で料理を楽しむことができ、ふれあいの場をもつことができた。」など、保護者の食育への関心も高まっています。これからも、更に工夫をし、特色のある食育活動に取り組んでいきたいと思います。

農林水産省「平成30年度 食育白書」（令和元年6月4日公表）
https://www.maff.go.jp/j/syokuiku/wpaper/attach/pdf/h30_wpaper-6.pdf

保育所における食事提供の評価のポイント

「保育所における食事の提供ガイドライン」（厚生労働省 平成24年3月）の第4章では、同ガイドラインの第2章、第3章の内容※を十分に踏まえ、改めて保育所の食事の提供や保育所における食育について振り返り、より豊かな「食」の質の充実を目指すことを目的に、評価のためのチェックリストとそのポイントが示されています。

※第2章では「保育所における食事の提供の意義」、第3章では「保育所における食事の提供の具体的なあり方」が示されています。

食の提供における質の向上のためのチェックリスト

本ガイドラインの趣旨をよく理解し、評価のポイントとして挙げられている項目を参考にし、評価すること

	評 価 項 目	評 価	課題・改善が必要なこと
1	保育所の理念、目指す子どもの姿に基づいた「食育計画」を作成しているか	1 2 3 4 5	
2	調理員や栄養士の役割が明確になっているか	1 2 3 4 5	
3	乳幼児期の発育･発達に応じた食事の提供になっているか	1 2 3 4 5	
4	子どもの生活や心身の状況に合わせて食事が提供されているか	1 2 3 4 5	
5	子どもの食事環境や食事の提供の方法が適切か	1 2 3 4 5	
6	保育所の日常生活において、「食」を感じる環境が整っているか	1 2 3 4 5	
7	食育の活動や行事について、配慮がされているか	1 2 3 4 5	
8	食を通した保護者への支援がされているか	1 2 3 4 5	
9	地域の保護者に対して、食育に関する支援ができているか	1 2 3 4 5	
10	保育所と関係機関との連携がとれているか	1 2 3 4 5	

1：よくできている　2：できている　3：少しできている　4：あまりできていない　5：できていない

〔評価のポイント〕

1 保育所の理念、目指す子どもの姿に基づいた「食育計画」を作成しているか

- 食事の提供を含む「食育計画」を全体的な計画に基づいて作成している。
- 「食育計画」が全職員間で共有されている。
- 食に関する豊かな体験ができるような「食育計画」となっている。
- 「食育計画」に基づいた食事の提供・食育の実践を行い、その評価改善を行っている。

2 調理員や栄養士の役割が明確になっているか

- 食に関わる人（調理員、栄養士）が、子どもの食事の状況をみている。
- 食に関わる人（調理員、栄養士）が保育内容を理解して、献立作成や食事の提供を行っている。
- 喫食状況、残食（個人と集団）などの評価を踏まえて調理を工夫している。また、それが明確にされている。

3 乳幼児期の発育・発達に応じた食事の提供になっているか

- 年齢や個人差に応じた食事の提供がされている。
- 子どもの発達に応じた食具を使用している。
- 保護者と連携し、発育・発達の段階に応じて離乳を進めている。
- 特別な配慮が必要な子どもの状況に合わせた食事提供がされている。

4 子どもの生活や心身の状況に合わせて食事が提供されているか

- 食事をする場所は衛生的に管理されている。
- 落ち着いて食事のできる環境となっている。
- 子どもの生活リズムや日々の保育の状況に合わせて、柔軟に食事の提供がされている。

5 子どもの食事環境や食事の提供の方法が適切か

- 衛生的な食事の提供が行われている。
- 大人や友達と、一緒に食事を楽しんでいる。
- 食事のスタイルに工夫がなされている（時には外で食べるなど）。
- 温かい物、できたての物など、子どもに最も良い状態で食事が提供されている。

6 保育所の日常生活において、「食」を感じる環境が整っているか

- 食事をつくるプロセス、調理をする人の姿にふれることができる。
- 食事を通して五感が豊かに育つような配慮がされている。
- 身近な大人や友達と「食」を話題にする環境が整っている。
- 食材にふれる活動を取り入れている。

7 食育の活動や行事について、配慮がされているか

- 本物の食材にふれる、学ぶ機会がある。
- 子どもが「食」に関わる活動を取り入れている。
- 食の文化が継承できるような活動を行っている。
- 行事食を通して、季節を感じたり、季節の食材を知ることができる。

8 食を通した保護者への支援がされているか

- 一人一人の家庭での食事の状況を把握している。
- 乳幼児期の「食」の大切さを保護者に伝えている。
- 保育所で配慮していることを、試食会やサンプルを通して伝え、関心を促している。
- レシピや調理方法を知らせる等、保護者が家庭でもできるような具体的な情報提供を行っている。
- 保護者の不安を解消したり、相談に対応できる体制が整っている。

9 地域の保護者に対して、食育に関する支援ができているか

- 地域の保護者の不安解消や相談に対応できる体制が整っている。
- 地域の保護者に向けて、「食」への意識が高まるような支援を行っている。
- 地域の子育て支援の関係機関と連携して、情報発信や情報交換、講座の開催、試食会などを行っている。

10 保育所と関係機関との連携がとれているか

- 行政担当者は、保育所の現状、意向を理解している。
- 外部委託、外部搬入を行う際は、行政担当者や関係業者と十分に話し合い、保育所の意向を書類に反映させ、実践している。
- 小学校と連携し、子どもの食育の連続性に配慮している。
- 保育所の「食」の質の向上のために、保健所、医療機関等、地域の他機関と連携が図れている。

「保育所における食事の提供ガイドライン」　第4章「保育所における食事の提供の評価について」より
「保育所保育指針」（平成30年2月 厚生労働省）に合わせて改編しています。

3歳以上児・未満児に分かれて使いやすい

ちらし寿司

行事食

（子ども1人分）

エネルギー	タンパク質	脂質	塩分
232 kcal	5.6g	3.1g	0.3g

材料（子ども1人分）

	（3歳以上児）	（3歳未満児）
精白米	50g	40g
上白糖	0.8g	0.64g
酢	2.5g	2g
塩	0.15g	0.12g
さやえんどう（斜め千切り）	2.5g	2g
油揚げ（千切り）	4g	3.2g
干し椎茸	0.8g	0.64g
かんぴょう（みじん切り）	0.8g	0.64g
人参（みじん切り）	4g	3.2g
上白糖	0.4g	0.32g
しょうゆ	0.8g	0.64g
本みりん	0.4g	0.32g
塩	0.08g	0.06g
れんこん（みじん切り）	4g	3.2g
酢	4g	3.2g
上白糖	0.8g	0.64g
塩	0.01g	0.01g
たまご	8g	0.4g
米サラダ油	0.4g	0.32g

海苔（栄養計算未）の使用は子どもの喫食状況に合わせて考慮する。

作り方

❶ご飯が炊きあがったら、上白糖、酢、塩を混ぜたすし酢を入れ、煮きるように混ぜ合わせる。
❷かんぴょう、干し椎茸を水で戻す。人参・油揚げを合わせ、煮る。
❸れんこんは酢、砂糖、塩で白く煮る。
❹さやえんどうは塩ゆでする。
❺たまごを薄く焼き、重ねて刻み錦糸卵を作る。
❻冷ました❶に❷❸❹を混ぜ、❺を彩りよく盛り付ける。

大和市ホームページ「保育園の食育【公立保育園の給食レシピ（行事食）】」より改編
http://www.city.yamato.lg.jp/web/content/000135009.pdf

神奈川県大和市では、公立保育園で人気の給食レシピの紹介がされています。家庭用と調理従事者用の両方があり、保護者支援に活かしやすいものです。調理従事者用レシピは3歳以上児の栄養価も付されていて、肥満・やせの子どもにも、栄養バランスを考える上で貴重な情報です。子どもたちは美味しかった給食の話を家庭で喜んで話題にします。大和市のように丁寧なレシピが豊富に公開されていると、保護者が人気の給食を自宅で再現できます。

「行事食レシピ：ちらしずし」は、各園で参考にしたいレシピのひとつです。材料1人分が、3歳以上児・未満児の分量でそれぞれグラム（g）が示されており、食材・調味料を合わせやすくムラが少なく仕上がります。れんこんの歯ごたえをベースに、使用頻度が少なくなった干し椎茸、かんぴょういった乾物を取り込み、歯ごたえを出し、子どもの箸に馴染み、挟みやすい食材で、ビタミンDの摂取も期待できます。また、アレルギー対応食として、卵を使わなくても美味しく作れます。具材にバリエーションを持たせながら、通年取り入れたいものです。主食持ち込みの園では、混ぜ込まず具材を別皿で出せば、控え目な甘酢風味で子どもたちの食が進みます。

小麦、バター、卵、牛乳を使わなくてもつくれる

デコレーションケーキ

行事食

卵・乳・小麦 不使用

1/12カット　188kcal

材料

15cmのケーキ型1台分

A	製菓用米粉	120g
	片栗粉	30g
	きな粉	大さじ1
	砂糖	50g
	塩	ひとつまみ
	ベーキングパウダー	7g
	ココアパウダー	小さじ2
B	豆乳	120ml
	油	大さじ3
	バニラエッセンス	3〜4滴
	レモン汁	小さじ1/2
C	メープルシロップ	大さじ3
	水	大さじ3
D	豆乳ホイップ	200ml
	砂糖	30g
	レモン汁	小さじ1/2
	いちご	12粒
	オレンジ	1個
	りんご	1/2個

Aのココアパウダー以外の材料を、米粉のパンケーキミックス粉に置き換えることもできます。

卵が使える場合

豆乳120mlを、卵1個と豆乳60mlに置き換えます。

牛乳が使える場合

豆乳を同量の牛乳に置き換えます。

用意する器具

・直径15cmのケーキ型〔またはセルクル（底のない丸型）〕
・竹串

作り方

❶ ボウルにAを入れ、粉の状態でよく混ぜ合わせる。いちごは洗ってへたをとり、オレンジ、りんごは皮をむいて薄切りにする。

❷ 別のボウルにDを入れ、ボウルの底を氷水にあてながら、角が立つまでホイップし、冷やしておく。Cは混ぜ合わせておく。

❸ ❶で用意した粉に、Bを加えて混ぜ合わせる。最初は生地がまとまらないように見えるが、全体がなじむまでよく混ぜる。どうしても生地がまとまらないようなら、豆乳を追加して調整する。

❹ 生地を焼く ▶

オーブンの場合

◆オーブンを180℃に予熱しておく。型の内側に薄く油（分量外）を塗り、生地を流してオーブンで15〜20分程度焼く。

フライパンの場合

◆セルクルの内側に薄く油（分量外）を塗っておく。フライパンを火にかけ、油を薄くひいて、多ければキッチンペーパーで軽くふきとる。フライパンが温まったら、いったん火から外し、ぬれぶきんの上で軽く冷まし、セルクルを置いて生地を流し込む。

▼

◆再び火にかけ、ふたをして弱火で表裏6〜7分ずつ焼く。竹串をさして生地がついてこなければ火を止めて粗熱をとる。

❺ 生地が焼き上がり粗熱がとれたら、半分に切って表面、側面ともにCのシロップをしっかり塗る。

❻ 全体に❷のホイップクリームを塗り、スポンジの上にオレンジとりんごを置き、残りのスポンジではさむ。最後に全体をホイップクリームといちごでデコレーションする。

・米粉の生地は、通常のスポンジ用のさらさら生地よりかためになりますが、ふんわりと焼き上がります。
・セルクルがない場合は、高さは出にくくなりますが、パンケーキのように同じ大きさの生地を2枚焼きます。
・冷蔵庫で冷やしたときにかたくならないよう、シロップやホイップクリームはまんべんなく塗ります。

▶米粉調理６つのポイント（P.121）

出典：環境再生保全機構 ERCA（エルカ）「食物アレルギーの子どものためのレシピ集」を加工して作成
https://www.erca.go.jp/yobou/pamphlet/form/00/pdf/archives_27016.pdf

おたのしみ会や誕生会、あま〜い思い出づくりへ!小麦・バター・牛乳不使用でもコクのあるおいしさ。園のみんなで味わいたいアレルギーフリーケーキ。
定番の米粉のケーキ生地に、月替りでトッピング…生の果物のほか、子どもたちが好きな缶詰の果物でも美味しく手軽に作れます!
また、片栗粉を白玉粉に代えて作ると、フワ・モチ感を楽しめます。

米粉の生地を使った具だくさんの

お好み焼き

卵・乳・小麦 不使用

(大人1人分)

エネルギー	タンパク質	炭水化物	脂質	塩分	鉄分	カルシウム
439 kcal	12.1g	42.9g	23.3g	2.0g	2.2mg	42mg

子ども1人分は大人の1/2になります。

材料 (大人2人分+子ども1人分)

- キャベツ …… 1/8玉
- 豚薄切り肉 …… 100g
- じゃがいも …… 2個
- A
  - 製菓用米粉 …… 1/2カップ
  - 水 …… 150ml
  - かつおぶし …… 8g
  - 塩 …… 小さじ1/2
- 油 …… 大さじ1
- 中濃ソース(※) …… 適量
- マヨネーズ風調味料 …… 適量
- 青のり …… 少々

(※)原因食物を含んでいないものを選んでください。

(子ども1人分)
キャベツ 25g/豚薄切り肉 20g/じゃがいも 40g/製菓用米粉 13g/水 30ml/かつおぶし 1.6g/塩 少々/油 2.4g/中濃ソース 5g/マヨネーズ風調味料 8g/青のり 少々

作り方

❶キャベツと豚肉は粗めのみじん切りにする。じゃがいもはゆでるか、ラップで包み、電子レンジで加熱(600Wで1~2分程度)し、皮をむいて熱いうちにつぶしておく。

❷ボウルにAを入れて混ぜ合わせ、❶を加えて全体をざっくりと混ぜる。

❸フライパンに油をひき、❷の生地を丸く広げる。ふたをせずに強めの中火で4分、裏返して4分、さらに裏返して2分程度焼く。生地がやわらかめなので、小さめに焼くと裏返しやすい。

❹器に盛りつけ、ソース、マヨネーズ風調味料をかけ、青のりを散らす。

出典:環境再生保全機構 ERCA(エルカ)「食物アレルギーの子どものためのレシピ集」を加工して作成
https://www.erca.go.jp/yobou/pamphlet/form/00/pdf/archives_27016.pdf

給食主菜のほか、おやつにも大人気。のりやかつお節をたっぷりふりかけて自然の旨味をプラスすれば、塩分控えめでも美味しく、キャベツは繊維に沿って切るとキャベツ本来の甘みと歯ごたえを残したお好み焼きに。おやつで出す場合は、小さめにまん丸に形状を整えれば、手づかみでも食べやすく、風味も逃げません。

家族みんなでよりヘルシーに

マヨネーズ風調味料

卵・乳・小麦 不使用

(大さじ1杯あたり)

エネルギー	タンパク質	炭水化物	脂質	塩分	鉄分	カルシウム
48 kcal	0.1g	2.1g	4.2g	0.1g	0.0mg	0.0mg

材料 つくりやすい分量

- じゃがいも …… 1個(約90g)
- クリームコーン …… 大さじ1
- 油 …… 大さじ3強
- はちみつ …… 小さじ1
- りんご酢 …… 大さじ2
- 塩 …… 小さじ1/4

作り方

サラダのほかにチキン南蛮や魚のフライにも合います。

❶じゃがいもは皮をむいて4等分にし、じゃがいもが浸かる程度の水とともに鍋に入れ、強火~中火で15分程度ゆでる(蒸してもよい)。

❷じゃがいもに串をさして通るようになったら取り出してボウルに入れ、熱いうちにフォークでつぶして冷ます。

❸❷とそのほかの材料をすべてフードプロセッサーまたはミキサーに入れ、なめらかになるまでかくはんする。

用意する器具

・フードプロセッサーまたはミキサー

出典:環境再生保全機構 ERCA(エルカ)「食物アレルギーの子どものためのレシピ集」を加工して作成
https://www.erca.go.jp/yobou/pamphlet/form/00/pdf/archives_27016.pdf

お好み焼きやサラダのほか、ディップソースやサンドイッチの隠し味にもバリエーション豊かに使えて便利です。マヨネーズは園で頻繁に使う調味料。必要量を手作りしてみんなで同じ物を使えば、誤食のリスクも下がります。はちみつの代わりにオリゴ糖を使えば、おなかにも優しい調味料に早変わりです。

いま、知っておきたい米粉のおはなし

米は、日本で自給できる数少ない食材であり、昔から日本人の主食として食事には欠かせないものです。米粉は、その米を粉にしたもので、奈良時代からせんべいや和菓子などに使用されてきました。

最近では、米の新しい精粉法により、細かく粉にする技術が進化し、米粉特有の粘りが少なく、小麦粉に近い特性をもつ「微細米粉」が市販されるようになったため、パンやケーキ、麺類などのさまざまな料理に米粉が利用できるようになりました。

米粉を使用することによって、保育所等で、小麦アレルギーの子どもがみんなと一緒の給食やおやつを楽しむことができるほか、調理保育で小麦粉の代わりに米粉を使用することで、クラス全員で同じ調理を経験することができます。ただし、米粉パンのためのミックス粉などの中には、小麦たんぱく質であるグルテンを添加してある場合がありますので注意が必要です。必ず表示を確認しなければなりません。

また、アレルギーのない子どもたちにとっても、日本の大切な食文化を担ってきた米の新しい食べ方に親しむ良い機会となり、将来の日本の食文化へとつながることでしょう。

米粉調理6つの point

❶ 材料をまず揃えてから、作業にとりかかりましょう

同じ米粉であっても、粉に水分を入れる量、水分を入れた後の調理時間によって生地の状態が異なってきます。手際よく進めるために、レシピに書いてある材料をまず揃えてから、作業にとりかかりましょう。

❷ 生地が適した状態になるように 水分や粉の量を調節しましょう

レシピ中に書いてある生地の状態（「耳たぶのやわらかさ」など）を確認しましょう。米粉によってはかた過ぎたり、やわらか過ぎたりする場合もありますので、生地が適した状態になるように水分や粉の量を調節しましょう。

❸ ていねいにまんべんなく混ぜましょう

レシピに「よく混ぜる」などと書いてある場合には、粉への吸水を均一にし、生地を安定させるための作業です。ていねいにまんべんなく混ぜましょう。

❹ 生地のつくりおきは避けましょう

水分を加えた生地を長時間放置すると、米粉によっては離水（生地が水っぽくなること）を起こしたり、粘りが強くなったりすることがあります。扱いに慣れるまでは、生地のつくりおきは避けたほうがよいでしょう。

❺ 温かいうちにいただくか、ラップをかけて保存しましょう

米粉の配合が多い料理は、できあがり後に時間がたつとかたくなります。温かいうちにいただくか、水分の蒸発を避けるためにラップをかけて保存しましょう。

❻ 米粉麺は調理後、早めにいただきましょう

米粉のみでつくられた米粉乾麺（米粉のパスタなど）は、ゆで戻して時間がたつと乾燥してかたくなります。また、汁麺を長時間置くと、麺が汁を吸って食感が変わることがあります。早めにいただきましょう。

出典：環境再生保全機構 ERCA（エルカ）「食物アレルギーの子どものためのレシピ集」を加工して作成
https://www.erca.go.jp/yobou/pamphlet/form/00/pdf/archives_27016.pdf

旬の食材一覧

冬	1月	野菜	かぶ、大根、にんじん、ねぎ、白菜、キャベツ、芽キャベツ、チコリ、ブロッコリー、カリフラワー、菜の花、ほうれん草、小松菜、チンゲン菜、春菊、水菜、せり、セロリ、ごぼう、れんこん、ゆり根		
		いも	さといも、やまいも、いちょういも（大和いも）		
		魚介	さわら、たら、はまち、ひらめ、ぶり、ほっけ、さば、かれい、まぐろ、いか、かに、しばえび、たいしょうえび、あまだい、きんき、金目鯛、ししゃも、わかさぎ、ほうぼう、むつ、しらうお、クエ、赤魚、はたはた、あんこう、ぼら、えい、ひめじ、おひょう、はっかく、こい、ふぐ		
		貝・海藻	はまぐり、ほたて貝、しじみ、カキ、のり、もずく		
		果物	ゆず、みかん、きんかん、ぶんたん、ぽんかん、ネーブル、りんご	きのこ	なめこ
	2月	野菜	かぶ、大根、ねぎ、わけぎ、エシャロット、白菜、キャベツ、芽キャベツ、チコリ、ブロッコリー、カリフラワー、菜の花、ほうれん草、小松菜、チンゲン菜、春菊、水菜、せり、三つ葉、セロリ、ごぼう、れんこん、ゆり根		
		いも	いちょういも（大和いも）		
		魚介	さわら、たら、ひらめ、ぶり、さば、いわし、まぐろ、かじき、いか、かに、あまだい、きんき、金目鯛、ししゃも、わかさぎ、ほうぼう、むつ、しらうお、クエ、赤魚、はたはた、あんこう、ぼら、えい、ひめじ、おひょう、なまこ、かじか、かさご、ふな、はっかく、こい、ふぐ		
		貝・海藻	あさり、カキ、ほたて貝、はまぐり、平貝、しじみ、のり、ひじき、わかめ、もずく		
		果物	ゆず、いよかん、みかん、ぶんたん、ぽんかん、ネーブル、キウイフルーツ（国産）、りんご	きのこ	なめこ
春	3月	野菜	かぶ、新たまねぎ、あさつき、わけぎ、エシャロット、にら、キャベツ、ブロッコリー、菜の花、小松菜、春菊、水菜、せり、三つ葉、根みつ葉、クレソン、グリーンピース、さやえんどう、うど、ふき、わさび		
		魚介	さより、たい、さわら、にしん、ます、いか、わかさぎ、しらうお、まとう鯛、石鯛、めばる、やがら、かさご、鮫、ぼら、おひょう、素魚		
		貝・海藻	あさり、はまぐり、ほたて貝、赤貝、まて貝、ムール貝、のり、ひじき、わかめ		
		果物	いちご、甘夏、はっさく、いよかん、ネーブル、でこぽん、ぶんたん、キウイフルーツ（国産）、りんご、マンゴスチン		
		きのこ	しいたけ、マッシュルーム		
	4月	野菜	たけのこ、ごぼう、新たまねぎ、あさつき、わけぎ、にら、キャベツ、菜の花、根三つ葉、せり、うど、明日葉、クレソン、おかひじき、グリーンピース、さやえんどう、ふき、タラの芽、つくし、ぜんまい、わさび		
		魚介	さより、さわら、かれい、にしん、ます、いか、たこ、うに、きびなご、いぼ鯛、石鯛、めばる、まながつお、やがら、かさご、鮫、素魚		
		貝・海藻	ほたて貝、さざえ、あさり、はまぐり、ムール貝、赤貝、まて貝、のり、ひじき、わかめ、あおさ、あらめ		
		果物	いちご、グレープフルーツ、甘夏、はっさく、いよかん、でこぽん、オレンジ	きのこ	しいたけ、マッシュルーム
	5月	野菜	たけのこ、きゅうり、かぼちゃ、ごぼう、たまねぎ、あさつき、にら、らっきょう、キャベツ、グリーンアスパラガス、うど、明日葉、根みつ葉、クレソン、おかひじき、グリーンピース、さやえんどう、そら豆、ふき、タラの芽、わらび、ぜんまい、にんにく、わさび		
		いも	じゃがいも		
		魚介	いさき、かつお、かれい、あじ、にしん、ます、さより、たこ、えび、うに、いか、しゃこ、太刀魚、きびなご、ひらまさ、いぼ鯛、めばる、あいなめ、まながつお、やがら、石鯛、鮫		
		貝・海藻	ほたて貝、ほっき貝、とこぶし、さざえ、はまぐり、赤貝、ひじき、わかめ、あおさ、あらめ		
		果物	いちご、甘夏、グレープフルーツ、オレンジ、日向夏、びわ	きのこ	しいたけ、マッシュルーム
夏	6月	野菜	きゅうり、なす、トマト、かぼちゃ、冬瓜、ゴーヤ（にがうり）、ズッキーニ、とうもろこし、ビーマン、パプリカ、ごぼう、たまねぎ、にら、らっきょう、オクラ、モロヘイヤ、おかひじき、くうしん菜、明日葉、じゅんさい、グリーンアスパラガス、グリーンピース、さやいんげん、そら豆、枝豆、セロリ、ずいき、しそ、にんにく、しょうが、みょうが		
		いも	じゃがいも		
		魚介	あじ、あゆ、いさき、かじきまぐろ、かつお、まながつお、かます、かれい、たこ、えび、しゃこ、かわはぎ、きす、きびなご、すずき、太刀魚、しいら、姫鯛、ひらまさ、どじょう、浜鯛、あいなめ、あなご、さより、したびらめ、かんぱち、こち、いわし、うなぎ、ます、はも		
		貝・海藻	とこぶし、さざえ、わかめ、ひじき		
		果物	梅、メロン、さくらんぼ、すもも、あんず、すいか、マンゴー、グレープフルーツ、オレンジ、日向夏、ライチ、びわ		
		きのこ	マッシュルーム		

	7月	野菜	きゅうり、なす、トマト、かぼちゃ、冬瓜、ゴーヤ（にがうり）、ズッキーニ、とうもろこし、ピーマン、パプリカ、たまねぎ、にら、レタス、オクラ、モロヘイヤ、くうしん菜、つるむらさき、じゅんさい、明日葉、グリーンアスパラガス、さやいんげん、ししとうがらし、枝豆、セロリ、ずいき、しそ、しょうが、みょうが、へちま		
夏		魚介	あじ、あゆ、いさき、うなぎ、かじきまぐろ、かます、いか、たこ、えび、うに、しゃこ、かわはぎ、きす、いわし、きびなご、したびらめ、すずき、太刀魚、とびうお、あなご、いわな、さより、ひらまさ、ひめじ、どじょう、姫鯛、浜鯛、笛吹鯛、いかなご、かんぱち、こち、ます、はも、すずき、えい、しいら（マヒマヒ）、おこぜ		
		貝・海藻	しじみ、とこぶし、カキ、しじみ、ほや、ひじき		
		果物	梅、梨、プリンスメロン、メロン、すいか、もも、すもも、さくらんぼ、マンゴー、オレンジ、ライチ、あんず、いちじく		
	8月	野菜	きゅうり、なす、トマト、かぼちゃ、冬瓜、ゴーヤ（にがうり）、ズッキーニ、とうもろこし、ピーマン、パプリカ、にら、レタス、オクラ、モロヘイヤ、チンゲン菜、くうしん菜、つるむらさき、じゅんさい、明日葉、さやいんげん、ししとうがらし、枝豆、セロリ、ずいき、しそ、しょうが、みょうが、へちま		
		魚介	あじ、あゆ、いわし、うなぎ、かじきまぐろ、かます、かれい、あわび、えび、いか、うに、かわはぎ、きす、きびなご、したびらめ、すずき、太刀魚、とびうお、えい、しいら、いわな、ひらまさ、ひめじ、どじょう、あなご、姫鯛、浜鯛、いぼ鯛、笛吹鯛、おこぜ、かんぱち、はぜ、こち、はも、すずき		
		貝・海藻	しじみ、とこぶし、カキ、ひじき	果物	いちじく、梅、梨、すいか、もも、ぶどう、ゆず、オレンジ、メロン、りんご
	9月	野菜	なす、トマト、かぼちゃ、冬瓜、ズッキーニ、にら、オクラ、チンゲン菜、つるむらさき、明日葉、さやいんげん、ししとうがらし、枝豆、みょうが、とんぶり		
		いも	さつまいも		
		魚介	いわし、うなぎ、かつお、鮭、さば、さんま、したびらめ、かれい、あじ、ひらめ、ほっけ、いか、えび、かに、かじか、とびうお、このしろ、かわはぎ、石持、いぼ鯛、石鯛、笛吹鯛、おこぜ、ぎんだら、はぜ、こち、こい、えい		
		貝・海藻	あわび	果物	いちじく、梨、西洋なし、ぶどう、ゆず、かぼす、すだち、オレンジ、りんご、柿
		種実・豆	栗	きのこ	しいたけ、しめじ、まいたけ、まつたけ
	10月	野菜	にんじん、カリフラワー、チンゲン菜、つるむらさき、水菜、明日葉、みょうが	いも	さつまいも、さといも、じゃがいも
		魚介	いわし、かつお、鮭、さば、さんま、したびらめ、とびうお、はぜ、ひらめ、かれい、いか、しばえび、たいしょうえび、かに、ぼら、ます、このしろ、ほっけ、はっかく、かじか、かわはぎ、石持、武鯛、石鯛、ぎんだら、はぜ、こち、こい		
秋		貝・海藻	あさり		
		果物	いちじく、柿、りんご、梨、西洋なし、ゆず、みかん、かぼす、すだち、オレンジ、かりん、ぶどう		
		種実・豆	栗、ぎんなん	きのこ	しいたけ、しめじ、まいたけ、まつたけ、きくらげ、いわたけ、くりたけ
	11月	野菜	かぶ、にんじん、大根、ごぼう、れんこん、白菜、チンゲン菜、つるむらさき、春菊、水菜、ルッコラ、ブロッコリー、カリフラワー、セロリ、みょうが、ゆり根、くわい、うど		
		いも	さつまいも、さといも、じゃがいも、やまいも、いちょういも（大和いも）、長芋		
		魚介	あまだい、鮭、さば、さわら、さんま、はぜ、ひらめ、ほっけ、ぎんだら、かれい、いか、しばえび、たいしょうえび、かに、ぼら、まぐろ、ます、わかさぎ、このしろ、ほうぼう、はっかく、きんき、かじか、ししゃも、めぬけ、石持、武鯛、石鯛、ぼら、こい、ふぐ		
		貝・海藻	カキ、あげまき貝	果物	柿、ゆず、みかん、りんご、西洋なし
		種実・豆	ぎんなん、落花生、大豆、小豆、インゲン豆	きのこ	しいたけ、しめじ、まいたけ、マッシュルーム、まつたけ、いわたけ、きくらげ、くりたけ、なめこ
冬	12月	野菜	かぶ、にんじん、大根、ごぼう、れんこん、ねぎ、キャベツ、芽キャベツ、白菜、ほうれん草、小松菜、チンゲン菜、春菊、水菜、ルッコラ、せり、チコリ、ブロッコリー、カリフラワー、セロリ、ゆり根、うど、くわい		
		いも	さといも、やまいも、いちょういも（大和いも）、さつまいも、長芋		
		魚介	あまだい、きんき、金目鯛、さわら、たら、はぜ、はまち、ひらめ、ぶり、ほっけ、いか、かに、しばえび、たいしょうえび、たこ、なまこ、さば、鯛、かれい、いわし、かじき、ぼら、まぐろ、ます、真鯛、わかさぎ、ほうぼう、むつ、はっかく、かじか、ししゃも、めぬけ、武鯛、いとより鯛、クエ、赤魚、ふな、あんこう、はたはた、こい、ふぐ		
		貝・海藻	カキ、はまぐり、ほたて貝、平貝、あげまき貝、みる貝、のり、もずく	果物	いちご、ゆず、みかん、きんかん、ネーブル、柿、りんご、西洋なし
		種実・豆	くるみ、落花生、小豆	きのこ	マッシュルーム、なめこ

※地域によって時期が異なる場合があります。

食材チェック表

まだ食べたことがない食品(未摂取食品)は、食べたときにアレルギーの症状を起こす可能性があるため、体調の良いときに少量から食べ始めることが大事です。離乳食を開始するときは「新鮮な食材」を十分加熱して試しましょう。

食材チェック表(離乳食・完了食用)

保育所で提供する離乳食・完了食に使用している食材の一覧です。
食べた事がある食材のチェック欄に ☑ をつけてください。
月齢ごとに咀しゃく(噛む)・えん下(飲み込む)の発達に合わせて、提供する食材が変わってきます。
該当する月齢で食べた事がない食材がありましたら、ご家庭で少しずつ試してください。

(ふりがな)
名前 (男 ・ 女)

ニックネーム 在籍クラス名

20 (令和) 年 月 日生 (才)

5～6か月以降

分類	食材名	チェック	提供開始時期
穀類	米		
	うどん		
	ひやむぎ		
	そうめん		
	麩		
	食パン		
	コッペパン		
野菜類	にんじん		
	だいこん		
	じゃがいも		
	たまねぎ		
	かぶ		
	ほうれん草		
	チンゲン菜		
	小松菜		
	キャベツ		
	トマト		
	かぼちゃ		
	さつまいも		
	さといも		
	白菜		
魚介類	たら		
	かれい		
	メルルーサ		
大豆類	豆腐		
その他	粉ミルク		
	昆布だし		

7～8か月以降①

分類	食材名	チェック	提供開始時期
穀類	小麦粉		
	パン粉		
	スパゲティ		
	マカロニ		
	ワンタンの皮		
野菜類	わかめ		
	ひじき		
	コーン缶		
	もやし		
	アスパラガス		
	ミニトマト		
	きゅうり		
	なす		
	ブロッコリー		
	カリフラワー		
果物類	りんご		
	いちご		
	甘夏		
	すいか		
	メロン		
	ぶどう		
	梨		
	みかん		
	いよかん		
	はっさく		
肉類	鶏肉(もも)		
	鶏肉(むね)		
	鶏肉(ささみ)		
	鶏ひき肉		
	豚もも肉		
	豚ひき肉		
魚介類	さけ		
	ツナ(水煮缶)		
卵	卵黄		

7～8か月以降②

分類	食材名	チェック	提供開始時期
大豆類	大豆(水煮缶)		
	高野豆腐		
	きな粉		
乳製品	バター		
	ヨーグルト(無糖)		
	チーズ		
	パルメザンチーズ		
調味料	砂糖		
	塩		
	しょうゆ		
	みそ		
	ケチャップ		
	片栗粉		
その他	サラダ油		
	焼きのり		
	青のり		

9～11か月以降

分類	食材名	チェック	提供開始時期
卵	全卵		
乳製品	牛乳(調理用)		

20 (令和) 年 月 日現在

必ず食物アレルギーを起こすというわけではありませんが、あくまでもアレルギーの可能性がある未摂取食品は、自宅で複数回少しずつ食べてみたけれどアレルギー症状は出なかったということを確認するために食材チェック表を保護者から提出してもらうことが欠かせません。それに加えて、園の給食で提供する食材を月齢ごとに一覧表にして保護者に渡す等して情報を共有することも大切です。

完了期以降①

分類	食材名	チェック	提供開始時期
穀類	中華めん		
	白玉粉		
	ビーフン		
	餃子の皮		
	もち米		
野菜類	ねぎ		
	にんにく		
	しょうが		
	ごぼう		
	切り干し大根		
	パセリ		
	ピーマン		
	赤ピーマン		
	にら		
	えのきたけ		
	しめじ		
	生しいたけ		
	干ししいたけ		
	さやえんどう(絹さや)		
	そら豆		
	たけのこ(水煮)		
	さやいんげん		
	枝豆		
	オクラ		
	とうがん		
	とうもろこし		
	ズッキーニ		
	れんこん		
	せり		
	菜の花		
	かんぴょう		
果物類	バナナ		
	パイナップル缶		
	もも缶		
	干しぶどう		
	さくらんぼ		
肉類	ベーコン		
	豚肩ロース		
魚介類	あさり(水煮缶)		
	さくらえび		
	しらす干し		
	めかじき		
	かつお		
	さば		
	さんま		

完了期以降②

分類	食材名	チェック	提供開始時期
卵	マヨネーズ		
大豆類	油揚げ		
	厚揚げ		
	豆乳		
	おから		
乳製品	牛乳(飲用)		
	スキムミルク		
	ヨーグルト(加糖)		
	飲むヨーグルト		
	乳酸菌飲料		
	生クリーム		
調味料	みりん		
	酒		
	こしょう		
	酢		
	赤味噌		
	カレー粉		
	中濃ソース		
	ウスターソース		
	コーンスターチ		
	レモン(果汁)		
その他	かつおだし		
	煮干しだし		
	コンソメ		
	とりがらだし		
	いちごジャム		
	マーマレードジャム		
	ごま		
	ごま油		
	ベーキングパウダー		
	春雨		
	コーンフレーク		
	リンゴジュース		
	オレンジジュース		
	グレープジュース		
	ココアパウダー		
	寒天		
	こんにゃく		
	しらたき		
	しそわかめ(ふりかけ)		
	ゆかり(ふりかけ)		
	せんべい(市販品)		
	あられ(市販品)		
	クラッカー(市販品)		
	クッキー(市販品)		
	ビスケット(市販品)		
	あずき		

食事について
園に伝えたい事がございましたら、
自由にご記入ください。

※コピーしてご活用ください。

食材チェック表は、アレルギーの有無によらず、園の給食を提供するすべての子どもに対して同様に対応します。具体的に食材名だけでは分かりにくいものもあります。例えば「メルルーサ」は白身の魚で、のり弁当等にフライとしてのっている美味しい魚、と言えばわかる人も多いでしょう。食材名と形状が分かるような写真やイラストを集めたファイル等を用意しておき、面談時に保護者へ伝える等の工夫があると尚良いです。同時に、食材

食材チェック表（1歳児用）

保育所給食等で提供する離乳食・完了食に使用している食材の一覧です。
食べた事がある食材のチェック欄に ☑ をつけてください。
食べた事がない食材がありましたら、少量ずつ試してください。
表の食材について、特に症状が出ずに食べられているかを保育所でも把握したいので、確認が済んだ食材から教えてください。

（ふりがな）
名前　（ 男 ・ 女 ）
ニックネーム　在籍クラス名
20　（令和　）年　月　日生（　才）

分類	食材名	チェック	提供開始時期
穀類	米		
	うどん		
	ひやむぎ		
	そうめん		
	麩		
	食パン		
	コッペパン		
	小麦粉		
	パン粉		
	スパゲティ		
	マカロニ		
	餃子の皮		
	ワンタンの皮		
	中華めん		
	白玉粉		
	ビーフン		
	もち米		
野菜類	にんじん		
	だいこん		
	じゃがいも		
	たまねぎ		
	かぶ		
	ほうれん草		
	チンゲン菜		
	小松菜		
	キャベツ		
	トマト		
	かぼちゃ		
	わかめ		
	ひじき		
	コーン缶		
	もやし		
	ねぎ		
	にんにく		
	しょうが		
	ごぼう		
	切り干し大根		
	パセリ		
	ピーマン		
	赤ピーマン		
	にら		

分類	食材名	チェック	提供開始時期
野菜類	えのきたけ		
	しめじ		
	生しいたけ		
	干ししいたけ		
	さやえんどう(絹さや)		
	たけのこ(水煮)		
	そら豆		
	アスパラガス		
	さやいんげん		
	枝豆		
	オクラ		
	とうがん		
	とうもろこし		
	ミニトマト		
	きゅうり		
	なす		
	ズッキーニ		
	さつまいも		
	さといも		
	れんこん		
	白菜		
	ブロッコリー		
	カリフラワー		
	せり		
	菜の花		
	かんぴょう		
果物類	りんご		
	バナナ		
	パイナップル缶		
	もも缶		
	干しぶどう		
	いちご		
	甘夏		
	さくらんぼ		
	すいか		
	メロン		
	ぶどう		
	梨		
	みかん		
	いよかん		
	はっさく		

20　（令和　）年　月　日現在

チェック表の提出依頼を通して、離乳食等子どもの食事の進め方について不安を持っている保護者へのアドバイスのきっかけにもなります。
　園によって郷土の食材等もあるでしょう。缶詰や冷凍食品等の使用頻度等もそれぞれですので、園独自の食材チェック表を作成し、定期的に実情に合っているか確認しながら使用しましょう。

分類	食材名	チェック	提供開始時期
肉類	鶏肉(もも)		
	鶏肉(むね)		
	鶏肉(ささみ)		
	鶏ひき肉		
	豚肉(もも)		
	豚肉(肩ロース)		
	豚ひき肉		
	ベーコン		
	豚肉(バラ)		
魚介類	たら		
	かれい		
	メルルーサ		
	めかじき		
	さけ		
	ツナ(水煮缶)		
	あさり(水煮缶)		
	さくらえび		
	しらす干し		
	かつお		
	さば		
	さんま		
	さわら		
	ぶり		
卵	卵黄		
	全卵		
	マヨネーズ		
大豆類	豆腐		
	大豆(水煮缶)		
	高野豆腐		
	きな粉		
	油揚げ		
	厚揚げ		
	豆乳		
	おから		
乳製品	バター		
	ヨーグルト(無糖)		
	チーズ		
	パルメザンチーズ		
	牛乳(調理用)		
	牛乳(飲用)		
	スキムミルク		
	ヨーグルト(加糖)		
	飲むヨーグルト		
	乳酸菌飲料		
	生クリーム		

分類	食材名	チェック	提供開始時期
調味料	砂糖		
	塩		
	しょうゆ		
	みそ		
	ケチャップ		
	片栗粉		
	みりん		
	酒		
	こしょう		
	酢		
	カレー粉		
	中濃ソース		
	ウスターソース		
	コーンスターチ		
	レモン(果汁)		
	甜麺醤		
その他	昆布だし		
	サラダ油		
	焼きのり		
	青のり		
	かつおだし		
	煮干しだし		
	コンソメ		
	とりがらだし		
	いちごジャム		
	マーマレードジャム		
	ごま		
	ごま油		
	ベーキングパウダー		
	春雨		
	コーンフレーク		
	リンゴジュース		
	オレンジジュース		
	グレープジュース		
	ココアパウダー		
	寒天		
	こんにゃく		
	しらたき		
	しそわかめ(ふりかけ)		
	ゆかり(ふりかけ)		
	せんべい(市販品)		
	あられ(市販品)		
	クラッカー(市販品)		
	クッキー(市販品)		
	ビスケット(市販品)		
	あずき		
	バニラエッセンス		

食事について
園に伝えたい事がございましたら、
自由にご記入ください。

※コピーしてご活用ください。

著者　**五十嵐条子**　Nagako Igarashi

管理栄養士・保育士・ヘルスケアフードアドバイザー・クッキングコーディネーター

㈱栄養セントラルジャパン 栄養セントラル学院保育者養成科・フードビジネス科教育就業支援事業統括

食品・製薬会社、医療・福祉施設、小児科病院等従事経験をもとに、子どもの栄養管理指導、保育所等園内研修、保育所給食・食育アレルギー対応指導等、研修講師として、保育所給食の質の向上・子育て支援等に携わる。

栄養セントラル学院国試受験対策（管理栄養士・保育士・調理師等）講師、人間総合科学大学講師、保育士専門学校講師、LEC東京リーガルマインド研修講師、保育士等キャリアアップ研修講師、厚生労働省・都道府県求職者等再就職訓練現場実習指導員、NPO法人ちゅーりっぷの心おはな保育園（認可園）顧問管理栄養士、船橋こどもの木保育園（認可園）委員を務める。2児の母。

法政大学法学部卒　武蔵野栄養専門学校卒

著者　**村瀬るい**　Rui Murase

㈱栄養セントラルジャパン 栄養セントラル学院保育者養成科教育事業部クリエーター

広告代理店、認可保育園を経て、栄養セントラル学院へ。

保育士、こども環境管理士、ヘルスケアフードアドバイザー、クッキングコーディネーターの知識を生かし、同学院では保育と食に関連する研修、訓練、書籍の執筆に携わる。1児の母。

- 表紙・カバーデザイン　大倉真一郎
- 誌面デザイン・DTP　(有)ミューテーショングラフィックス　浅川恭啓
- 誌面イラスト　ランドリーイラストレーション制作所　豊岡絵理子
- 編集制作　平川麻希

おわりに

本書が世に出る機会をくださり、いつも保育現場の幅広な視点から教え導いてくださる株式会社風鳴舎青田恵様に感謝申し上げます。荒井まき様には、最後まで励ましてもらいながら、丁寧にまとめていただきました。さらに、保育現場の様々な場面を意識したイラスト・デザイン・カバーとなりました。地方自治体等の皆様には、大変な時期に対応いただき有難く思っております。おはな保育園染宮映美園長をはじめ、給食室職員を含む全職員と豊かな食育のために悩みを共有できる日々はかけがえのない時間であり、その経験は本書の随所に注がれています。保育所保育指針（平成30年4月施行）では「食育計画を全体的な計画に基づいて作成し、その評価及び改善に努めること」とされ、食育計画に重きが置かれています。また、監査・巡回等では、食育計画の作成に加えて、「計画の評価及び改善に努めているか」といった詳細に亘る記録の提出や報告を求められることが多くなっています。本書を食育計画について改めて考えるきっかけとし、役立てていただけますと幸いです。

保育士・栄養士・調理員等のための

保育現場の食育計画

食育計画作成から
食物アレルギー対応・保護者支援まで
実践力が身につく

2020年10月26日　初版第1刷発行
2023年12月８日　初版第3刷

- 著　者　栄養セントラル学院
- 監修者　五十嵐条子
- 発行者　青田恵
- 発行所　株式会社風鳴舎
  〒170-0005　東京都豊島区南大塚2丁目38-1
  MID POINT大塚6F
- 印刷・製本　奥村印刷株式会社

この本のお問い合わせ先

- TEL. 03-5963-5266 ／ FAX. 03-5963-5267

ISBN978-4-907537-29-6　C3037
Printed in Japan